当代中国科普精品书系　迈向现代农业丛书

中国科普作家协会总策划

休闲农业

严贤春　编著

中国农业出版社

《当代中国科普精品书系》编委会成员

（以拼音字母为序）

《当代中国科普精品书系》序

刘嘉麒

以胡锦涛为总书记的党中央提出科学发展观，以人为本，建设和谐社会的治国方略，是对建设有中国特色社会主义国家理论的又一创新和发展。实践这一大政方针是长期而艰巨的历史重任，其根本举措是普及教育，普及科学，提高全民的科学素质，这是富民强国的百年大计，千年大计。

为深入贯彻科学发展观和科学技术普及法，提高全民科学素质，中国科普作家协会决心以繁荣科普创作为己任，发扬茅以升、高士其、董纯才、温济泽、叶至善、张景中等老一辈科普大师的优良传统和创作精神，团结全国科普作家和科普工作者，调动各方面积极性，充分发挥人才与智力资源优势，推荐或聘请一批专业造诣深，写作水平高，热心科普事业的科学家、作家亲自动笔，并采取科学家与作家相结合的途径，努力为全民创作出更多，更好，水平高，无污染的精神食粮。

在中国科协领导的指导和支持下，众多作家和科学家经过3年多的精心策划，编创了《当代中国科普精品书系》。这套丛书坚持原创，推陈出新，力求反映当代科学发展的最新气息，传播科学知识，倡导科学道德，提高科学素养，弘扬科学精神，具有明显的时代感和人文色彩。该书系由15套丛书构成，每套丛书含4～10部图书，共约100余部，达2 000余万字。内容涵盖自然科学和人文科学的方方面面，既包括太空探秘、现代兵器等有关航天、航空、军事方面的高新科技知识，和由航天技术催生出的太空农业、微生物工程发展的白色农业、海洋牧场培育的蓝色农业等描绘农业科技革命和未来农业的蓝图；也有描述山、川、土、石，沙漠、湖泊、湿地、森林和濒危动物的系列读本，让人们从中领略奇妙的大自然和浓郁的山石水土文化，感受山崩地裂、洪水干旱等自然灾害的残酷，增强应对自然灾害的能力，提高对生态文明的认识；还可以读古诗学科学，从诗情画意中体会丰富的科学内涵和博大精深的中华文化，读起来趣味横生；科普童话绘本馆会同孩子们脑中千奇百怪的问号形成一套图文并茂的丛书，为天真聪明的少年一代提供了丰富多彩的科学知识，激励孩子们异想天开的科学幻想，是启蒙科学的生动画卷；创新版的十万个为什么，以崭新的内容和版面揭示出当今科学界涌现的新事物、新问题，给人们以科学的启迪；当你翻开《老年人十万个怎么办》，就会感到它以科学思想、科学精神、科学方法、科学知识回答老年人需要解决的实际问题，是为城乡老年人提供的一套迄今为止最完整、最权威、最适用的生活宝典；当你《走进女科学家的世界》，就会发现，这套丛书以浓郁的笔墨热情讴歌了十位女杰在不同的科学园地里辛勤耕耘，开创新天地的感人事迹，为一代知识女性树立了光辉榜样。

科学是奥妙的，科学是美好的，万物皆有道，科学最重要。一个人对社会的贡献大小，很大程度取决于对科学技术掌握运用的程度；一个国家，一个民族的先进与落后，很大程度取决于科学技术的发展程度。科学技术是第一生产力这是颠扑不灭的真理。哪里的科学技术被人们掌握得越广泛越深入，哪里的经济、社会就会发展得快，文明程度就高。普及和提高，学习与创新，是相辅相成的，没有广袤肥沃的土壤，没有优良的品种，哪有禾苗茁壮成长？哪能培育出参天大树？科学普及是建设创新型国家的基础，是培育创新型人才的摇篮，待到全民科学普及时，我们就不用再怕别人欺负，不用再愁没有诺贝尔奖获得者。相信《当代中国科普精品书系》像一片沃土，为滋养勤劳智慧的中华民族，培育聪明奋进的青年一代，提供丰富的营养。

前　言

休闲农业是生态农业与生态旅游相结合的新型交叉产业。从19世纪30年代欧洲出现农业旅游开始，距今已有160多年了。从意大利1865年成立“农业与旅游全国协会”开始，休闲农业作为一个产业距今也有130多年的历史。目前，休闲农业在欧美发达国家已成为一种举足轻重的旅游产业部门，其收入份额已接近整个旅游收入的20%。

休闲农业在我国兴起较晚，但发展非常迅速。随着我国休闲农业的发展，一些问题也开始暴露出来。为了引导休闲农业向正常健康的方向发展，在借鉴近年来国内外相关学者研究成果的基础上，并结合国内外开展休闲农业的实践经验，特编写此书。

本书较为全面、系统地阐述了休闲农业的理论和实践。全书内容共有3篇10章。基础理论篇介绍了休闲农业的基本知识、发展与启示、基本理论。规划实施篇介绍了休闲农业的资源及开发、旅游商品开发、环境与保护、规划与设计。经营管理篇介绍了休闲农业的游客及市场开拓、市场营销和休闲农业的管理。

由于休闲农业是一个涉及面广、综合性强的领域，因本人水平以及掌握的资料有限，缺点和不足之处在所难免，真诚希望得到读者的批评指正。

严贤春

2011年1月于西华师范大学

目　　录

1 基础理论篇

第一章　休闲农业的基本知识

第一节　农业生态系统与旅游开发

一、农业生态系统

农业生态系统是一个具有一般系统特征的人工系统。它是指在人类的积极参与下，利用农业生物和非生物环境之间、农业生物种群之间的相互关系，通过合理的生态结构和高效生态机能，进行能量转化和物质循环，并按人类社会需要进行物质生产的综合体。

（一）农业生态系统的特点

农业生态系统是由自然生态系统演变而来，是人类驯化了的自然生态系统。农业生态系统具有如下特点：

1. 农业生态系统是人类强烈干预下的开放系统　农业生态系统中，由于大量农畜产品的输出，为了维持农业生态系统的养分平衡、提高系统的生产力，必须从系统外投入较多的辅助能，如化肥、农药、机械、水分排灌、人力及畜力等。

2. 农业生态系统中的农业生物具有较高的净生产力、较高的经济价值和较低的抗逆性　由于农业生态系统的生物物种是人工培育与选择的结果，经济价值较高，但抗逆性差，往往造成生物物种单一、结构简化、系统稳定性差，容易遭受自然灾害，需要通过一系列的农业管理技术的调控来维持和加强其稳定性。

3. 农业生态系统受自然生态规律和社会经济规律的双重制约　人类通过社会、经济、技术力量干预生产过程，包括农产品的输出和物质、能量、技术的输入，而物质、能量、技术的输入又受劳动力资源、经济条件、市场需求、农业政策、科技水平的影响。在进行物质生产的同时，也进行着经济再生产过程，不仅要有较高的物质生产量，还要有较高的经济效益和劳动生产率。

4. 农业生态系统具有明显的地域性　农业生态系统的地域性，不仅受自然气候生态条件的制约，还受社会经济市场状况的影响。农业生态系统应在自然环境、社会经济和农业生产者之间协调发展的基础上，实行生态分区治理、分类经营和因地制宜发展。

（二）农业生态系统的结构

农业生态系统的结构包括农业生物种群结构和农业生态系统的空间结构、时间结构及营养结构。

1. 农业生物种群结构　即农业生物（植物、动物、微生物）的组成结构及各种农业生物的物种结构。例如，农田中的作物、杂草与土壤微生物，大田作物中的粮食作物、经济作物、绿肥等。

2. 农业生态系统的空间结构　这种空间结构包括了生物的配置与环境组分的相互安排与搭配，因而形成了所谓的平面结构和垂直结构。农作物、人工林、果园、牧场、水面是农业生态系统平面结构的第一层次，然后是在此基础上各业内部的平面结构，如农作物中的粮、棉、油、麻等作物；农业生态系统的垂直结构是指农业生物种群在立面上的组合状况，即将生物与环境组分合理地搭配利用，从而最大限度地利用光、温、水、热等自然资源。

3. 农业生态系统的时间结构　是指在生态区域和特定的环境条件下，各种生物种群的生长发育及生物量的积累与当地自然资源的协调、吻合状况。安排农业生产种养季节时，必须考虑如何使生物的需要符合自然资源变化规律，充分利用资源，发挥生物的优势，提高其生产力。

4. 农业生态系统的营养结构　是生物之间借助物质、能量流动通过营养关系而联结起来的结构。亦即系统中的多种农业生物营养关系所联结成的多种链状和网状结构，主要是食物链结构和食物网结构。

（三）农业生态系统中的能量流动

在农业生态系统中，能量流动主要是从初级生产者向次级生产者流动。能量的流动渠道主要通过“食物链”与“食物网”来实现。

1. 能量流动的主要渠道　农业生态系统能量流动的主要渠道通常有以下 3 种形式：

（1）捕食食物链。从植物到草食动物再到肉食动物所联系的链条，如稻田中的“青草—昆虫—青蛙—蛇—人”。

（2）寄生食物链。由大有机体到小有机体进行能量的流动，如“人体—寄生虫”、“哺乳动物—跳蚤”。

（3）腐生食物链。由利用死体的微生物组成，并通过腐烂分解，将有机体还原成无机物的食物链。

2. 食物网　在生态系统中食物链不是惟一的，由于人类不只吃一种食物（生物），每种食物（或生物）又被许多生物所食，因此形成相互交错、彼此联系的网状结构，故称食物网。

3. 能量“十分之一定律”　由于能量从一个营养级（水稻、杂草）到另一个营养级（如昆虫、老鼠）的流动过程中，有一部分被固定下来形成有机物的化学潜能，而另一部分通过多种途径被消耗，直到最后耗尽为止。平均每个营养级的能量转化效率为 10%，这就是著名的能量“十分之一定律”。

4. 能量金字塔　营养级由低级到高级，依据个体数目、生物量与能量的分布，形成了底宽而顶尖的金字塔形，称之为生态金字塔，即顺着营养级位序列（食物链）向上，能量急剧递减。在每个营养级中将所含有的生物量或活组织连起来，随着营养级的增加，其生物量随着减少，形成生物量金字塔，这种金字塔在陆地生态系统和浅水生态系统中最为明显。

（四）农业生态系统中的物质循环

农业生物为了自身的生长、发育、繁殖必须从周围环境中吸收各种营养物质和能量。生物从土壤中吸收水分和矿物质营养，从空气中吸收CO_2并利用日光能制造各种有机物，并随着食物链或食物网使这些物质从一种生物体中转移到另一种生物体中。在转移进程中未被利用及损失的物质又返回环境。

一般把各种化学元素从环境到生物体，再从生物体到环境以及生态系统之间进行流动和转化的运动，称为物质的生物地球化学循环，或简称为“环”。在循环过程中物质被暂时固定、贮存的场所，称为物质贮存的“库”。而物质和能量以一定的数量由一个库转移到另一个库的过程叫做“流”，即所谓的物质流和能量流。

目前在农业生态系统中物质的循环基本上以3种循环类型为主，即水循环、气相循环、沉积循环类型。

1. 水循环　由于大多数的营养物质多溶于水或随水移动，主要的循环贮存库为水体或土壤水分库。

2. 气相循环　以O_2、N_2、CO_2、其他气体和水蒸气为主环完成。贮存库是大气，交换库主要是动植物，如C循环、N循环。

3. 沉积循环　农业生物需要的多数矿物元素参与这种循环，其循环不完全，贮存库是土壤岩石，交换库多为水与陆地动植物。

在农业生态系统中的物质循环过程中，污染物的生物富集作用是其中的一个重要方面。由于农业生产中大量使用外源物质如各种杀虫剂、杀菌剂、除草剂、化肥等各种各样的外源投入，使得大气、水体与土壤遭受三废（废水、废气、废渣）污染。而且污染物质进入农业生态系统被植物吸收后，会沿着食物链各个营养位与环节陆续传递，在传递过程中有害物质逐渐积累和被浓缩。如DDT在大气中的浓度经浮游生物的生物浓缩，其浓度便升至1.3万倍；小鱼吞食了浮游生物，其浓度又进一步升高，达到16.3万倍；大鱼吞食小鱼浓度又增至66.7万倍，水鸟吞食大鱼，其体内DDT浓度已达到83.3万倍。

二、城郊农业生态系统

（一）城郊农业生态系统的特点

城郊农业生态系统是既有别于农村，又不同于城市的一类特殊的农业生态系统。

城郊农业生态系统具有较强的依赖性，主要表现在依赖于城市科技与力量和生产资料的供应。

城郊型农业生态系统不仅受到城市生态系统的作用与影响，而且也强烈地受到农业生态系统的制约。在这两种系统的交互作用下，系统的商品经济组分特别活跃。

城郊农业生态系统中充满了农村和城市两个生态系统的要素。这些要素既相互联合，又相互排斥，在争夺生态位、争取生态空间上常发生激烈竞争而表现出特别强烈的边缘效应。

城郊农业生态系统也是一种半人工的生态系统，其农业生态系统的结构组分日益减少，并最终走向城市生态系统或城市系统，从而形成了“流量大、容量大、密度高、运转快”的全方位开放系统。它不仅要输入大量的农产品，而且产出大量的工业品并带来大量的废弃物（废水、废气、废渣），是不完全的生态系统。同时，游客大大超过生产者。

城郊农业生态系统可以看作是一个典型的复合生态系统。由于人的主导作用参与其中，可以理解这种系统的结构为人的栖息劳作环境（包括地理环境、生物环境和人工环境）、区域生态环境（包括物资供给的“源”、产品废物的“汇”、调节缓冲作用的“库”）及社会环境（包括文化、组织、技术等）的耦合。

从生态学的角度来看，城郊生态系统既是城市生态系统与农村生态系统交汇结合的区域，也是城乡景观随机融合、城乡协调稳定发展的脆弱生态区和交错过渡地域，这一特殊系统呈现动态复杂性及变异性。

（二）城郊生态系统的自然环境特征

城郊生态系统形成了与农业生态系统截然不同的景观。城郊生态系统中具有大量的以水泥、沥青、砖瓦、钢铁、玻璃等自然材料构成的人工建筑群体，以及大量能源消耗系统构成的特殊下垫面。这种下垫面具有很高的太阳能利用效率和化石能、生物消耗和转化效率。

1. 物理效应　由于城郊的工业生产中产生的声、光、热、电、辐射等物理作用引起的生态环境效应，使得城郊区的人口聚集密集区气温显著高于周边地区的气温。大量废热的排放，以及城市建筑物街道辐射热量等产生了特殊的热量效应。CO_2排放的增加，会产生温室效应，扬尘、灰尘、烟尘使大气浑浊，产生浑浊岛效应，大量开采地下水引起地面沉降，从而使城郊生态环境变异。

2. 化学效应　由于城郊生态系统内工厂的存在及人类生活中大量消耗矿物燃料，排放出SO_2，使大气中SO_2浓度上升，遇水后形成酸雾或酸雨，降落到地面上后对土壤及植物都带来腐蚀作用，从而产生所谓的环境酸化效应。工厂含酸、碱、盐等多种污染物及重金属元素的废污水大量排放渗入地下水中，长期积累则产生环境的碱化效应和地下水硬化。

3. 生物效应　由于环境因素的变化及人口集聚的效应，城郊生态系统的生物出现了一些变化。野生动物基本灭绝，生物系统趋于简化。城市水体污染，使江河湖中的鱼、虾品质降低，种类急剧减少。自然生态环境的变化，使得生物种类减少，只剩下一些家养动物和少数喜欢生活在保护区的动物、家禽、家畜和人工栽培的作物与植物。

4. 环境效应　城郊的环境效应过程主要表现在以下两方面：

（1）改变了城郊生态系统的能量流　在城郊系统中，地表反射率相应增加，从而改变区域的能量收入。城市需要从系统外输入大量的物质与能量。城镇还要输入大量的生物能，包括粮食、蔬菜、肉类、水果、丝、棉、麻等人类生活必需品，它们最后被消耗后向大气释放各种物质，阻挡长波辐射的散失，从而改变城郊系统的能量流动。

(2) 改变了城郊生态系统的物质流 城市从外界调入的原材料及产品，向自然界排放污水和废气，会显著改变城郊的物质流。城镇所需要的物质一般是以原料或产品状态的形式输入的。输入的物质除了城郊系统中城市所消耗之外，相当大的一部分与能量一样，以两种形式输出系统之外，第一是加工品，主要是工业产品，以商品形式输出；另一种就是废弃物（废水、废气、工业垃圾、生活垃圾、排泄物）。

（三）城郊生态系统的社会经济环境特征

城郊农业生态系统作为一种自然—社会—经济的复合生态系统，其功能和特征主要体现在以下几方面：

1. 经济活动的多样性 在城郊生态系统中，由于人类活动，尤其是经济活动的集中，在有限的面积内有多种多样的经济成分，生产、储存、销售、运输、消费等经济活动重叠交错，相互关系十分密切，也造成了城郊农业生态系统围绕经济活动的多样性。

2. 社会分工的多元化 城郊生态系统作为一个完整的人工生态系统，结构与功能都十分复杂。围绕着城镇的建设与发展而分工，分化出了交通、水电、食品、社会秩序、就业、服务、住房、法律等方面。

3. 人的主导性 人是城郊生态环境中生物系统的主体，同时又是生产者，参与生产经营并创造物质财富。人一方面进行物质的再生产，另一方面也进行自身的再生产，保证社会的延续和发展。

4. 负荷能力的有限性 通常城郊农业生态系统负荷能力是有限的。但城郊生态系统在长期演变过程中逐步建立起自我调节系统，可在一定期限内维持本身的相对稳定，对来自外界的冲击，能够通过人工调节进行补偿和缓冲，从而维持环境系统的稳定性。

三、城郊农业旅游开发的优势

目前，国内休闲农业园区多位于城市近郊，这种城乡结合地带，在发展休闲农业时有如下优势：

1. 市场优势　大城市是重要的旅游客源地，大城市又是一个地区的科教文化中心，各级各类的学校、培训中心集聚于此，面向城市学生群体开展科普旅游有着巨大的潜力。

2. 旅游资源优势　在城乡交错带，农业既有传统形式又具现代农业特色。经合理规划、利用、辅以配套服务设施的各种温室、大棚蔬菜基地遍布郊区，可成为休闲农业活动的基地。大都市郊区还承担着市内园林、苗圃、花卉任务，这也是游客休闲观光的良好场所。另外，城乡交错带中有大型综合性农场，交通便利，是广大城市人观光大自然的理想场地。

3. 科技优势　城郊的现代化农业开发区，可以看到无土栽培、电脑温控、园艺化生产等有着浓郁“未来意境”的农业生产方式。有了“新、奇、异、趣”，就有了吸引游客的卖点。大城市是科教文化中心，城郊休闲农业的发展更易从城市获得智力、技术方面的支持，有着明显的科技优势。

4. 信息优势　在城郊发展休闲农业，不仅有着较好的获取信息和发布信息的区位优势，而且有着较好的电信通讯、报刊电视、计算机网络等基础配套优势。

5. 基础优势　城郊区外与城市相连部分基础设施条件好，边缘区与城市之间有较好的通达性。区内条件虽相对较差，但一般也都有了基本的道路和管网，表现出相对的基础设施优势。

6. 资金优势　由于城郊毗邻城市，更容易让投资者了解到投资的前景，坚定投资者的信心，从而更容易获得多种渠道的资金投入，有更多的融资渠道。

第二节　休闲农业的概念及特点

一、休闲农业的相关概念

1. 休闲　休闲是指不论时间长短和空间距离，在闲暇时间内，一切对身心劳累有恢复功能的活动，包括旅游、娱乐、体育健身、文化传播等众多领域。

2. 观光　“观光”一词最早出现于《易经》“观国之光、利用宾于王”中。据《辞海》解释，这是“观光”的由来，之后被日本及我国台湾地区等引用，称旅游为观光（旅游的日语汉字即为“观光”）。

我国大陆学者对“观光”定义有狭义、广义之分。狭义的观光即指观赏、游览的专称；广义的观光则包括观赏、娱乐、休憩、度假、科考、健身、探险等一切旅游形式。广义的“观光”与“旅游”实际上成了同义词。

3. 旅游　旅游是人们以寻求新的感受和业务联系为目的，离开常住地到异国他乡短期停留而不导致定居和就业所引起的一切现象和关系的总和。

4. 休闲农业　台湾大学在1989年第一次提出了休闲农业的概念，认为休闲农业是利用农村设备与空间、农业生产场地、农业产品、农业经营活动、自然生态、农业自然环境、农村人文资源等，经过规划设计以发挥农业与农村休闲旅游功能，增进民众对农村与农业的体验，提升旅游品质，并提高农民收益，促进农村发展的一种新型农业。

我国目前进行相关研究的学者从自己的专业和研究对象出发，提出了近30个差异或大或小的“休闲农业”的概念，如观光休闲农业、观光农业、生态农业旅游、观赏农业、体验农业、田园农业、饭店农业、乡村旅游等，但大多是观光农业、休闲农业和旅游农业三大类型。

二、休闲农业的内涵

休闲农业是现代农业与旅游业相结合的新型交叉产业。它是在充分开发具有观光旅游价值的农业资源的基础上，以生态旅游为主体，把农业生产、新兴农业技术应用与游客参加农事活动等融为一体，通过规划设计和开发利用，为城里人提供观光、旅游、休闲活动的场所。

休闲农业有狭义和广义两种含义。狭义的休闲农业仅指用来满足游客观光需求的农业；广义的休闲农业应涵盖“休闲农业”、“观光农业”、“乡村旅游”等不同概念。

休闲农业是农村资源综合开发，农业“三生”（生产、生活、生态）功能的体现和延伸，是农业与休闲事业结合、第一产业和第三产业结合的新型产业。

三、休闲农业的特点

1. 产业经营的双重性　休闲农业既是农业，又是旅游业，具有二者结合的特点。从经济角度看，休闲农业是农业经济与旅游经济的混血儿，其经营过程中有生态农业项目开发与旅游硬件建设、旅游产品开发的双重主题。其产品既是一种或数种农产品，又是旅游产品。这是任何其他生态旅游或自然风光旅游、人文景观旅游甚至综合旅游区所不具备的。

2. 生活自然性与生产智能性　休闲农业是以独具特色的田园风光和原汁原味的生活方式、文化风俗来吸引游客。这种朴素的民风民情使都市人充分感悟到一种回归自然的轻松和惬意，这也正是休闲农业发展的动力所在。

休闲农业广泛采用国内外最新的农业科技成果，如新品种、无土栽培、生物基因工程、农业生态和环境技术、农产品加工和储藏技术等，不断开发出新的农产品品种，向游客展示最新的农业科技成果和农业科学技术。

3. 多功能性与相互关联性　休闲农业集科研、科普、生产、销售、加工、观赏、娱乐、度假等于一体，参与性、知识性和娱乐性是其最显著的特征。在农业园区内，人们不仅可以观赏农业，还可参与劳动操作，体验农民生活。它不仅拓宽了农业的生产空间，为农业经济的发展寻找到了一个闪光的亮点，而且为旅游业开辟了新的发展途径，它还将城市和乡村的相互排斥、对立关系转化为互补、融合的关系，使城市与乡村的经济相互促进，共同发展。

休闲农业涉及农业、生物工程、电子技术、旅游规划设计、生态环境等多学科、多领域，是一个复杂的系统工程。不仅如此，它还指向技术市场、信息市场、资本市场、人才市场等。

4. 区域差异性与经济互补性　中国地域辽阔，气候、地形等区域差异很大，因而各地的农业生产习惯和土地利用方式差异也很大，而且不同地区有着不同的文化内涵和民族风俗，这就决定了休闲农业的开发要根据农业区域的特点，充分利用当地的农业资源，形成独具特色的开发模式。

休闲农业将农业生产与旅游活动有机结合在一起，这样可获得多重经济效益。即使在不利的条件下，二者在经济效益上也可相互补充。在农业减产失收时，可通过农业旅游来提高农业的附加值而相对减少农业的风险。而在旅游淡季，农业生产又可弥补旅游收入的下降。

5. 较强的参与性与体验性　休闲农业具有农业生产的特点，可以提供绿色和特色农产品，满足人们物质需要。休闲农业可通过直接品尝农产品（蔬菜瓜果、畜禽蛋奶、水产等），或直接参与农业生产与生活实践活动（耕地、播种、采摘、垂钓、烧烤等），从中体验农民的生产劳动和农家生活，并获得相关的农业生产知识和乐趣。因此，从这种意义上讲，休闲农业具有较强的参与性与体验性等功能。为此，很多这类旅游区响亮地提出："作一天农夫"、"当一次渔民"、"作一刻菜农"等宣传口号。

6. 旅游活动的季节性　农业生产活动是自然再生产和经济再生产交织的过程，受自然条件影响，农业生产具有明显的季节性，休闲农业活动相应的存在季节性。不同的季节，田园风光各异。但春季最旺，适合人们踏青赏花，迎接大自然的复苏活动，其次是夏秋季，便于人们户外活动。有些旅游活动诸如垂钓、娱乐等，则四季皆可出游。

7. 高品位性　有学者指出，生态旅游高品位有两种表现：第一是旅游环境的高质量与游客的高品格，第二是其高含量的科学与文化信息。这无疑同样适应于休闲农业。休闲农业园区，作为人们征服自然、发展高新科技农业基地，其高科技含量与科技务农的示范性是一般生态旅游区无可比拟的。如果说一般的生态旅游区，科学与文化信息主要源于自然生态系统（各要素及其整体），那么，休闲农业的高科技信息主要源于人工景源在自然生境中的合理布局、高科技的农作灌溉、培育、护理与收割、无公害农药的使用以及对农产品的科学加工与制作等。

8. 文化性　不同地域的乡村形成了独具特色的乡土文化，成为难得的旅游资源。旅游所涉及的动植物均具有丰富的历史、经济、科学、精神、民俗、文学等文化内涵，利用这些有趣意的文化知识，设计多种多样的观光项目，增加农业文化知识。农业是一个受人类调控的半自然、半人工生态系统，它既具有自然景观的特点，又具有在人类活动参与下而形成的文化背景与内涵（如农村的民俗文化、种植文化、饮食文化、建筑文化等）。由于自然旅游资源和人文旅游资源的相对有限性，农业旅游资源的开发利用无疑是旅游业发展的一个新的方向和有益的补充。

9. 生态性　休闲农业的吸引人之处在于其宁静优美的生态环境、天然的自然景观以及纯朴的乡村生活方式、民俗文化等，优美健康的农业生态环境和运行良好的农业生态系统是休闲农业的必然要求。休闲农业是符合生态要求的，具有传递生态环境保护、持续发展意识和科学考察的功能，符合可持续发展的要求。因此，在开发过程中必然要考虑到其生态特性，尽量减少外部投入，促进其生态系统内的良性循环。

10. 市场指向性　休闲农业主要是为那些不了解、不熟悉农业和农村的城市人服务的。农业旅游资源在城市地域之内、城市郊区及周边农村随处可见，只要稍加开发即可利用。同时，这些地区一般距离城市近而不需长途跋涉，交通条件较方便，所需时间短，一般利用双休日即可完成，较适合城市居民的需求。因此，休闲农业的目标市场在城市，必须有针对性地、按季节特点开设观光旅游项目，扩大游客来源。

11. 观赏娱乐性　休闲农业资源包括具有观光功能的农作物、林草、花木和饲养动物等。通过观光活动，使游人获得绿色植物形、色、味等浓厚的大自然的意趣和丰富的观赏性。休闲农业还具有一定的游乐功能，游乐功能应主要以观光、农事参与、民俗活动、自然体验（包括漂流、徒步等）为主，多在动植物和生态上做文章，依赖某些作物或养殖动物区修建娱乐宫、游乐中心、表演场，供欣赏和取乐，如开展植物迷宫、斗牛、漂流探险等旅游项目。

第三节　休闲农业的类型

休闲农业的形式多种多样，规模可大可小，归纳起来主要有以下几种主要类型：

一、休闲娱乐型

这是一种综合性的休闲农业，即在城市近郊或风景区附近开辟特色农园、果园、菜园、茶园、花圃等，游客不仅可以观光、采摘、体验劳作、了解农民生活、享受乡土情趣，而且可以住宿、度假和游乐。农场内提供的休闲活动内容有乡间景观欣赏、田间劳作、池塘垂钓、野味品尝、疗养健身、沙泥疗养、日光浴等项目，使游客消除疲劳、调节身心、恢复体力。这是国外休闲农业最普遍的一种形式，在我国逐步发展成为休闲型“农家乐”。这种农业旅游以供都市人休闲为主，它的基本特点是利用郊区的地理优势和城市的工业优势，在城市的小区和郊区建立小型分散的农、林、鱼、菜等生产基地，既为游客提供一部分新鲜农产品的供应，又保留一部分农业生态圈，以改善城市的生态和休闲环境。有条件的地方还可以利用楼顶、空地种植花草、果树、蔬菜等作物。经营者要根据本身具体环境条件，合理规划，因地制宜地建造各种休闲设施，突出度假、游乐功能，通过提供优质服务，凭借幽雅瑰丽的农业景观，吸引更多的都市人来农场休闲度假。

“农家乐”形式的休闲农业具有如下特点：

（1）规模小，分布广　这些观光农园大多是农业园主私营，受到政府一定的政策指引或接受专家、学者的建议才开展的观光旅游项目。他们在现有的农田、果园、牧场、养殖场的基础上，将环境略加美化和修饰，以纯朴的农家风光吸引城市居民前来观光游览。

（2）游客以中、低收入层次的城市居民为主　“农家乐”休闲农园一般费用都比较便宜，周末 2 日游的费用一般为 100 元左右，包括往返车票、住宿费及其他费用。

（3）具有休闲农业最基本的乡土性　游客可以直接地贴近大自然，直接参加园中所进行的各种农事活动，还可以在观光农园品尝没有见过或很少见过的农产品，或者品尝自己付出劳动而得到的劳动果实，旅游消费更实惠，所以颇受都市游客的青睐。

（4）观光项目受到农业生产季节性的限制　往往淡季、旺季差别十分明显。近一半项目为季节性开放，一些项目开放时间才几个月，有些仅在特殊节日开放。生产季节就是休闲农园的淡季，游客寥寥，旅游收入很少。而丰收季节游客一般较多，却又产生土壤板结、环境破坏、果实浪费等问题。

二、观光参与型

开放成熟的果园、菜园、花圃、鱼塘等，让游客入内摘果、拔菜、赏花、垂钓，享受田园乐趣。对于生产者来说，虽然增加了道路、凉亭、水池、坐椅等旅游设施的投资，却减少了农产品的采摘、仓储、运销费用，农产品价格仍然富有较强的竞争力。此外，还可由农民提供土地，让市民参与劳作。具体做法是，将位于都市近郊的农地集中规划为若干小区，分别出租给城市市民，在总的规划要求下，由承租者自己规划种植粮食、花草、蔬菜、果树，以及从事养殖或其他家庭农艺，其主要目的是让市民体验农业生产的过程，享受田间耕作乐趣。由于市民租用的农园是以休闲为主，而不是以生产经营为主要目的，且多数租用者只能利用节假日到农田作业，所以平时的田间管理需由农地提供者代管，由承租者提供必要的经费补偿。

三、农业公园型

按照公园的经营思路，把农业生产场所、农产品消费场所和休闲旅游场所结合于一体。在公园功能方面，建立兼具粮油区、蔬菜区、水果区、花卉区、水产养殖区、景观区、森林区、服务区等综合农业公园。在经营方式方面，既有由政府经营而免费提供社会的公益园，也有由企业集团组织投资经营的公园。在利用方式方面，可以引导游客在农业公园内，将某一农作物的观赏、采集、制品及其有关的品评、写作、绘画和摄影等活动融为一体，提高公园的经营效率，丰富游览乐趣。

公园的主要类型包括自然景观型、民俗风情型、农村新貌型、现代农业型等。除了果品、水稻、花卉、茶叶等专业性农业公园外，目前大多数是综合性的，包括服务区、景观区、草原区、森林区、水果区、花卉区及活动区等。农业公园的面积因性质和功能而异，既有迷你型的小块水稻公园，又有几十公顷的果树公园。

大型农场、高新农业科技园区等具有较高知名度的区域，或者拥有特色休闲农业项目但生态环境脆弱的区域，采取景点游览型模式，适当提高参观门票的价格，并根据项目的季节性特点，制定适当的门票浮动价值，以控制游客的数量。

四、科普教育型

这是兼顾农业生产与科普教育功能的形式，即利用农园中所栽植的作物，饲养的动物以及配备的设施，如特色植物、热带植物、水耕作物栽培、传统农具展示等，进行农业科技示范、生态农业示范，为青少年和城市居民传授农业知识。科普教育型是提供演示农业生产、了解农业过程的场所，特别强调公益服务性，以一定的参观费为收入补偿。这种形式集教育性、娱乐性与宣传性于一体，使游客在参与游乐的同时，掌握环境和农业的基本知识，使游客自觉地保持环境、爱护农业。代表性的有法国的教育农场，日本的学童农园，台湾的自然生态教室等。

经营单位还可以与农业科研部门和农业院校合作，把农业科技新成果展示在农园内，体现科技农园特点，对很多人都具有强烈的吸引力。另外，还要按照旅游观光的要求，建立相应的服务设施，为游客的观光、学习提供必要的物质条件。园内可建设“农技博物馆”，介绍我国不同时期的生产工具和生产技术，展示我国历代劳动人民的聪敏才智，重点展示现代农业科技新成就。游客在了解各有关使用方法后可以亲自操作各种技术工具。

五、民俗农庄型

在具有地方或民族特色的农村地域，利用其特有的文化或民俗风情，提供可供夜宿的农舍或乡村旅店之类的旅游场所，让游客分享浓郁的乡土风情以及别具一格的民间文化和地方习俗。例如，参观丰富多彩的乡村民俗、富有特色的乡村传统劳作和风格迥异的乡村民居建筑，参与游春、歌会和赛马等乡土文化活动，考察地方人文历史、民俗古迹，体验农业生产与农家生活的变迁过程。代表性的民俗农庄型有深圳的民俗文化村等。

逛庙会，参加农家民俗婚礼、品农家饭、住农舍、采摘野菜等，均有利于吸引市民双休日举家出游。在德国、丹麦等西方国家还流行“民宿农庄”模式，其经营多以家庭成员为主，也有的少量雇工，这些农民将废弃或者多余的农舍加以改造，提供给都市休闲度假者，并以当地特色食品供应早晚餐。在日本，许多市民把子女送到农村，委托农户代管，让孩子在当地读小学和中学，也有的在假期把孩子送到农村亲属家或他人家寄宿，参加农场作业和农村社区活动，即所谓“农村留学”。这些方式，就农家而言，不仅能够获得收入，更重要的是寄宿者和家长成为农户土特产和手工艺品的购买对象，以带回分赠亲朋好友，还能带来大量的有用信息，因而既提高了农户收入，又促进了农村经济的发展。

民俗农庄型经营者可按不同地区，不同民族的种植、养殖习惯和吃、住、行的不同口味以及不同的农业劳动工具和方式，将其提炼与升华，形成特色休闲农业，既可采风，又可劳作。

六、商业服务型

在菜园、果园、饲养场等农副产品生产和加工区域，在保护生态环境的前提下，以实现经济效益为重点，借鉴商场经营经验，经营模式为商业服务型。取消门票收费，以吸引更多的游客。积极拓宽营销渠道，提供多种农副产品。除采摘、垂钓等形式外，还可以提供现场烹饪、制作等服务项目。以商业活动为主的休闲农业园区必须保持一定的区域和规模。随着生活水平不断提高，休闲农业的需求随之改变，将从单纯追求低廉商品的消费型向精品个性化消费型转变，超市化的商业服务型休闲农业会逐渐兴起。

第四节　休闲农业的作用及功能

一、休闲农业的意义和作用

1. 促进传统农业向现代化农业迈进　传统农业主要是掠夺式的生产模式，它专注于对土地本身的耕作，为生产目标单一、生产技术落后及投入少、产出低的自然经济型农业。休闲农业的开发，将拓宽农村经济发展的思路，使农业经济效益与环境效益和社会效益协调发展，引导农民积极采用国内外先进技术，提高农业生产的科技含量，并在农业生产中摆正人与自然和谐发展的关系。我国农业正处在传统农业向现代化农业转变的十字路口，而休闲农业的发展则为这种转变提供了一条有效的途径。

2. 有利于农村产业结构的调整，为农村剩余劳动力提供新的就业机会　休闲农业必然带动农村商业、服务业、交通运输业、加工业、建筑业等相应产业的发展，从而带动农村产业结构的调整。同时，休闲农业可带动与之有关的食品、日用品、工艺品，尤其是当地的农副产品、土特产品的产销活动，繁荣农村经济。

休闲农业也是一种服务性极强的劳动密集型产业，它的发展不仅需要管理人员、导游、服务人员，还需要住宿、餐饮、商业、交通、文化等行业的配合，能充分带动农村第三产业的发展，有利于吸纳大量的农村剩余劳动力，缓解劳动力过剩的矛盾。

3. 具有吸纳、接受和传播科学技术的动力机制　休闲农业强调生产性、科学性、知识性、艺术性和商品性的融合，寓农业生产、高新技术、文化教育于休闲旅游之中，因此，休闲农业必然要在选育良种、栽培管理及加工、贮藏、运输等各个环节，积极采用国内外先进技术，提高农业生产的科技含量，以增强其旅游吸引力。同时，先进科学技术成果的应用，通过示范培训，能普遍提高农民的科学文化水平和生产基本技能。

4. 有利于生态农业的持续发展　休闲农业是生态农业建设与旅游发展趋势的有机结合，其产品除一般的有形产品外，还包括无形产品即良好的生态环境。生态农业既弥补了传统农业生产目标单一、生产技术落后以及投入少、产出低的自然经济型农业的不足，同时又避免了“石油农业”以高投入追求高产出、高经济效益所带来的生态破坏和农业环境恶化等弊病。休闲农业开发是农业可持续发展的一种具体体现。

5. 为游客提供高质量的旅游感受　我国传统农业历史源远流长，民族众多，农村民俗风情文化丰富独特，现代农业高科技更是日新月异，休闲农业通过游客游览、参观、品尝、购买以及农事活动的参与，可使游客在得到休闲和精神享受的同时，充分了解农村的风土人情，探索我国悠久的农业发展史，增加对现代农业高科技的感性认识，从而提高自身的生态环境保护意识。因此，休闲农业的发展，不仅突破了传统农业的生产模式，而且突破了传统的旅游开发观念，改变了传统的旅游格局，丰富了旅游内容，为游客提供了更为广阔的旅游空间。

6. 可以美化、改善环境　为招揽游客，休闲农业园区的田园、道路、村落及四周环境力求美化，农舍田园布局合理，景观错落有致，尤其是广阔的绿色植被，不仅可美化小环境，而且可改善大环境质量。

7. 增加农民收入，促进农村奔小康　休闲农业园区较为洁净的环境，可以发展绿色食品和特种作物（如花卉）的生产，满足人们对绿色食品的需求，提高农产品的市场竞争力，增加农业的产品收入。同时通过休闲农业开发，可获得经营收入，实现农业生产的高附加值，而后者的收入往往是前者的倍数。

8. 可以促进旅游业形成新的经济增长点　休闲农业开发的基础是农业生产文化与农业生态景观的有机结合，这是旅游资源开发的新形式，无疑为传统的中国旅游业发展增添了新的动力。特别是它能满足城市居民追求“返璞归真”，摆脱城市喧闹、工作紧张、生活繁杂等带来的心理压力，以及弥补城市文化“缺陷”的特点，更直接为中国的假日旅游、休闲旅游、教育旅游、生态旅游、乡村旅游等的发展开阔了新天地。

9. 有利于农村地区的开放发展，加强了城乡联系，促进了农村的精神文明建设　休闲农业的开发，使农村地区向城市为主的外部地区开放。游客在流向农村购买旅游观光服务的同时，必然会对农村产生信息、思想意识、科技文化等多方面的积极影响。当地农民通过与外界进行广泛的人际交流，能开阔视野，增长见识，美化语言，更新观念，逐渐改变农村旧有的生活习惯，使人们的文化素养、经营头脑不断升华。城乡居民的广泛接触与交流，还将引发城市优势要素向农业地区扩散和辐射。农村对城市或城镇的开放性互动过程也能大大地促进其精神文明的建设。

二、休闲农业的功能

1. 生态功能　休闲农业的发展贯穿了生态思想，它不仅满足了游客回归自然、返璞归真的心理需求，更重要的是为水泥世界点缀了绿色，净化了空气，绿化了环境。在旅游经历中游客会潜移默化地受到生态教育，增强了环境意识。农业与旅游业的结合，真正实现了经济、生态、社会效益的同步协调发展，将自然生态系统、农业生态系统、人工建筑系统融为一体。

2. 经济功能　休闲农业是在发展农业生产的基础上发展旅游业，在降低土地集约化的同时提高单位土地的收益，增加农民的收入。从而实现了农业景观在宏观配置上的合理性，在实现生态效益的基础上提高了经济效益。台湾的香格里拉农场，1990 年接待游客 3 万余人，每农户收入高达 20.1 万元台币。

3. 旅游扶贫功能　以旅游发展带动贫困地区的经济发展和使农民脱贫致富，是旅游业的一项重要功能。休闲农业作为旅游业的一个新的领域显示出“生命”初始的无限生机，呈现出欣欣向荣的景象。旅游经济的附加改变了农村经济的单一结构，起到了兴一处旅游，富一方百姓的作用。近几年，相当多的农民由此迅速走上脱贫致富之路。

4. 环境教育功能　休闲农业环境教育功能的内涵具体表现在 3 个方面：①教育对象从仅是教育游客发展为对所有旅游受益者如开发者、决策者、管理者等均有教育功能；②教育手段从单纯的游客用心去感应的教育方式，发展为充分利用现代科学、技术、艺术等知识展示自然，使人能够直观形象地接受教育，教育的效果大大提高；③教育意义不仅仅是个人环境素养的提高，更重要的是全民素养的提高。

5. 娱乐及参与功能　休闲农业的娱乐功能主要是依赖某些作

物或动物养殖区修建的娱乐中心和表演场。另外，游人到园区亲自采摘瓜果、修剪花卉或参与捕捞等生产实践活动，体验生产实践的乐趣，如沙地花生园的自助拔花生、西瓜园里品西瓜等活动。

6. 观赏、品尝、购物的功能　特定区域内的现代农业生产类型及多样的种植与养殖等景观，为游人展现了全新的观光感受，游客置身于此，既可观赏，又可品尝和购买有关瓜果和水产，吃有特色的农家饭，购买农副土特产品等。

7. 疗养、度假的功能　游人在森林浴疗场、河滨浴场、森林避暑营地、生态农业休养地进行度假，尽情体验回归大自然的乡野情怀、田园乐趣，以达到放松身心，促进健康之目的。

8. 增长知识的功能　休闲农业不仅是游、食、住、购、娱等休闲活动场所，更是学习生态环保知识、农业知识的大课堂。通过此项活动，使游人了解高新技术在农业中的应用，了解作物的育种及栽培等种植和养殖过程，达到增长农业知识的目的。

9. 文化传承功能　休闲农业的发展可使农村特有的生活文化、产业文化、民俗文化得以继承，同时能使其得到创新和发展，创造出具有特殊风格的农村文化。

第二章　休闲农业的发展与启示

第一节　休闲农业的产生及发展

一、国外休闲农业的发展进程

休闲农业的发展历程大致可以分为以下 4 个阶段：

1. 萌芽—兴起阶段　19 世纪 30 年代欧洲就已开始了农业旅游。意大利在 1865 年成立了“农业与旅游全国协会”，专门介绍城市居民到农村去体味农业野趣。当时还没有提出休闲农业这一概念，仅是从属于旅游业，作为一个观光项目，也没有观光园的建立，只是游客到农村去，与农民同吃、同住、同劳作，或者在农民土地上搭起帐篷野营，或者在农民家中住宿。游客骑马、钓鱼、参与农活，食用并购买新鲜的粮食、蔬菜、水果等农副产品。

2. 观光—发展阶段　20 世纪中后期，旅游不再是对大田景色的观看，代之以具有观光职能的观光农园。农园内的活动以观光为主，结合购、食、游、住等多种方式进行经营，并相应地产生了专职从业人员，这标志着休闲农业不仅从农业和旅游业中独立出来，而且找到了旅游业与农业共同发展、相互结合的交汇点。这个时期，观光农业的项目有观光农牧场，还有人造观光农园。

3. 度假—扩展阶段　20 世纪 80 年代以来，游客已经不再单纯地满足于观赏，更多地希望实践，亲身体味一下农趣，度假的需求日益增大。观光农业园也就相应地改变了其单纯观光的性质，扩展出了度假、操作等功能。

4. 租赁阶段　目前少数经济发达国家，又出现观光农园经营的高级形式，即农场主将农园分片租给个人家庭或小团体，平日由农场主负责雇人照顾农园，假日则交给承租者享用。这种刚刚出现的新型经营方式，目前在日本、法国、瑞士以及我国台湾等地方兴未艾。

二、国外休闲农业的特点

国外休闲农业的发展具有 4 个特点：

①以具有特色的农场、庄园作为发展休闲农业的依托。

②西方国家政府从政策上对休闲农业给予大力扶持，许多国家通过开发政策、土地和水资源管理计划、提供人力和财力管理等方式促进休闲农业发展。

③国外休闲农业客源主体是受教育水平较高且经济条件较好的人群。他们参与农业劳动追求的主要是精神享受而不是物质享受。

④国外的休闲农业大多融观赏、参与、购物等于一体，内容具有多样性。

三、典型国家休闲农业发展概况

休闲农业在国外开发研究比较成功的多是经济上比较发达的国家。现就有代表性的国家作一介绍：

西班牙　19 世纪 60 年代初，国际上久负盛名的旅游大国——西班牙政府建立了“帕莱多国营客栈”，即把路边的城堡或大农场进行内部装修改造成为饭店，用以留宿过往游客和发展休闲农业。在旅游活动中，休闲农业社区提供徒步、骑马、滑翔、登山、漂流等多种休闲项目，并举办务农学校、自然学习班等培训。游客利用周末驾私家车前往 100～150 千米以内的农场休假。

美国　政府从资金和政策上大力支持发展休闲农业，仅东北部地区就有观光农场 1 500 多家，每年有 1 800 万旅客前往观光农场度假。各个农场提供游客亲自采摘新鲜瓜果蔬菜的项目，并推出不少特色节目，如绿色食品展、乡村音乐会、破冰垂钓比赛等等。美国农村地多人少，开办观光农场，不仅弥补了劳力短缺，还就地推销农副产品，政府同时也制定了严格的管理法规，如要求农场必须设立流动厕所和饮用水源，露天场所则需提供消毒水。

法国 在法国，居民素有以种植蔬菜为业余活动的习惯。乡村旅游开展的历史达百年以上，已具相当规模，并走上了规范发展的轨道。20世纪70年代以来，随着5天工作制的实行，“工人菜园”流行一时。越来越多的城市居民选择远离城市的乡村作为度假地，许多城市居民把种菜当作一种嗜好，纷纷兴建“第二住宅”。

在法国，休闲农业产品主要分为传统型、都市型、度假型3种类型。传统型主要以不为都市人所熟悉的农业生产过程为卖点，例如，法国农村的葡萄园和酿酒作坊，游客可以参观和参与酿造葡萄酒的全过程；都市型主要是在城内小区和郊区建立小型的农、林、牧生产基地，在园里可观赏到一些观赏鱼、珍稀动物、名优花卉和果树；度假型主要是利用森林、牧场、果园等资源，吸引游客前去度假，使游客感受与城市生活完全不同的体验。

意大利 19世纪30年代，意大利的观光农业发展最快，成为世界观光农业最发达的地区之一，其特点是游人观看农民进行农事活动。20世纪初期为休闲观光阶段，其特点主要是出现了具有观光职能的农园，内容较之以前大大丰富，不仅可以观光，而且结合食、游、购、住等多种方式经营，如观光农场、牧场、林场、渔场以及人造观光农园等。20世纪中期，农业观光有了进一步的发展，其功能扩展到吃农家饭、干农家活，如游人可以鱼池抓鱼、作坊制酒、下田插秧等。20世纪60年代以后，休闲农业已经发展成为举足轻重的旅游产业，其收入占到整个旅游收入的30％。

德国 德国都市农业以市民农园为代表，德国人习惯于在自家的大庭院里划出小部分土地作为园艺用地，栽种花草、蔬菜，享受亲手栽培作物的乐趣。19世纪末，德国正式建立了“市民农园”体制，其主旨是从建立健康社会的理念出发，让住在狭窄公寓里的都市居民能够得到充足的营养。近年来转向为市民提供体验农家生活的机会，使久居都市的市民享受田园之乐。

市民农园的土地来源于两大部分：一部分是镇、县政府提供的公有土地，另一部分是居民提供的私有土地。每一市民农园的规模约有2公顷。大约50户市民组成一个集团，共同承租市民农园，每个承租人租地100米^2。租赁者要与政府签订为期25～30年的使用合同，自己决定经营，政府不加干涉，但其产品却不能出售。如果承租人不想继续经营，可以中途退出或转让，市民农园管委会选出新的承租人继续租赁，新承租人要承担原承租人合理的已投入的费用。目前，德国市民农园呈兴旺之势，求租者已超过80万人，其产品总产值占到全国农业总产值的1/3。

澳大利亚　澳大利亚的牧场旅游正在兴起，每天都有许多满载外国旅客的大巴奔向各个牧场，该国市民也同样钟爱牧场风光，他们常于周末和假日自己驾车全家去牧场小住几天，成人放松身心，孩子们亲近自然和了解乡村生活。据澳大利亚旅游局统计，目前该国旅游业总收入中牧场和休闲农业收入超过35%。

日本　日本观光农业的发展源于都市农业的发展。早在第二次世界大战以前，日本伊豆的伊东温泉就有“采摘观光”的历史。第二次世界大战结束以后，都市农业的发展非常迅速。日本的都市农业真正开始实施是在20世纪60～70年代之后。其都市农业定位主要针对特大国际化大都市的局部地区，其主要作用体现在两大方向，即“食”与“绿”。“食”就是为市民提供生活所需的各种新鲜的、无污染的农副产品，发挥农业特有的经济功能；“绿”是指为市民营造生存所需的绿色生态环境，发挥其保持生态平衡、抗灾防灾等公益功能。

到目前为止，日本已发展形成了3种主要的都市农业模式：①观光型农业，即设立菜、稻、果、树等田园，吸引游人参观体验，其实质是农业与旅游业的结合；②设施型农业，即在一定区域范围内运用现代科技与先进的农艺技术，建设现代化的农业设施，一年四季生产无公害农副产品；③特色型农业，即通过有实力的农业集团建设一些有特色的农副产品生产基地，并依托先进的科技进行深层次开发，形成在国际市场具有竞争能力的特色农业。

新加坡 新加坡是一个城市国家，为对有限的土地进行综合开发和高效利用，把高科技引入农业并与旅游业相结合，从20世纪60年代开始，经过30年的建设，创建了具有观赏、休闲和出口创汇的多功能的十大高新科技农业开发区，总占地264公顷，公园内不仅合理安排作物种植，精心布置一些展览花、观赏鱼、珍稀动物、名贵蔬菜和水果生产，还相应地建有一些娱乐场所。同时建成了50个兼具旅游特点和提供鲜活农产品的农业生态走廊，形成了多功能的都市农业体系，既创立了一流的花园城市生态环境，又提供了大量优势名牌产品及其制成品，每年还吸引500万～600万国际游客，年创汇超过50亿美元，成为享誉世界的“绿色旅游王园”。

马来西亚 1986年马来西亚农业部创办了世界上第一个国家级农业旅游公园，该园占地1 295千米^2，坐落在丰富多样的原始森林中，全国有关农业企业、公司在农业公园永久性的发展中心展出其产品，公园内开设花园式小果园、水稻园、水产园、居民园、蘑菇园、鸟类园、畜牧园、花园食品街等，并举办国际农业商展、国际花卉展销等，吸引了世界各国的游客，每年到该园参观者达140多万人次。

东亚与东南亚等其他发展中国家和地区，如泰国、菲律宾、印度尼西亚等，也充分利用热带农业资源优势，开发热带旅游农业，吸引大批外国游客，为本国创造更多的外汇收入。

四、国外休闲农业开发模式

1. 传统型休闲农业　传统型休闲农业主要向游客展示或让游客参与不为都市人所熟悉的农业生产过程。例如，在法国波尔多农村的葡萄园和酿酒作坊，游客不仅可以参观和参与酿造葡萄酒的全过程，而且还可以在作坊里品尝，并可以将自己酿好的酒带走，其乐趣与在商场购买酒大不一样。

2. 科技型休闲农业　科技型休闲农业主要是在城市郊区，利用现代高科技手段，建立农、林、牧生产基地，在为城市提供部分时鲜农产品的同时，取得部分观光收入。例如，新加坡兴建的十大高新科技农业开发区。随着农业和高新技术及生物工程的发展，科技型休闲农业成为各国发展最快、最吸引人的模式。

3. 奇异型休闲农业　奇异型休闲农业是利用奇特的农产品或资源建立起来的，以满足人们探奇的心理。以色列北部沙漠地带的一个村庄，利用那里独有的一种沙果发展休闲农业。因地处沙漠，游客还可以在这里做沙疗。一个几百人的村子一年要接待20多万游客。

4. 度假型休闲农业　度假型休闲农业主要是利用不同的农业资源，如森林、牧场、果园等，吸引游客前去度假，享受回归大自然的乐趣。美国、日本、德国、英国向社会开放森林，组织游客进行森林浴、徒步行，在露营地里宿营，每年总收益高达千亿美元。澳大利亚人则常于周末或假日，选一个离家不远的牧场小住几天。

五、我国的休闲农业及发展

中国是个古老的农业国，悠久的农业历史孕育了丰富的农耕文化，而且中国地区景观新奇多样，这些都是促进休闲农业发展的内容。若追溯农业旅游活动产生的历史，应该说它自古有之。古代文人墨客的郊游和田园休闲活动等，在很早就已产生。后来出现的城市居民到城郊远足度假旅游虽然十分活跃，但这种传统的郊游是以个人或家庭为单位的自助式的休闲和观光活动，他们外出旅游的一切活动都自己解决。另一方面，他们的旅游对象也都未经过专门的旅游开发，处于一种“纯自然”状态。因而，他们的旅游活动一般也都没有明确的主题，仅是城市居民的一种休闲方式。

作为现代的休闲农业在我国起步较晚。在20世纪80年代后期，改革开放较早的深圳首先开办了“荔枝节”，主要是为了招商引资，随后又开办了采摘园，取得了较好的经济效益。随着农业结构的调整和农业高新技术的应用，各地、市、城郊及乡镇结合自己的农业特点、自然资源和文化遗产相继建成了具有一定规模和一定面积的高新农业科技示范园区。这些园区内，主要栽植果树优良品种、稀有蔬菜和新潮花木，在绿化设计和道路规划方面遵照了园林的规划原则与要求，有的还设立了一些园林艺术小品和其他娱乐服务设施。整个园子除生产农副产品之外，还可供人们参观游览，这就是休闲农业观光园的雏形。而这些项目的开展，大多是设在农业资源基础好、特色明显、交通便利的城郊结合部。

世界各国休闲农业发展的成功经验，也触发了中国休闲农业的迅速发展。20 世纪 80 年代末“休闲农业游”的出现是休闲农业发展的起点。进入 90 年代，休闲农业已经是农业现代化建设中必须点亮的亮点，随着现代化进程的加快和人们生活质量的提高，休闲农业是一个在城市和乡村之间产生双向吸引力、双向吸纳力、双向融合力的朝阳产业。

1998 年国家旅游局推出“华夏城乡游”的旅游主题，“住农家店，吃农家饭，干农家活，看农家景，享农家乐”，回归大自然的休闲农业是其中一项重要的内容。自此休闲农业迅速发展起来。

1999 年，国家旅游局推出“生态旅游年”，充分利用和保护乡村生态环境，开展乡村农业生态旅游，进一步促进了我国乡村旅游业的发展。1999 年我国召开了首次全国有关休闲农业的研讨会，2001 年召开了第二次全国交流会。

2006 年，国家旅游局推出“中国乡村旅游年”，提出“新农村、新旅游、新体验、新风尚”，推动乡村旅游更快更好发展，为建设社会主义新农村作贡献。

2007 年 3 月，国家旅游局联合农业部下发“国家旅游局农业部关于大力推进全国乡村旅游发展的通知”。为协调全国乡村旅游工作的开展，国家旅游局和农业部共同成立了“全国乡村旅游工作领导小组”，具体工作由国家旅游局综合协调司和农业部发展计划司共同承担。2007年10月，中国休闲农业—乡村旅游网试运行。

2009年10月，中国旅游协会休闲农业与乡村旅游分会成立，并在浙江省安吉县举办“中国（安吉）休闲农业与乡村旅游发展高层论坛”，同期举办“2009首届中国（安吉）休闲农业与乡村旅游节暨中国美丽乡村节”。

2010中国（郫县）休闲农业与乡村旅游节系列活动在四川省郫县隆重举行，标志我国休闲农业已进入一个崭新时期。

我国休闲农业发展有三大重要特点。

一是休闲农业以观光、休闲功能为主，包括观赏、品尝、购物、务农劳作、文化娱乐、农业技术学习、森林浴、乡土文化欣赏等。

二是休闲农业与旅游业相结合。休闲农业园区往往靠近旅游景区或景点，休闲农业项目是旅游业项目的组成部分。

三是观赏农业多分布在东部经济发达省份和大城市郊区以及特色农业地区。

六、我国台湾省的休闲农业

台湾省休闲农业的发展经历了以下3个阶段：

1. 观光农园与休闲农场阶段　1970年台北市在木栅区指南里组织了53户茶农，推出“木栅观光茶园”，开启了“观光农园”的先河。1979年“中华农会”在台湾台中市召开了以“观光农业”为主题的学术会议，随之农政单位一直以积极的行动加速观光农业的开发。从1980年起，首先在台北市近郊进行辅导观光农场的建设，包括观光果园、观光茶园、观光花园等形式。这个时期的经营单位主要是由农场、林场转型的观光农园。

1989年台湾“农委会”举办第一次“发展休闲农业研讨会”，对休闲农业的概念和设想进行了广泛的研讨，确定了“休闲农业”名称，实施《发展休闲农业计划》，积极辅导、推动休闲农业园区的规划及建设工作。

1992年，“农委会”颁发了“休闲农业园区管理方法”，制订了休闲农业园区必须具备的一些基本条件。在台湾大学、屏东技术学院等院校开设休闲农业课程，从事休闲农业教学研究，建立体闲观光农业理论基础。

2. 休闲农业园区与休闲农场阶段　1994—1999年，台湾休闲农业快速发展，修订了“休闲农业园区设置管理办法”等相关法规，对休闲农业园区与休闲农场进行重新界定。1996年修订颁布了《休闲农业辅导法》，将休闲农业的发展分为“休闲农业园区”与“休闲农场”两个层次。休闲农业园区是由地方政府主动规划，属于指导性质；休闲农场则由个别经营者依据经营特性规划设计投资开发。休闲农业园区内存在各具特色、经营规模不一的休闲农场、观光果园、牧场、民俗农庄等经营个体，他们之间进行合作与竞争，如何合作则成为经营能否成功的关键。

3. 休闲农渔园区阶段　台湾省自2001年起改变政策，开始推动一乡一休闲园区计划，后来改称“休闲农渔园区计划”，以改变过去天女散花式的分配资源方式，集中力量发展农渔园区，增加园区内的软硬件建设，整合园区内农场、农园、民宿或所有景点，使其由点连成线，再扩大成面，最后以策略联盟方式构成带状休闲农渔业园区，提供游客前来园区旅游消费，增加园区居民收益，促进地方的繁荣与发展。

休闲农渔园区辅导农民顺利转型经营休闲农业，创造农村地区就业机会。休闲农业所成立的“社区”以策略联盟方式结合的实体来推动各项工作，改变以前单打独斗的经营方式。同时进行园区各景点共同营销，并结合媒体举办大型活动，建立消费者与园区通路。

第二节　休闲农业的发展分析

一、休闲农业产生的原因分析

休闲农业在我国虽然起步较晚，但发展相当迅速，并有良好的发展势头。究其原因，主要有以下几个方面：

1. *鲜明特征的农业资源与景观为休闲农业提供了条件* 在我国辽阔的土地上，分布着近千座城市，从而也形成了各具特色的城郊农业生态类型及景观区域组合。从南方热带作物园的珍树奇木，果甜花香到北方的林海雪原、大型滑雪滑冰场，从东部沿海的休闲度假村、海滨疗养院到西域的草原风情、沙漠景观，这些具有鲜明特征的资源与景观，不仅为游客提供了丰富的食品，而且更为开发休闲农业提供了条件。

2. *农业高速发展的需要* 进入21世纪，伴随着人类生产、生活方式的变化及乡村城市化和城乡一体化的深入，农业已从传统的生产形式逐步转向景观、生态、健康、医疗、教育、观光、休闲、度假等方向。同时一些农民有了一些资金积累，开始通过向各个产业的延伸，寻找新的经济增长点，以提高农业效益，增加收入。一些企业在目前投资预期效益普遍不高的情况下，也把目光转向农业，涉足农业。

3. *农业结构调整和社会经济生活发展的需要* 休闲农业的出现，不仅为农业结构调整提供了示范，而且也吸引了城市居民到此一游。城市居民到农村乡间旅游观光，会带去大量的科技思想、市场信息。休闲农业内的高效农业也能吸引城镇居民到此投资，从而加快农业产业化进程。

4. *城市居民回归自然身心的需要* 随着工业的日益发展和城市化进程的加快，人类的生活环境在不断“钢筋混凝土化”，在城市里，蓝天、青草、绿地正在被成堆的垃圾、肮脏的污水、高大的建筑所吞噬，人口高密度集聚，交通拥挤，住宅匮乏的“城市综合症”让人头痛和无奈。城镇居民面对生态环境的日益恶化，纷纷开始向往“回归大自然”的休闲、恬静生活。休闲农业的淳朴、悠闲、恬静的特征正好吻合了城市人这种“回归自然”的心态，由此而迅速发展起来。

5. *旅游事业朝向生态旅游发展的产物* 我国目前的各大主要旅游景点一是距城市较远，多为高地，不方便带老人或孩子游玩；

二是人员爆满，影响清静放松的情趣；三是门票也相对较高，使人望而却步；四是一些居民也渐渐厌倦了游历名山大川后的旅途劳累，且常有“看景不如听景”的遗憾。因此，他们（尤其是老人和孩子）多转向选择能亲近和感受的田园风景区。于是就自然而然地瞄上了距离比较近的高新农业科技示范园区。而这些园区也非常乐意接纳游人，既可销售产品，又可获得一笔非常可观的门票收入。这样，生态农业、园林绿化与生态旅游很自然地结合了起来，形成了一类独具特色的休闲农业。

6. 城内旅游发展极化效应与扩散效应的需要　目前，城内旅游资源的开发已近极致，各旅游“热点”也发展近饱和，极化的旅游流加重了景区负担，必须通过一定手段向外分流，减轻城内压力，过热的城内景区要向外“扩散”。城郊的休闲农业在时间上、空间距离上都有利于城内游客的转出。

7. 中国传统文化影响的结果　休闲农业与人们的寻根情节有着一定关系。人类社会最早的聚落形式是农村，因此人们往往把自己的根归结到农村。我国传统上是一个农业大国，自给自足的农业经济在几千年中一直居于统治地位，近代以来城市才有了发展，但城市人口的绝大部分来自农村，是农民的后代。人们寻根一般都要到农村去，这也是休闲农业产生的一个原因。

8. 城市居民收入的提高，闲暇时间的增多是推动休闲农业发展的动力　随着国民经济的快速发展，居民收入水平大大提高，收入水平越高，游客越倾向于包括旅游观光、休闲度假在内的高层次消费。目前，我国的法定假日已高达 144 天，同时，周末双休日的实施，也为休闲农业的产生创造了客观条件。

二、休闲农业发展的条件

1. 休闲农业与城市郊区化同步发展　国外发达国家在 20 世纪 60～70 年代相继出现休闲农业，这与城市郊区化同步。西方“始显点”理论认为，人均国民收入达到 2 500 美元是城市郊区化“始点”，4 000 美元称为“显点”，标志明显郊区化的出现。美国城市郊区化的第一个阶段是 20 世纪 50～60 年代的住宅郊区化，此时基本是美国休闲农业发展的始点，到了 70 年代美国出现以超市郊区化为标志的第二阶段，休闲农业已具有相当规模。

我国休闲农业基本与城市郊区化进程同步，由于郊区化与西方发达国家有别，休闲农业也形成了自己的特色。自 90 年代以来，我国处于城市化加速发展时期，一些经济发达的大城市，如北京、上海、广州、南京等，郊区化现象已开始显现，与此同时，休闲农业在这些城市相继出现。

由于我国目前尚在城市的初级阶段，郊区基础设施水平远远落后于市区，原有生活方式使大部分城市居民依然留恋城市，所以大多数城市的郊区化主要表现为市区工厂外迁或在郊区新建工厂，促使人口外迁，并带动商业及服务业等相关出现，郊区化带有一定的被动色彩，故“始点”低于西方国家，未出现西方国家普遍存在的市中心衰退现象。

由于郊区化提前开始，预计其“显点”也将比西方国家低。相应地，我国城市郊区休闲农业规模、内容和效益与发达国家也存在差异，集中表现为休闲农业发展存在较大波动，休闲农业项目集中分布在少数大城市近郊区，观光项目与其他旅游项目重合等。

可以预料，随着社会经济实力的增强，交通条件的改善，电信技术的提高和通讯网络的完善，我国城市郊区化速度加快，休闲农业的客源必将增多，更多的休闲农业园区将在城郊形成。

2. *乡村城市化是休闲农业的重要基础*　郊区城市化基本包括两种形式，即农村地区的城镇化和城区居民的郊区定居。生产力的迅速发展，促进了农村地区向城市生活方式的转变，城镇化区域迅速扩大。

一般认为，农村地区经济的发展经历 3 个阶段：①以获得农产品为中心的农业生产阶段；②以壮大经济实力为重点的农业发展阶段；③以提高物质文化生活水准的农村城市化阶段。第三个阶段即为郊区城市化，是农村经济建设的最高级形式，如江苏华西、北京韩村河等已进入这一阶段。农村城市化过程中出现的村镇，布局井然有序、环境幽雅、基础设施齐全，吸引着越来越多的城市居民观光游览参观，这本身就构成休闲农业的内容之一。

郊区城市化过程不能改变郊区农业生产的功能，而是通过生产结构的调整，优化农业生产功能。在提高农业现代化水平的同时，更加注重农业生产环境和村落环境建设。良好的生态环境是休闲农业发展的必要前提。

另外，郊区城市化发展过程中，农民公园、健身场所、文化活动地等相继出现，除为本地居民提供服务外，也为发展外向型的休闲农业创造了条件。

郊区农业还具有重要的文化和社会职能，如我国台湾省的一项调查表明，有89.8%的人通过农业生产可以体验收获的乐趣，77.9%的人认为通过农业劳动可以健身，69.5%的人认为通过劳动可以和他人充分交流。郊区城市化中的农业布局，不再仅限于生产功能，更重要的是生态、文化和社会功能，体现这些功能的休闲、体验、参观等具有鲜明休闲农业特色的活动逐渐开展起来。

3. 地区社会经济发展水平　发展休闲农业的地区社会经济发展水平，既包括该地区的经济发展水平，如工业、农业、交通、商业、服务等已达到的水平，又包括其文化、教育、卫生等社会发展水平。地区社会经济发展水平对休闲农业发展的影响主要表现为以下几方面：

①休闲农业旅游功能的侧重服务对象是为那些不甚了解、不甚熟悉农业和农村的城市群体。因此，地区城市化水平的高低就直接成为休闲农业发展的先决条件之一。

②社会经济的发展水平，又关系到人们的文化教育水平能否产生要从农业活动中获得享乐的旅游需求，以及人们的经济能力能否达到出游的程度，这也是发展休闲农业需要考虑的决定性条件。

③尽管我们强调休闲农业“以农业为基础”的特性，但它毕竟是农业与旅游业相互交叉的产业，它必须在传统农业生产经营功能的基础上，去专门营造其应具备的旅游环境与条件。

因此，休闲农业的投入远比传统农业高得多，地区的社会经济发展水平直接关系到发展休闲农业的经济力量和经济条件，决定了地方上能在休闲农业发展上投入多少人力、物力、财力、资源，形成多高的农业观光质量和水平，具有多大的游人接待能力。从世界休闲农业发展的国家或地区来看，它们都是在社会经济发展水平达到很高的程度上出现的，如美国、日本和我国台湾等国家或地区，其休闲农业的发展均出现在完成工业化发展，城市化水平达到很高的程度，农业已不成为国民经济的主导部门阶段。而考察我国休闲农业的发展也是率先出现在北京、上海、长江三角洲和珠江三角洲一带，这都反映出社会经济发展水平是休闲农业发展的前提条件。

4. 休闲农业的消费主体与经营客体　一个人能否成为休闲农业的消费主体，主要受可自由支配收入和余暇时间的影响，也就是人们通常所说的“既要有钱，又要有闲”。按照中国社会经济发展的现实状况来看，只有在一些大、中城市郊区，或一些第一、第三产业较为发展的地区才拥有这样一批消费群体。因而，客观上决定了休闲农业的发生区位。

从休闲农业的经营客体来看，首先要具备开发休闲农业的能力，这里既包括较高的传统农业生产经营水平，也包括塑造以实现观光效益、经济效益为目的的现代农业、特色农业、立体农业的开发能力。

其次，休闲农业的旅游业特性，游客对休闲农业消费地的必要旅游设施（住宿、饮食、交通工具、卫生设施、供水供电、通讯、道路等）和旅游服务都提出了一定要求。

所以，从休闲农业的经营客体分析，发展休闲农业的地区也应优先选择在传统农业经营水平较高、农村经济发展水平较高、整体社会经济发展较先进的地区。从而使得休闲农业在发展农业的基础上对地区经济发展起到“锦上添花”的作用。

三、休闲农业发展前景探究

1. *城市客源市场大，消费需求多样* 休闲农业是以城镇人口为主体客源市场的，城市人口越多及城市群空间分布密度越大，所提供的观光农业客流量也越大。许多大中城市形成了高密度、大容量、多样性的农产品消费市场，饮食型、休闲型、文化型的消费需求都可以在对农业和农村的观光旅游过程中得到满足。因而从客源市场看，休闲农业具有较为广阔的发展前景。

2. *农业的“三生”功能尚未充分挖掘* 目前在生产、生活、生态的“三生”一体的经营方式中，我们对农业的生产性功能重视和挖掘较多，而对于其生态性功能和生活性功能则研究和开发不够。体现生态性功能和生活性功能的最佳形式就是休闲农业。因此，从产业发展动力看，内、外力兼备。

3. *外部软、硬件支撑，发展潜力较大* 现在许多城市和地区，无论从旅游道路交通、接待设施等硬件来衡量，还是从服务水平、政策导向等软环境特别是政府有效的制度安排来说，都为休闲农业的发展提供了可能与保障。

4. *符合可持续发展战略的要求* 休闲农业由于重视农业资源开发利用与自然生态保护相结合，注重农业景观欣赏和知识教育相结合，使生产、生活、生态有机地结合起来，因此符合可持续发展的思想与战略，不会重蹈发展旅游牺牲环境的覆辙，具备可持续发展的基本条件，发展的前景广阔。

第三节　国内外休闲农业发展经验与启示

目前我国农业和农村经济正处在由传统农业向现代农业转变的新时期，农业和农村经济结构调整将是长期而持续的战略过程。加入 WTO 后，在有序高效的国际市场竞争中，绿色、生态、高效的农业经营理念和模式是参与国际竞争的重要途径。休闲农业是重要的农业和农村经济类型，是农业和乡村可持续发展的重要生态产业类型。大陆的休闲农业开发起步较晚，尚处于转换时期，而且存在许多问题，因此，我们应吸取国内外在休闲农业上的成功经验。现将其主要发展经验与启示总结如下：

一、政府方面

1. 政策扶持　政府要重视加强对休闲农业园区的规划与指导。休闲农业的发展并非自发形成的，而是通过政府政策的扶持推动而逐渐成形的。政府重视对休闲农业园区的规划与指导，对园区建设不仅重视硬件的投入和建设，也重视软件的配套。它不是纯粹的农业开发，也不是传统的旅游项目开发，它的发展必须包含并兼顾农业、环境、生态、环保、教育、经济、社会、旅游、医疗、文化的意蕴，只有这样，休闲农业才能走上健康发展的道路。政府应积极推动休闲农业的发展，把休闲农业的发展列入社会发展规划，在政策、资金上予以倾斜扶持。

2. 尽快制定和完善有关的法律法规　我国虽然对休闲农业十分重视，但迄今为止尚未出台任何形式的法律规定，无法走上规范、有计划的发展道路。有关部门应制定相关的法律法规，引导和约束休闲农业的有序化、制度化经营。有了完善的游戏规则，才能保证效率和公平的实现。

3. 加快人员培训工作　因休闲农业是一项新生事物，涉及生产、生活、生态“三生”一体的农业经营方式，政府应派出人员去调研学习，并聘请专人来指导、培训管理人员和技术人员。

4. 加强国内外休闲农业的合作与交流　由于各地区休闲农业的发展程度不同，一般是由政府划定区块，进行初期规划开发，并引入资金，全面开发。在休闲农业的发展过程中，要注意加强各地区之间以及国内外之间的合作与交流，健康发展。

二、经营者方面

1. 合理布局　休闲农业项目的布局应注重与客源市场的联系，

不仅要考虑项目所在区域的交通区位，还应考虑与其周围的其他休闲项目及名胜古迹等风景区的关系。结合本地资源特点，发展有本地特色的休闲农业项目，避免与周围已有休闲项目开发上的雷同，力求与周围其他休闲项目相互协调、优势互补、相互促进。

2. 休闲农业项目的开发要以市场需求为依据，做好市场调研

以市场为导向，以本地资源为基础，不断创新，形成项目开发的稳定性和长效性，并确定休闲农业园区的开发方向。项目的设计应遵循奇趣性、参与性、多功能性、地方特色等原则。项目的开发还应注意专题设计，如节庆活动、产品重组等。

3. 完善休闲服务体系　在经营内容上，充分利用农业资源发挥地方特色，形成多样化、精致化与独特性，将农林渔牧生产、农家生活、农渔村文化、田园景观、自然生态纳入休闲农业，让人们充分体验农业活动，经营以采果、森林浴为主，结合农村文化活动，进行民俗文化教育亲身体验，提供乡土料理，农庄民宿等。休闲农业要在服务上下大工夫，提高休闲农业层次，这也是一个地区休闲农业能否取得成功的关键因素之一。从观光线路的策划到每个景点内容的确定，从农业观光的导引介绍到田园风光的品味鉴赏，从田间的餐饮到夜晚的住宿，都需要一支专门的服务队伍。

4. 重视休闲农场间的合作　我国目前有些休闲农业园区的发展陷入了“散兵游勇”的境地，难以发挥规模经济的效用。同时小农经营的生产模式，不能适应休闲农业发展和游客的需求。根据休闲农业园区的地理位置、周围景观、产品特色、经营规模、资源及设备，精心设计规划，并根据顾客的需求，确定市场，决定价位，同时根据人力资源，培训员工的服务质量，创出特色，形成品牌，吸引顾客。农场间自愿组成策略同盟或是合并，可以发挥各自的比较优势，实现规模效益递增。

5. 建设休闲农业网站　网站要注重充实性、服务性、信息性，为游客提供正确必要的信息，注重与游客的互动，从而有效降低交易成本。同时，以个性化的网站吸引顾客的眼球，避免风格上的千

篇一律。

第四节　休闲农业发展的问题及对策

一、我国休闲农业中存在的问题

休闲农业在我国兴起得较晚，但发展非常迅速。休闲农业这一新兴旅游项目已极大地激起了“三方热情与一方兴趣”，即房地产的投资热情、农村盼开发的热情、旅游企业的经营热情以及城市游客的参与兴趣。一哄而上的结果导致新一轮“主题公园”悲剧的重演。随着我国休闲农业的发展，一些问题也开始暴露出来。归纳起来主要有以下几方面：

1. 前期论证不充分，造成先天功能缺陷　许多休闲农业项目之所以达不到预期的效益指标，其中一个重要原因就是因为前期论证不充分。休闲农业必须充分论证其自然条件和社会条件的可行性。

很多景点的投资者为当地的居民，当他们认识到身边的环境资源能作为“摇钱树”时，便按照自己的理解或单纯模仿别人的模式仓促上马，开山修道，急于获利。为了降低成木，许多人省略前期的可行性研究、评估审查。由于缺少科学规划及市场定位，造成后期农业旅游经营和管理的困难，更难以进行深度开发。

2. 不重视市场分析与市场定位　由于许多休闲农业园区没有对当地文脉、旅游资源和客源市场进行深入细致的调查分析，往往是就资源论资源，而不重视市场分析与市场定位，其结果是未能给旅游产品做出正确的商业价值判断，常常追求“大而全，小而全”，缺乏拳头产品和特色产品，致使旅游形象难以确定。有的休闲农业园区虽然已确定了旅游形象，但在具体操作时却走了形、变了样。同时，没有根据市场的变化和产品生命周期论证，没有考虑产品的升级换代，不注重市场营销，缺乏品牌意识，其结果是游客重游率较低，经济效益不断下降。

3. 项目单一、功能雷同、重复建设　由于忽视农业旅游资源的综合开发，部分地区的休闲农业规划不够合理，项目功能、活动内容单一，难以满足游客的多种旅游需求，吸引力不够。因而旅客逗留时间短，经济效益低下。如观光果园除了可供游人观光、采摘之外，缺乏其他设施和功能；垂钓乐园除可供游人垂钓以外，不能提供其他相关服务等等。

同时，各地农业旅游资源开发模式雷同，他们仅仅看到本村、本乡的范围，而看不到全县、全市甚至更大的区域。因此，就出现了区域内休闲农业项目重复建设、功能雷同的问题，造成项目间的恶性竞争。开发利用多限于果园、林地等类型，开发项目也多为观光果园、森林公园、垂钓园等，观赏型蔬菜园、瓜果园、花卉园、租赁果园、租赁花圃、租赁菜地、民俗观光村、民宿农庄开发较少，耕作、栽培、牧羊、赛马、驾船、捕鱼等农事活动以及民俗资源开发不够。

4. 不注重乡土文化的挖掘和包装　有许多休闲农业园区基本上是在原有农业的基础上稍加改动就开始接待旅客，没有对具有浓郁乡土气息的传统作物、动物、饮食、服饰、手工艺品、音乐舞蹈、风俗习惯以及农作方式等乡土文化进行深入的挖掘，其结果是未形成休闲农业所应有的乡土氛围。甚至有的旅游地把古朴典雅的乡土建筑拆除，新建现代化的各种服务接待和娱乐设施，建筑风格缺乏传统的文化底蕴和生态美，材料与色调同周围环境显得十分不协调，没有意识到“越是自然的才越是人类的，越是民族的才越是世界的”。

5. 基础设施尚不完善　目前旅游区的道路交通、用水设备等基础设施还严重滞后。“农家乐”几乎都用自备井水，在旅游高峰期不能完全保证水源的充足供给，也影响了清洁卫生。

6. 产业规模狭小　我国目前的休闲农业范围广，类型多，但总体规模小，没有形成独立的、完整的产业体系，对城市旅游经济具有依赖性，不少休闲农业项目只不过是相关旅游业项目的附属部分，而且缺乏综合性的观光休闲农业场所，休憩服务设施不足，游客逗留时间短。有些项目比较粗糙，缺乏文化和教育内涵，甚至有的把郊区条件较好的地方围起来就收费。观光旅游农业项目以乡村自主开发为主，经营者素质相对不高，管理不够规范。此外，相邻农业旅游项目区之间协作性不强，难以形成功能互补的群体优势。

7. 季节性明显　受自然气候条件、农事季节的影响，农业旅游时间具有季节性，淡旺季的反差明显。旺季时车水马龙，淡季时门庭冷落，造成了资产的闲置浪费。像采摘节、赏花节前后仅持续十几天甚至几天的时间，这就造成了旅游旺季特别短，游客的数量比较少，旅游收入也就相应减少。在夏秋佳果期间游人如织，管理又跟不上，造成乱采乱丢现象严重。

8. 人工化倾向严重，不注重生态效益　目前部分地区片面追求短期的经济利益，不顾忌对环境造成污染和破坏，过分依赖非自然的技术手段，大兴土木，城市化、人工化痕迹明显，破坏了自然生态系统的平衡，这是与休闲农业的可持续发展道路背道而驰的。有些休闲农业园区没有把生态循环与经济流通有机地结合起来，特别是没有把所谓“废品”（如秸秆、粪便等）通过多级人工食物链的“富集”与转化。

9. 经营管理不规范　目前休闲农业园区的立法管理仍然是个空白，许多开发和经营行为得不到应有规范，加上由于执法渠道不畅或执法手段不严，使资源和环境遭到破坏的现象时有发生。还有一些小型民营资本进入农业旅游产业，运用家族式管理造成经营管理混乱，制约了企业的发展后劲。

我国许多休闲农业园区都是在原有农业基础上自发形成的，缺乏科学的规划设计和严格的审批制度，管理人员主要是以当地农民为主，由于文化水平较低，服务素质较差，缺乏先进的管理经验，未把现代企业制度引入经营管理，以各家各户为阵，缺乏组织协调，致使管理比较混乱。

目前“农家乐”是我国大多数地方的主要经营方式，但许多地区尚未纳入旅游或工商部门的正式管理范围之内，也未向税收部门纳税，其开业、停业都较随意，有些农户根本不具备经营条件也就地开张。因此，一些“农家乐”的娱乐用具肮脏，垃圾、污水随地乱倒，造成了环境的污染和生态的破坏；还有一些“农家乐”存在“宰客”现象（如多收费或降低服务标准等），游客与农户的纠纷时有发生，影响了“农家乐”的形象。

10. 政府宏观调控力度不够　一些地方政府希望借助开发当地农业观光旅游促进地方经济发展，出台了一些低价租赁土地、减免税费等系列政策，激发了投资者的热情，但却缺乏对农业旅游资源开发的宏观控制和指导，加上投资者自身缺乏周密的市场论证和发展规划能力，造成投资决策的随意性和开发的盲目性，使一些地方农业旅游的景点开发一哄而上，园区缺少总体布局规划，同一园区中各个旅游景点不相协调，多有重复、雷同，给价格战的恶性竞争埋下隐患。按国际通例，农业旅游区半径大于9.5千米的区域（面积）时，才能发挥最佳经济效益，而我国大多小于这个数字，由此造成市场范围狭小，客源不足。

二、我国休闲农业发展对策

针对目前我国休闲农业开发中存在的问题，在发展休闲农业时应注意以下方面的问题：

1. 做好可行性论证　休闲农业应根据当地农业旅游资源的实际情况，结合居民收入、消费水平、市场需求、基础设施状况等因素进行综合考虑，进行可行性论证。项目的开发论证至少应涉及以下几个方面：

（1）本地区农业资源基础分析　即农业自然资源、自然景观和乡村民俗等社会文化的可展示性。

（2）客源市场分析　从国内休闲农业的客源市场结构来看，中、低收入阶层的城市居民是休闲农业的主体客源。在巩固城市居民客源市场的同时，注重客源市场挖掘，开发学生市场和农民市场。

（3）区位选择　休闲农业首先是选择大城市周边的农业地带，然后再向交通便利、农业基础较好的地带延伸。因此，地点选择上应考虑在 2 小时车程以内的城市近郊和道路交通条件良好的地区。便捷的交通和优越的区位是发展休闲农业的先决条件。

（4）目标市场分析　该地区旅游业的发展阶段是否成熟到了需要休闲农业园区的时期，即这种需求是否能拉动本地区休闲农业的发展。

2. 加强客源市场开发　巩固城市居民客源市场，开发学生市场和农民市场。现在的学生，尤其是城市里的孩子，缺乏农业知识和相关的技能，体会不到也无法理解农业劳动的艰辛和快乐。休闲农业园则恰好为他们提供了机会和场所，弥补他们知识和技能上的不足。同时，以高科技为支撑的休闲农业园对广大的农民来说也具有相当大的吸引力。

3. 科学规划、统一布局　休闲农业规划要与村镇规划相结合，针对地域特征，设计多样的休闲农业形式。项目的内容选择、服务和费用水平，都要按照目标市场的特点来确定。在布局时要以保护资源，发展生产为主要目的，不能破坏田园风光、污染环境。在规划时，要根据当地的自然、经济、社会条件，考虑到市场需求状况，因地制宜地开展休闲农业开发规划，各地在旅游地建设上不能一哄而上，盲目重复建设，要建设具有当地特色的休闲农业基地，同时兼顾美学要求，使环境美观、协调。

4. 做好观光农园的旅游形象设计，重视市场营销　提高园区的广告、营销资金投入，概括园区的特色，用鲜活、生动的口号比如“城市上班族，假日做农夫”、“上山下乡”、“与自然紧密接触”、“工人小菜园”等来宣传园区，也可以定期或不定期地举行采摘、赏花品果等有特色的比赛节目，以吸引游客。

5. 保持独特的田园风光和原汁原味的乡土文化　园区建设必

须十分注意创造与休闲农园协调的环境氛围，避免使之成为城市公园与植物园的翻版。游客到“农园”来，主要是为了寻找与城市生活完全不同的“农”味、“野”味、“乡土”味，体验乡野之趣、田园之乐，假如将“农园”建成与城市公园或植物园雷同的模式，就失去了其独特的魅力。因此，区内布局与设计都必须从“土”字出发，从“新”字着眼，下工夫营造一个乡土气息浓郁的环境空间。例如，利用竹桥、木屋、绿廊、凉亭、竹棚等造景来点缀能获得较好的效果。

6. 运用高科技，展示农业新成果　在发展休闲农业时，不仅要快速引进国外最先进的农业科学技术，还要开展高新技术在农业观光旅游中的应用研究。在产业区内大力兴办科技型产业，建立高科技园区，向游客展示温控工程、生物工程、电子工程等高科技工程项目，以充分调动游客的兴趣。

7. 良好的配套服务　休闲农业首先必须在食、住、行方面为游客提供比较完善的配套服务。其次还要有高水平的城乡交通与通讯，以及高素质的农民队伍和高效率的旅游服务。第三，应做好人员的配套工作。第四，应做好与旅游农业相关的基础设施配套。第五，做好旅游区农业生产的技术、良种、农机、排灌等的配套。第六，要与农村建设规划相结合，在保留古老的民俗农舍的同时，兴建体现休闲农业特色的农村新民舍，以供游客观光旅游。

8. 充分挖掘我国的历史文化和民俗文化　我国是个古老的农业国，悠久的农耕文明孕育了丰富的农耕文化。休闲农园不但会成为地方农民的文化中心、城市居民的休闲地，同时由于我国的农耕文化对欧洲等地的国际游客具有强烈的吸引力，也将会吸引大量的海外游客。各种独具地方特色的劳动技艺对外国人甚至外乡人都很陌生，各种农业景观也别具一格。中国有众多的少数民族，各种民俗和民间文化绚烂多彩，要把发展休闲农业与民俗风情结合起来，让游客体验各民族的生产和生活环境。我国的休闲农业不能只停留在观赏、采摘的表面繁荣上，必须走与生态旅游、文化旅游相结合的道路，挖掘民族文化中丰富的营养，才能持久而兴旺地发展下去。

9. *开发高质量的休闲农业产品，满足国内外旅游市场的需求*　为了满足国内外游客不断变化的旅游需求，不断推出适销对路的高质量的休闲农业新产品。新产品要围绕游客追求“新、奇、美、乐”的需求，把握由观光型向度假型、参观型向参与型转变的市场趋势。

培植精品是培育形成有典型代表性和广泛影响力，能够集中展示当地休闲农业内在魅力和特色的旅游产品的过程。对于大城市边缘区的休闲农业来说，精品可分两个层次培植：区级层次和园级层次。区级层次精品是整个边缘区休闲农业产品的“龙头”，园级层次精品是各个休闲农业园的“名片”，通过在旅游市场中推出两个层次精品，将有效打造出整个边缘区休闲农业的鲜明形象。

10. *应加强区域间的交流与合作开发*　休闲农业应当借鉴其他地方开发休闲农业的成功经验，结合本地资源特色，形成具有自己特色的旅游项目。最好能与国内同行或国外实力雄厚的休闲农业园区加强交流与合作，充分利用这些企业所掌握的高新技术和先进管理经验，使我国的休闲农业能更上一个台阶。

11. *转变观念，加大投入*　我国已有相当多的城市资金自发投入到农业生产中，但目前对休闲农业的投入仍然很少。可采用科技集团＋农户、企业（公司）＋基地＋农户或多企业联合等多种形式的股份投资方式实现资金的合理组合，国家也可通过有偿投资或增加股份方式予以适当的投资支持；以多种形式大力吸引外资；也可把田园分割，推向市场，吸引都市人投资。随着休闲农业的发展和农民收入的稳步增加，逐步引导农民成为投资主体。

12. *规范经营，保持特色，提高质量*　休闲农业经营者要按照国家有关法律法规取得合法经营资格，并按相关管理规定规范经营，把服务质量放在第一位。要摸准游客消费心态，创立并保持自己的产品特色与市场形象，避免盲目投资、简单照抄、低水平模仿的误区，实施差异化和细分化的市场竞争策略。

休闲农业可以采取分类分级评定制度。休闲农业星级评定制度类似酒店的星级评选，以工商管理、治安消防、市容秩序、服务质量、食品卫生五方面为评定指标，保障休闲农业的质量。依据统一的标准对经营者进行打分，根据得分的高低分别授予一至五星的标牌。对于高星级的评定，除了以上的五项因素，还要强调休闲农业的经营特色（包括旅游产品的个性化、文化内涵、发展潜力）、品牌声誉以及游客的整体满意度等。

13. 加强环境保护，维护园区的生态环境　良好的生态环境是休闲农业园区得以存在和发展的前提条件之一。休闲农业在加强环境保护方面主要应采取的措施是：①杜绝开发性生态环境与景观的破坏。②严格控制“农园”周边地带工业化、城市化对“农园”的不利影响。③在旅游旺季时，应通过有效办法调控旅游环境容量，将游人数量控制在适当的范围，以增强旅游的“质量意识”。④强化环境教育。⑤加强旅游农区的环境管理。⑥加大环境监测的力度。

14. 提高经营者的科学文化水平，走科学发展休闲农业的道路　由于经营者没有足够的农业知识或者经营策略、管理方式不适当，所以保证人才的投入是必要的，观光农园经营者要具备独特的眼光、清醒的商业头脑、丰富的农业知识和管理经验以及环保意识。

发展休闲农业，应运用现代科技手段，提高其科技内涵，使游客能从中领略现代化农业的气息。如在农业劳作与工艺操作上使用最新的科学技术，在农作物及生物品种的选育上培养出最优良的新品种，在管理、加工、保鲜上保持最现代化的工艺水平。

第三章 休闲农业的基本理论

第一节 休闲农业的核心理论和支撑理论

休闲农业作为一种能使旅游业实现可持续发展的新兴旅游模式，其理论体系更为复杂也更具特色。根据对休闲农业理论产生影响的重要程度，可将对休闲农业产生影响的一系列理论和方法归纳并概括为核心理论和支撑理论。

一、休闲农业的核心理论

可持续发展既是休闲农业的指导思想，又是终极目标。因此，可持续发展理论是休闲农业的核心理论。

可持续发展理论是人类在生存环境面临严重威胁的背景下提出的理论。其基本要点有两个：

一是环境问题必须与社会经济问题作一体化考虑，并且在社会经济发展中寻求解决的方法。要正确解决当前利益和长远利益、局部利益和整体利益的关系，求得经济、社会和环境问题的协调发展。

二是人类应该把自己的生活方式控制在生态资源允许的范围内，减少其资源消耗量，并且应当使人口数量的增长同生态系统生产潜力的变化协调一致。

可持续发展是指既能满足当代人的需要，又不损害后代满足其自身需要的发展。是能动地调控“自然—社会”的复合系统，使人类在不超越资源与环境承载能力条件下，促进经济的发展，保持资源永续和提高生活质量。由此可见，可持续发展理论包含 3 个原则：公平性原则、持续性原则、共同性原则。

因此，针对休闲农业的开发，从可持续发展的观点来看，休闲农业是把发展生产、建设自然环境和开展旅游活动结合起来，在一定意义上体现自然与人相融的生态美。发展休闲农业，要以可持续发展理论为指导，以不牺牲资源环境为代价，既满足当代人的需求，又不危及后代人生存条件的共享农业永续利用。

在可持续发展理论的指导下，休闲农业确立了社会效益、经济效益和生态效益协调发展的复合型目标体系，为旅游业的发展提供了一个崭新的模式，解决了旅游业与生态环境保护协调发展，旅游资源可持续发展利用以及旅游收益的合理分配等一系列曾经长期困扰旅游业的问题，使旅游业走上了一条良性的、健康的发展道路。

二、休闲农业的支撑理论

休闲农业的支撑理论是景观生态学和旅游经济学理论。

（一）景观生态学

景观生态学的研究重点是人类活动对景观的生态影响和生态系统的时空关系，注重对景观管理、景观规划和设计以及空间结构与生态过程的相互影响研究。景观生态学还以人类对景观的感知作为景观评价的出发点，通过自然科学与人文科学的交叉，围绕建造宜人景观这一目标，综合考虑景观的生态价值、经济价值和美学价值。

最早的“景观”含义是地方风景或景色。“景观”的地理含义为“一个地理区域的总体特征”，一般包括自然景观和人文景观。景观生态学是研究在一个相当大的区域内，由许多不同生态系统所组成的整体（即景观）的空间结构、相互作用、协调功能及动态变化。它的研究焦点是在较大的空间和时间尺度上，生态系统的空间格局和生态过程。景观生态学对时空尺度和人文因素的综合考虑使得它成为规划和管理中富有潜力的理论框架。

基于景观生态学的理论基础，休闲农业景观是聚落景观、田园风光景观的深层次开发与旅游业延伸交叉而形成的。对景观生态学而言，任何形式的农业活动，包括休闲农业都必然落实在具体的地域空间上，构成各类农业景观。这种空间特征，是应用景观生态学原理、方法于休闲农业规划和设计实践中的基本前提。同时，休闲农业规划和设计的最终成果也必然表现为空间格局合理的具体农业景观。

（二）旅游经济学

旅游经济学理论的研究对象则是旅游经济活动过程中所反映的各种现象、关系及其内在规律。旅游经济学从分析旅游需求和旅游供给的形成、变化及矛盾运动入手，揭示旅游供求平衡的内在规律性及策略、旅游产业结构和经济效益分析和研究，为旅游经济活动的有效实现提供科学的理论依据。

旅游开发的实质是区域开发，通过开发，要促进该地区旅游的发展，总体上，是为了促进区域的经济发展。因此，旅游开发要遵循区域开发的原则，按照经济规律办事。

休闲农业的开发不能忽视旅游经济学的理论，旅游经营者一方面要做到重视市场分析、市场定位和市场预测，遵循市场经济规律，满足旅游者的需求，并作出正确的商业价值判断；另一方面，要不断围绕市场需求来开发新产品，从旅游经济学的角度出发，根据市场的变化和产品生命周期理论，考虑产品的升级换代，用市场营销的观点来开发休闲农业产品。

（三）支撑休闲农业理论的两大基石

景观生态学的相关理论为资源的开发、利用、管理和保护提供了理论依据和运作方法，而休闲农业市场的供求平衡及其利益目标的实现则要依靠旅游经济学相关理论的指导。缺乏旅游经济学理论的指导，休闲农业就会失去了市场空间；没有景观生态学理论的指导，休闲农业就难以实现可持续发展。因此，景观生态学和旅游经济学是支撑休闲农业理论的两大重要基石。

第二节　休闲农业发展与布局的基本理论

休闲农业在日本、美国、荷兰、英国以及我国台湾等经济发达的国家和地区迅速发展，并积累了丰富的实践经验，但国内外对休闲农业的理论研究还不够深入，因此，有必要建立正确的理论框架，探求一种具有中国特色的理论指导体系。

休闲农业的发展与布局涉及宏观与微观两个层面。从宏观层面来讲，对一个国家或一个地区而言，不同的区域在气候、地貌、农业资源、经济发展水平、产业基础、市场潜力等诸多方面均存在一定的差异。这些差异决定了各地在发展休闲农业时所面对的资源和市场条件以及发展方向将会有所不同，这就要求在宏观上必须对各地影响休闲农业发展的诸多因素进行翔实的调查研究，从全局高度予以合理规划，确定各地休闲农业的性质和发展方向，这样才能避免盲目性，防止遍地开花、一哄而上、重复建设、无序竞争局面的出现。

从微观上讲，具体的休闲农业项目在布局时必须进行功能分区，并对不同的功能区作出合理的安排，在追求经济效益的同时，也要考虑到社会效益和生态效益，这样才能实现休闲农业和当地社区的可持续发展。而地理学中的地域分异规律学说、农业区位论，旅游学中的旅游地生命周期理论、环城游憩带理论以及经济学中的点—轴理论、增长极理论等为休闲农业宏观与微观两个层面上的发展与规划提供了理论支撑。

休闲农业是农业和旅游业交叉形成的新兴产业，其发展与布局的研究与实践，广泛涉及地理学、经济学、生态学等多门学科，所以，应采用多学科相结合的方法进行开发与布局理论的探讨。

一、城乡统筹发展理论

2003 年党的十六届三中全会提出了城乡统筹发展新思路，作为科学发展的重要内容，为解决“三农”问题，改变城乡二元结构提供了新的视角。城乡统筹是缩小城乡差距、解决“三农”问题的迫切要求。城乡统筹也是全面建设小康社会的必要手段。

具体说来，“城乡统筹发展”是指从战略的高度全盘考虑、统一筹划城乡社会、经济等各个方面的协调发展，在实际工作中，对资源配置和各种利益关系的调解做到统筹兼顾、综合平衡、不偏不倚。“城乡统筹发展”要求把农村经济、社会发展纳入到整个国家经济、社会发展的全局之中，把农业与工业、农村与城市、农民和市民看作是一个有机的、紧密联系的统一体，在制定国民经济发展计划、确定国民收入分配格局以及研究制定重大经济社会政策的时候，一定要对城乡关系、工农关系进行综合协调，彻底改变以往重城轻乡、重工轻农的偏向，统筹解决城市和乡村发展中的各种问题。

新时期新阶段“三农”问题的本质，就是研究和探索在工业化、城市化、市场化进程中，加强对农业、农村发展的支持和保护，加快农业和农村的协调发展。科学发展观特别是城乡统筹发展是对工业与农业、城市与农村、城市居民与农民通盘考虑、整体发展的战略思想，为生态村的发展提供了理论的指导。总之，农村发展必须跳出就农村论农村，走以城带乡、以乡促城、城乡一体化发展的道路，对于欠发达地区必须跳出传统工业化发展模式，走科技先导、山海协作、生态建设、跨越式发展的路子。

二、社会—经济—自然复合生态系统理论

20 世纪 80 年代初，马世骏等中国生态学家提出了社会—经济—自然复合生态系统的理论和时（届际、代际、世际）、空（地域、流域、区域）、量（各种物质、能量代谢过程）、构（产业、体制、景观）及序（竞争、共生与自生）的生态关联及调控方法，指出可持续发展问题的实质是以人为主体的生命与其栖息劳作环境、

物质生产环境及社会文化环境间关系的协调发展，它们在一起构成社会—经济—自然复合生态系统。

社会—经济—自然复合生态系统的自然子系统由土（土壤、土地和景观）、金（矿物质和营养物）、火（能和光、大气和气候）、水（水资源和水环境）、木（植物、动物和微生物）等五行相生相克的基本关系所组成，为生物地球化学循环过程和以太阳能为基础的能量转换过程所主导。经济子系统由生产者、流通者、消费者、还原者和调控者等五类功能相辅相成的基本关系耦合而成，由商品流和价值流所主导。社会子系统由社会的知识网、体制网和文化网等三类功能网络间错综复杂的系统关系所组成，由体制网和信息流所主导。3个子系统间通过生态流、生态场在一定的时空尺度上耦合，形成一定的生态格局和生态秩序。

科学发展观追求自然—经济—社会复合系统的全面、协调、可持续发展，强调社会发展诸要素的关联性和有序性，要求正确处理经济建设、人口增长、生态环境保护、资源利用之间的关系，谋求经济增长同自然生态、社会生态和人文生态的良性互动、协同共进，实现经济效益、社会效益、生态效益和人文效益的统一。坚持人类的可持续生存利益高于一切，要求当代人与后代人之间要公平、合理、持久地利用自然资源。因此，在发展休闲农业的同时，要坚持社会、经济、自然的融合与和谐。

三、土地利用系统分析理论

土地利用系统分析是持续土地利用规划基础理论的核心，土地利用系统分析内容包括土地利用现状分析和土地利用评价。土地利用现状分析的目的是指出现行土地用途、利用方式的合理与否，指出土地资源利用的优势与劣势，提出合理利用的途径与对策。土地利用评价指土地用于规定用途时对土地性能的评定，其实质是分析土地特性与土地用途两者之间的关系，研究对象是土地特性和土地用途。根据评价目的可分为土地适宜评价、土地生产力评价、持续土地利用评价、土地人口承载潜力评价、土地区位评价等。土地评价是土地利用系统分析的核心。

我国具有复杂的自然条件、丰富的土地资源以及悠久的栽培历史，因此，在全国各地大量种植着品种繁杂的名、特、优经济植物，包括果品、蔬菜、花卉和一些工业原料植物，这些植物的分布具有鲜明的地方特色，它们只能生长在具有一定自然条件的地区，或者只有在具有独特的自然条件中的少数地区才会形成很好的经济特性。土地利用系统分析对休闲农业的各种植物的种植和配置具有指导意义。

四、地域分异规律

自然地理环境，即地貌、气候、水文、土壤和生物等多种要素在地球表面上都呈现出一定的分布规律，在地理学中被称为地域分异。地域分异规律是指自然地理要素各组成成分及其构成的自然综合体在地表沿一定方向分异或分布的规律性。这种规律在大小不同的范围内其表现形式和差异程度不同，具有等级差别。不同尺度的地域分异间具有一定的从属关系。大尺度分异构成较小尺度分异的背景，小尺度分异则是较大尺度分异的基础。

农业生产的最基本生产资料土地、水、气候等资源与生态环境的分异性，决定了农业生产也具有地域分异规律，也决定了农业生产必须遵循自然资源的地域分异规律，因地制宜地发展农业。

旅游资源尽管类别多样、分布广泛，然而不同的旅游资源均是分布在各自相应的地理环境之中，形成了地区间旅游资源的差异性。因此，各地开发休闲农业应充分认识休闲农业的旅游资源分布规律，根据当地休闲农业资源的地域特征，开发适合当地自然地理条件和人文地理条件的休闲农业，而不能超越地域分异规律的限制，过分依赖非自然性的农业技术和刻意追求人为的造景，从而失去自然生态农业景观和乡土气息浑厚的民俗文化，同时又增加了成本。

五、增长极理论

增长极理论是指通过解释地区的发展过程，说明在增长中的都市中心引起周围地区经济增长的各种假说。这些假说认为，在地理空间上经济增长不是均匀地发生，而是以不同强度呈点状分布，通过各种渠道影响区域经济。把推动性的产业嵌入某地区后，将形成集聚经济，产生增长中心而推动整个地区经济的增长。增长极理论的基础是经济增长的不平衡性。

增长极理论应用于休闲农业开发时，增长极就是重点旅游地。在休闲农业发展过程中，要努力培养增长极，借此带动整个区域内休闲农业的发展。在对休闲农业进行布局时，往往把旅游资源价值大、区位条件好、社会经济发展水平高的旅游地作为旅游增长极培育，集中人力、物力、财力，重点开发，并以此来带动其他旅游地的发展，促使区域休闲农业的发展。如果采取均衡发展的方式，则往往由于重点不突出，造成开发力度不够，无法实现休闲农业的整体发展。

六、点—轴理论

在国家或区域发展过程中，大部分社会经济要素在“点”上积聚，并由线状基础设施联系在一起而形成“轴”。“点”是指各级中心城市和居民点，是人口和各种职能集中的地方，是区域内重点发展的对象。“轴”指由交通、通信干线和能源通道连接起来的基础设施。“点—轴”开发，即“点—轴渐进扩散式”开发，是在全国或地区范围内确定一条或几条具有有利发展条件的线状基础设施轴线，对轴线地带的若干点进行重点发展，随着经济实力的不断增强，经济开发的注意力将转向较低级别的发展轴和发展中心上。

“点—轴”开发理论用于休闲农业开发布局时，“点”就是重点旅游地，“轴”是它们之间的连结通道，也就是交通线。由于开发了旅游增长点，点与点之间就有了连结线。在不断的发展过程中，交通沿线的一些次一级旅游景点也逐渐发展起来，从而达到以点带线，以线带面的作用，带动整个区域内休闲农业的发展。因此，在进行休闲农业开发布局时，应运用这一理论，使休闲农业的布局更加合理。

七、农业区位论

区位是特定的场所与空间，是一切社会活动赖以存在和发生的根本。区位论则是系统研究区位的理论。农业区位理论是研究农业景观空间形态的理论，该理论深入研究了距离城市远近与农业耕作方式的关系，同时对影响产品运输的诸因素，如产品的体积、重量、易损坏度等进行了细致的分析，从而形成了以中心城市为核心的农业分布圈层理论。

休闲农业是基于农业项目（如农产品、农业生产过程、农业设施与设备、农业自然资源与人文景观）而发展起来的，因此开发休闲农业项目，要以农业区位论为理论指导，建立理想的农业功能分区，考虑农业生产的合理布局。

农业区位论是在交通不发达、农业技术落后的情况下提出的，当然不能完全适应今天的情况，但对休闲农业的布局仍有很大的参考价值。它的现实意义在于给旅游开发者提供了一定的理论基础，给予思想方法的启迪，强调休闲农业的发展应遵循一定的农业生产布局，符合城市现有的农业结构及分布区域，从各地的具体条件出发，做到“因地制宜”。所以农业区位论是休闲农业发展的理论基础之一。例如，根据这一理论，观光花园应布置在距离市区较近的地方，而森林公园等休闲农业项目和设施应距离城市中心较远。

八、环城游憩带理论

环城游憩带理论主要是指发生于大城市郊区，能够为城市居民光顾的游憩设施、场所和公共空间，特定情况下还包括位于城郊的外来旅游者经常光顾的各级旅游目的地，一起形成的环大都市游憩活动频发地带，简称“环城游憩带”。环城休闲游憩带的出现既是城市发展的需要，也是城市扩展的过渡和衔接。很多城市发展到一定程度后，就出现城市空心化，从城乡结合部到郊区形成环城市度假带。随着现代交通条件的改善和市民周末休闲时间的增加，城市郊区旅游、城市周边旅游和短线区域旅游重合。

100 千米成为围绕城市开展休闲农业的一个重要分水岭。休闲农业在城市周边分布主要有两个密集带，最密集地带出现在距一级客源地城市 30 千米左右的地区，次密集带出现在距一级客源地城市 80 千米左右的地区。在距主城区 30 千米左右内侧，基本上属于“城乡结合带”，这类地区受城市辐射影响，因此，休闲农业园区最密集地区就是这一区域。

休闲农业在宏观布局与发展上必须客观地考虑各地的资源条件、经济基础、区位及市场特征，用科学的理论、方法作指导。上述环城游憩带理论为区域休闲农业宏观层次上的划区、分层提供了重要的理论依据、技术支持和实例借鉴，以此可以促进区域休闲农业的合理布局和持续、健康、快速发展。

九、核心—边缘理论

“核心—边缘”理论是由美国区域规划专家提出的。该理论是解释经济空间结构演变模式的一种理论。“核心—边缘”理论的全部价值在于提供了一个关于区域空间结构和形态变化的解释模型，并且把这种区域空间结构关系与经济发展的阶段相联系，它与其他的一些区域经济理论结合在一起，为区域规划学家提供了区域规划的系列理论工具。区域农业旅游是区域经济的重要内容之一，必然受区域经济发展理论的影响。

“核心—边缘”理论是指导经济发展的理论之一，它对于旅游布局与空间结构的变化也具有较高的解释价值，备受国内外旅游规划学者的青睐。“核心—边缘”理论对休闲农业格局的空间认知、具体项目选址及规划蓝图、客源市场的定位都具有积极的指导意义。

我国许多专家学者也将“核心—边缘”理论应用在休闲农业领域的研究成果中。湖北大学旅游学院的舒伯阳认为，开发休闲农业项目，其区位应首先选择在大城市周边的农业地带，在各方面条件成熟之后，再向交通便利、农业基础较好的地带延伸；中国科学院地理研究所郭焕成等在休闲农业布局方面提出，一般多集中在靠近客源市场、经济较发达、交通条件较好的“核心”，如城市郊区、沿海经济发达地区、旅游业较发达的旅游景区等。除此之外，一些学者的研究成果也表明，“核心—边缘”理论及其相关的空间圈层理论对休闲农业的发展都有重要的指导意义。

第三节　休闲农业的旅游系统理论

根据系统论的观点，休闲农业旅游是一个系统。根据旅游系统的相关知识，结合休闲农业旅游活动的性质和特点，在此对休闲农业旅游系统作一简要介绍。

一、旅游系统

旅游学的研究对象就是“旅游系统”。对旅游系统具体内涵的认识目前存在较大的争议，现就目前比较有代表性的几种旅游系统学说介绍如下：

（一）六要素说

旅游系统的“六要素说”是旅游学科中较为传统的学说，它是以旅游者为中心，将旅游者在旅游活动中的旅游行为归纳为“吃、住、行、游、娱、购”六大要素。以满足旅游者旅游行为要求为指南的旅游业，往往以这六大要素来规划和发展旅游业。即满足旅游者从常住地到旅游目的地及目的地内的空间位移的“行”的需求，是规划发展旅游交通的依据；满足旅游者基本生活需求的“住”和“吃”，是规划建设旅游宾馆等食宿条件的依据；满足旅游者在旅游目的地观光、游览及度假等“游”的需求，是规划发展旅游景点、景区及旅行社的依据；满足旅游者从旅游地带回有纪念意义物品的“购”的需求，是旅游目的地发掘、设计、生产旅游商品的依据。

“六要素说”对旅游业发展具有指导性和可操作性优点，在各国无论是政府文件，还是研究报告及教科书中均能寻找到这一学说的存在。但这一学说也存在明显的不足，即“六要素”并不能将旅游者在旅游活动中的全部因素归纳概括进去，如旅游者在旅游活动中接触到的自然、社会环境就没有在六要素中得以反映，而这些环境条件对旅游活动的产生及影响是不可忽视的。

（二）三体说

旅游系统的“三体说”也是一种较为传统的学说，在旅游学的教科书中反映最为明显，不少《旅游学概论》均是以此作为全书的理论构架。该学说以旅游活动为中心，将旅游活动得以实现必不可少的因素概括为主体、客体和媒体三大方面。

主体即旅游者，指离开自己常住地到旅游目的地旅游的人，是旅游活动中的主要因素，是旅游活动得以实现的主体因素。

客体指吸引旅游者进行旅游活动的客观存在物，即旅游资源或旅游吸引物等。

媒体是指联系旅游主体和旅游客体之间的媒介物，即旅游业，包括旅游交通线路、宾馆等各个环节。

旅游的三体相互依存，互为制约，三者缺一不可，缺了就难以完成旅游活动。该学说对旅游学形成体系具有重要的意义，形成了系统二级分支学科，如专门研究旅游主体（旅游者）的形成“旅游心理学”，专门研究旅游客体（旅游资源）的形成“旅游资源学”，专门研究旅游媒体（旅游业）的形成“旅游经济学”等。但这一学说也存在一个明显的不足，即对旅游活动得以实现的自然、社会、经济、环境因素也同样未能概括进去。

（二）旅游产业说

“旅游产业说”将旅游活动理解为经济现象，从经济学的角度出发，将旅游业作为旅游系统的核心，按照旅游的市场供求关系来进一步划分旅游子系统。

（四）游憩论

游憩论将旅游系统理解为游憩系统，从系统的角度出发，游憩活动（旅游活动）被视为一个开放的复杂的系统，包括客源市场系统、出行系统、目的地系统和支持系统。

二、休闲农业的旅游系统

休闲农业旅游系统在旅游系统“三体说”的基础上，补充了第四体，即载体。因此，休闲农业旅游四体系统由主体（旅游者）、客体（旅游资源）、媒体（旅游业）和载体（旅游环境）四大要素组成。其中前三体与旅游系统“三体说”中的三体是一样的，但却包含着新的内涵。后一体载体，即休闲农业旅游环境，是休闲农业旅游活动得以实现的必不可少的载体，它不仅保证休闲农业旅游活动的进行，而且还对旅游活动的产生和发展发挥着特殊的作用。

休闲农业旅游系统与一般旅游系统相比，主要的差异是一种“质”的差异，这一“质”反映在系统内各组分和整体上，这一“质”就是“保护”。定位于“可持续发展”的休闲农业旅游之核心只有一个，即保护。换句话说，休闲农业与传统大众旅游的最大差别是“保护”的差异。

传统大众旅游认为旅游业是“无烟工业”，认为发展旅游不会影响环境；休闲农业则认为旅游作为一种活动，它的开展肯定会对环境产生影响。在环境自我恢复能力范围内的影响不会造成负面影响，一旦超出这一“自我恢复能力”即“环境承载力”，旅游便会对环境造成负面影响，甚至产生不可逆转的破坏，故休闲农业特别强调“保护”。

休闲农业强调保护是基于“可持续发展”这一目标，“保护”是作为实现这一目标的战略措施，保护的对象是指旅游可持续发展的基础，即休闲农业旅游资源，休闲农业旅游环境和旅游目的地当地社区的利益不受损害。为实现保护的目的，对休闲农业的一切受益者而言，都应具有保护的意识。无论开发者、决策者、旅游者、管理者，还是当地社区居民，均应将保护放到重要的位置；对休闲农业旅游资源，无论开发还是利用及管理均应保护在前；对于休闲农业旅游业而言，应实施保护性管理；而休闲农业旅游环境，就是保护的对象。

2 规划实施篇

第四章　休闲农业资源及开发

第一节　休闲农业资源特点及类型

一、休闲农业资源的概念

从地域范围看，休闲农业资源应该是位于乡村范围内的旅游资源；从内容看，休闲农业资源丰富多彩，既包括了地文景观类、水域风光类、生物景观类等自然旅游资源，也包括了古迹和建筑类、休闲求知健身类及购物类等人文旅游资源，也就是说包括了乡村范围内的所有旅游资源，这是休闲农业资源广义的概念。

休闲农业资源应该是一种有自己特色的、有一定内涵的旅游资源，以区别于一般的旅游资源。从旅游资源的基本要点出发，休闲农业资源应该是对游客具有吸引功能，被旅游业利用后具有经济、社会、生态等综合效益功能，具有作为现代旅游活动客体的基本属性。

休闲农业资源是指能吸引游客前来进行旅游活动，为旅游业所利用，并能产生经济、社会、生态等综合效益的乡村景观客体。作为休闲农业资源的乡村景观应该同时具有吸引功能和综合效益功能，应该是生态环境保护较好的、给人以美的享受的旅游活动的客体，所以不是所有的乡村景观都能成为旅游资源。

二、休闲农业资源的特点

1. *人与自然的和谐性*　作为旅游资源的乡村景观是人类长期以来与自然环境相互作用、相互影响形成的文化景观。这种景观的形成过程无一不是人与地理环境不断磨合的过程。当人们掌握自然规律，遵循生态学的原理，人地关系协调时，大自然就给人们以恩惠，促进了乡村社会经济的发展；反之则受到大自然的惩罚。

2. 广泛性　世界上除高山、沙漠和酷寒地带外，广泛分布着从事农业的居民。在自然条件的基础上，人们通过世代不断的努力，创造了具有各自特色的乡村景观，它们广泛分布于世界各地，其中不少可以作为休闲农业资源。

3. 多样性　休闲农业资源的组成既有自然环境，又有物质成分、非物质成分，其内容丰富、类型多样。既有农村、牧村、渔村、林区等不同的农业景观，集镇、村落等不同特点的聚落景观，还有各地区丰富多彩的民族风情。既有多种技术层次农业并存，“刀耕火种”原始农业形态—露天传统—现代设施农业，还有多样化农业生产类型，诸如热带农业、亚热带农业、暖温带农业、温带农业、寒温带农业立体分布，堪称农业博物馆，具有很大的旅游吸引力。

4. 地域性　休闲农业资源与自然环境、社会环境的关系十分密切。在不同的环境影响下，形成了不同的景观类型。即使同一种景观类型，在不同的自然条件下又有不同的特征，如不同气候带形成了相应的农业带。而由政治、宗教、民族、文化、人口、经济、历史等要素组成的社会环境的差异性又往往形成不同的乡村民俗文化，如民族服饰、信仰、礼仪、节日庆典等。

5. 系统性　在人与自然环境长期作用下形成的休闲农业资源，是自然环境和社会环境各要素组成的复杂而和谐的统一整体，任何要素的变化都会引起乡村景观的变化。乡村景观既受自然规律的支配，也受社会规律的影响，形成了一个复杂的系统。

6. 季节性　休闲农业资源的季节性既表现在人们一年内有规律的生产、生活，也表现在随四季的变化而形成的自然环境、农业生产和社会生活的季节变化和明显的周期性特点。各种农作物的萌时、茂时、花时、果时以及相应的农事活动，在不同地域间的季相是相连接的，总的是“长年绿茂、四时花果”。

7. 民族性　民族文化是休闲农业资源的重要内容，各民族都有本民族特有的文化。广大乡村，由于地理区位、交通和信息条件的限制，民族文化的传承性较强，使传统的原汁原味的民族文化能较完整地保留下来。山地民族梯田农耕景观具有生态、经济、文化的复合特征，山地梯田农业生态系统与山地自然生态系统有机融合，并将聚落均衡地布局在森林与梯田的中介地带，形成内涵丰富的独特的农耕文化景观。越是民族性强的旅游资源，越具有吸引力。

8. 时代性　乡村文化景观是一定历史时期的产物，深深地反映了时代的特点。随着社会的进步、科学技术的发展和文化的交流，乡村景观也会发生相应的变化。

9. 保护性　乡村生态环境是一个自然生态系统和社会系统共同组成的更为复杂的生态系统，且相当脆弱，一旦破坏就较难恢复。乡村生态环境不仅是旅游活动的客观环境，也是广大农民赖以生存与发展的基础，因此，开发利用时应把保护乡村生态环境放在首位。

三、休闲农业资源的类型

（一）休闲农业资源分类原则

1. 相对一致性原则　同一类型的休闲农业资源的主要组成成分、景观外部特征、景观功能、内部结构应保持相对一致性，而与其他类型旅游资源有较大的差异性。

2. 发生与演化一致性原则　同一类型的休闲农业资源的形成基础，包括自然环境、社会环境应具有相似性的特征，有共同的发展过程和演变规律。此外，同类型休闲农业的分布地域，今后在政治、经济、文化等方面应具有大体一致的发展方向。

3. 同时性原则　休闲农业资源是一个具有季节变化和随遇变化特点的地域综合体，不同的季节出现不同的景观，有时甚至会在较短时段内发生较大的变化。因此，在对休闲农业资源进行分类或对不同类型的休闲农业资源进行比较时，必须遵循同时性原则，才能真实地反映出不同类型休闲农业资源的不同特征。

（二）休闲农业资源类型

参照《中国旅游资源普查规范》（试行）有关生态旅游资源的划分概念，列出休闲农业资源概览表，分类单位为景类—景观—景型。根据上述休闲农业资源分类原则，可将休闲农业资源大致分为农业景观、聚落景观和民俗文化景观三大类型。根据各类景观的内部差异，还可以进一步细分为若干小类，并以此类推。在某一乡村范围内可以有多种类型旅游资源的组合，形成具有地方特色的休闲农业资源。

休闲农业资源可以划分为自然资源（表 4－1）、经济资源（表 4－2）、产品资源（表 4－3）和旅游资源（表 4－4）四类。

表 4－1　休闲农业的自然资源类型

基本类型	一级观光类型	二级景观类型
气候	光、热、水、气等	直射光、散射光、温泉
水	河川径流、湖泊、水库、地下水、海洋等以及兴修的水利设施	水渠、水池、小溪、喷泉、鱼塘、蓄水池、瀑布
土壤资源	地貌、岩石、土壤和水文等	水田、旱田、梯田
生物资源	动、植物及微生物的物种和群落	农作物、果园、菜地和花卉、森林和防护林、草原、草地和牲畜、家禽、鱼类
农村能源	畜力、薪材、作物秸秆、水利、太阳能、风能以及地热等	风车、沼气池、畜力车、篝火

表 4－2　休闲农业的经济资源类型

基本类型	一级观光类型	二级景观类型
人口、劳动力与智力资源	农民、技术人员	

（续）

基本类型	一级观光类型	二级景观类型
农业物资技术装备	农机具、水利设施、动力设备、化肥、农药、种子与农业技术等	农业设施和工具、鱼塘
农业基础设施	农业贮藏加工、交通运输、管理、信息、教育、科学、文化与卫生等	

表 4-3　休闲农业的农产品资源类型

类　型	直接产品	间接产品
农产品	小麦、玉米、水稻等农作物，蔬菜、瓜果、花卉等园艺作物	制种、育苗、采摘等
林产品	防护林、人工林、原始森林	板材、筷子、地板块、家具等
牧业产品	牧草、牲畜、家禽、野生和珍稀动物、宠物等	种羊、种牛、肉类加工产品、兽医药、饲料等
渔业产品	各种鱼类	鱼苗、饲料、鱼类加工品、垂钓渔具等
副业产品	竹编、织布等	民俗旅游

表 4-4　休闲农业的旅游资源类型

大　类	基本类型
地文景观	典型地质结构、标准地质剖面、生物化石、名山、奇特与象形山石、沙（砾）地、小型岛屿、洞穴、奇特地文景观
水域观光	风景河段、漂流河段、湖泊、瀑布泉、奇特水域景观
生物景观	树木、奇花异草、草原、野生动物栖息地、奇特生物景观
古迹与建筑	人类文化遗址、军事遗址、古建筑遗址、宫廷建筑群、宗教与礼教建筑群、楼阁、塔、牌坊、碑碣、建筑小品、园林景观、桥、雕塑、陵寝、陵园、墓、石窟、摩崖字画、水工建筑、厂矿、农场、特色城镇、渔村落、港口、广场、乡土建筑、民俗街区、纪念地及其他建筑与古迹
消遣求知健身类	科学教育、文化设施、休疗养和福利设施、动植物园、公园、体育中心、运动场馆、游乐场所、节日庆典活动
购物类	市场与购物中心、庙会、著名店铺、地方特产、其他物产

在进行休闲农业资源的开发和规划时，应对资源进行仔细的清查，以便提供基础资料和规划依据。在资源调查中重点在农业的自然、经济、产品资源的调查上，以突出休闲农业主体“农业”的特色和“观光”的目标。自然资源兼有“生产、观光”功能，经济资源以“生产”功能为主，农产品资源以“科普、示范、环保、观光”功能为主。

第二节 休闲农业资源的评价与构建

一、休闲农业资源的评价

休闲农业资源评价就是对休闲农业资源进行分析、比较和研究，看其是否具备开发价值，可以从以下一些角度进行评价：

1. 吸引力 包括自然、文化、宗教和科学吸引力 4 个方面。

自然吸引力：即观赏价值，自然景观的美、奇、特、新、稀缺、特殊的象形含义、美景度、奇特性、稀缺性、特殊价值等等。

文化吸引力：即历史文化价值，历史渊源、文化传统、文化品位、风俗民情、民间节庆、优美的历史传说、名人遗迹、传奇经历、社会时尚等等。

宗教吸引力：即宗教价值，是否对宗教旅游者有巨大的吸引力，比如宗教文化的特殊性、宗教圣地、宗教活动体验感受等等。

科学吸引力：即科学价值，对科考旅游者具有吸引力。

2. 知名度 知名度是人们对该旅游资源了解和熟悉的程度及认识的广泛程度。许多旅游资源其美学价值并非很大，但知名度较大，其开发潜力也就大，因为旅游者、特别是大尺度空间旅游的旅游者倾向于选择知名度大的旅游地进行旅游。“口碑效应”对于休闲农业游客而言，能够起到巨大的引导作用，知名度是人们形成旅游动机的重要因素。所谓“慕名而来”在很大程度上影响着休闲农业游客的旅游决策。

3. 可进入性　可进入性是旅游者进入该旅游资源所在地的难易程度。可进入性主要是指交通条件和交通方式，道路不佳、交通工具落后等因素，会造成旅游者进入困难。此外，即使交通条件好，但休闲农业资源地距离都市很远，旅途时间过长或旅途费用过高，也会对旅游者进入造成困难。

4. 环境容量　环境容量是旅游资源所在地在一定时间内对旅游者的容纳量。容纳量以多少为合适，不能一概而论，休闲农业资源的性质、环境不一样，容纳量的合理度也有很大差别。

5. 环境质量　它包括的因素较多，如气候条件、空气、水、噪声污染情况、游人的安全程度、卫生条件、接待设施条件、绿化植被情况等，如有的休闲农业园区气候条件恶劣，一般游人难以忍受，有的休闲农业园区附近有污染源，有损游人健康；有的休闲农业园区易发生泥石流、滑坡，游客的安全性较差，这些情况下，都不适合开发休闲农业。

6. 同一社区休闲农业资源的集聚程度　旅游资源的吸引力具有集聚效应。如一个休闲农业园区只有一项旅游资源，一般说对旅游者的吸引力会较小，反之，该旅游地有众多的旅游资源，并且在分布上又较密集，它对旅游者的吸引力会较大。

7. 依托城镇的经济社会发展情况　一般说来，休闲农业资源所在地或附近城镇经济社会越是发展，对旅游者的吸引力就越大，反之，则越小。经济、社会的发展程度可以从以下几方面分析：运动设施、教育设施、休闲设施、夜间娱乐、购物设施、基础设施、住宿设施等等。

二、休闲农业资源的构建

在旅游资源的构建中，建设良好的生态环境是前提。对休闲农业资源构建的重要方面是对农业生态环境的构建，在此前提下，再对资源中其他成分进行构建。

1. 田园景观　田园旅游资源是休闲农业资源的特色之一，我们的农田和土地都是属于景观，属于一种只有在乡村才具有的景观。由于传统的原因，这类景观只是生产的附属品，从来没有纳入景观建设的范畴，在休闲农业发展的今天，要考虑如何使我们的农田更加符合旅游对景观的要求，使得我们的农田不仅具有高的生产力，而且也具有景观价值。我们可以从两个方面对农田景观进行建设。

（1）农田规格和布局　在满足生产要求的前提条件下，对农田面积大小和形状进行规划，产生具有大景观和层次感，满足平面广度和层次丰富的要求。大面积农田和梯田组合，或者是水田和旱地组合，形成合理的空间变化。

（2）农作物品种和种植方式　农作物是非常好的绿化和美化植物种类，而且品种丰富。我国农业生产累积了丰富的种植方式，不同的种植方式可以表现出不同的景观效应。比如，点（单株种植）、线（行状种植）、面（片状种植）等，具有很强的表现力，甚至可以种植（构造）出不同图案，产生丰富的景观效果。在作物种类选择方面，可以结合生产的需要，选择在不同季节开花结果的作物，使得四季有花景，月月有新色。田园风光中的森林、草地、溪流等更是景色中的重要成分。

2. 生产活动　生产活动本身就是一种文化和技术的结合，具有学习和了解的价值。我国人民在长期的生产实践中，在不同的地域，发展出了符合当地生态条件的生产方式和模式，如南方水稻的种植活动、水乡的渔业、北方的旱地农作等，都具有较浓厚的地方特点和历史文化痕迹。同样的农业生产类型，也因不同的地理环境而不同。北方草原的牧业与南方山区的牧业，南方的旱地农业与北方的旱地农业等，无论在生产形式还是内容上都有很大区别。

从旅游的角度出发，传统生产方式是重要的旅游资源。对于现代人，特别是对于来自城镇的居民，它不仅可以演示我国农业生产历史和文化，同时也讲述农业生产的进步。传统的东西丢失速度是很快的，若不注意保存，我们失掉的不只是旅游资源，更重要的是丢失了我们传统文化中宝贵的成分。

3. *农产品*　农产品不仅是重要的生活资料，通过有目的的生产，农产品也可以成为重要的旅游资源。我们在构建休闲农业资源时，应该充分利用传统生产方式、传统作物和畜禽品种，用“土”法生产出传统的农产品，这种“土”产品将会是很有吸引力和有价值的旅游资源。

4. *生活居住环境*　农村的居住环境与城市居住环境截然不同。乡村的幽静、自然与城市的喧哗和污染形成强烈的反差。现代城市面临强烈的城市环境问题，是休闲农业迅速发展的重要原因。农村居住环境有3个尺度范围。

(1) 自然环境　大尺度范围的环境，人们常说的生态环境就是这种大尺度的生态环境，乡村在环境方面有着得天独厚的优势。因此，要充分利用和发展乡村在环境方面的优势。

(2) 居住区“四旁”　在乡村的民居四旁传统上都进行了绿化，一般都有古树、小溪等，有着较好的环境。住宅与树木和菜地混为一体，这些均是我国山水画的传统主题。

(3) 住宅和室内环境　乡村民居都保留着传统的建筑风格，特别是在不同民族之间，在山区和平原之间都有极其明显的差异。这些传统的建筑，具有浓郁的地方特色，反映出不同文化和历史，这些具有民族和地方风格的建筑，本身就具有很高的艺术价值。但我国传统乡村民居在功能方面存在着卫生设施方面的不足，需要我们在这方面进行改善。

5. *乡土文化*　乡土文化主要表现在地方戏、民歌、诗歌、故事、饮食、服装、民风民俗、历史遗迹等方面。不同地区、不同民族的文化在乡村中保存最完整，也最具代表性。乡土文化在我国的文化中扮演了重要的角色，更是文学、戏曲、各种文艺形式创作的重要源泉。各式各样的乡土文化也是乡村生活中最活跃和最具吸引力的部分。我国的乡土文化在国际上都是非常有价值的旅游资源和文化遗产。

第三节　休闲农业资源开发利用

休闲农业资源开发指在一定的乡村社区范围内，以盈利为目的，以发展旅游业为前提，以市场需求为导向，以旅游资源为核心，以发挥、改善和提高旅游资源对游客的吸引力为切入点，为吸引和接待休闲农业游客而进行的旅游吸引力塑造、旅游基础和接待设施建设、旅游环境培育等综合性的经济、社会、科学、生态、技术活动。

在开发休闲农业资源过程中切忌大量修建所谓的景点景物，开发和建设的主要内容和任务是旅游资源的整理，特别是生态环境的建设，服务设施和内容的开发、完善和提高。我国休闲农业资源中还存在许多的不足，其中道路系统、卫生条件是制约休闲农业发展的主要因素。

休闲农业资源开发和保护是融为一体的，且保护是开发的根本前提，即“保护性开发”。

一、休闲农业资源的开发利用原则

1. 开发与保护相结合的原则　休闲农业园区的建设应力求做到与自然景观相协调，促进生态农业和旅游业协调发展，不得破坏景观和污染环境，自然之美与乡土之奇相融合，充分利用丰富的动植物资源，体现自然与人和谐统一的生态之美以吸引游客的积极参与，使农业旅游与生态环境互相支持，相辅相成。

乡村生态环境相当脆弱，尤其是西部地区。目前一些旅游地的生态环境不够理想，人与自然环境也不够协调。因此，发展休闲农业时应千万注意乡村生态环境的保护与建设。

2. 整体开发原则　休闲农业资源是区域旅游资源的一个组成部分，要把休闲农业资源的开发利用纳入区域旅游开发的系统工程中去，从区域旅游的角度出发，进行统筹安排、全面规划，从而形成统一的区域旅游路线，促进区域经济的发展。

3. 文化性原则　乡村景观开发重点应在“文化”上做文章，文化正成为现代旅游的“灵魂”、“核心”，休闲农业资源开发应体现乡村的文化价值，即乡村景观地域空间文化价值。旅游者对于乡土建筑文化、服饰文化、饮食文化等进行的旅游审美，实际是一次文化体验过程，文化享受贯穿于整个旅游活动的全过程。乡村文化的真实性、纯朴性、原生性是吸引旅游者的根本原因所在。

4. 个性化原则　地域分异规律导致各地区旅游资源之间具有差异性，从而形成不同的特色。个性化原则要求突出当地社区民族特色、民俗特色，包括各民族的建筑风格、艺术品位、文化情趣、审美风格、民风民俗等要素特色，突出当地所特有的自然景观及文化景观特色，从而形成鲜明的个性和浓厚的吸引力。当然，个性化原则，并不是旅游资源的单一性开发。旅游资源开发在突出特色的基础上，还应具有多样化特点，以丰富旅游活动，满足游客多样化的需求。

5. 生态和谐、原汁原味原则　休闲农业资源的开发要考虑开发活动不能超过社会和环境的限度，否则会造成资源破坏、环境质量下降、社会治安混乱等负面影响，不利于当地旅游业的持续发展。生态经营原则要求旅游开发及经营带给生态系统的额外物质和能量尽量要少，休闲农业开发不鼓励大兴土木，而是提倡因地制宜、质朴自然。在旅游开发时要尽量保持旅游资源的原始性和真实性，避免因开发造成文化污染，避免把城市现代化建筑移植到旅游景区，旅游接待设施应与当地自然及文化协调，保证当地自然与人的和谐意境不受损害，提供原汁原味的“真品”和“精品”。

二、休闲农业资源开发的模式

1. 文化观光型模式　这种模式是指以旅游者从事观赏田园景观、观看一些民俗风情文化活动、参观手工艺品展览、农产品展览、农具展览等观赏性活动为主。

2. 文化体验型模式　是指游客亲自从事各种农事活动，或深入农村家庭体验家庭生活文化，或亲自参加某种手工艺品制作，或参加各种民俗风情文化活动。这种模式可以使游客和当地居民之间产生深厚的感情，提高游客的重游率。

3. 文化综合型模式　这种模式集文化观光与文化体验于一体，是一种能够迎合不同层次旅游需求的休闲农业文化资源开发模式，目前来说市场前景最为广阔。

三、休闲农业资源开发的新思路

（一）新目标：旅游业的可持续发展

休闲农业资源开发的目标定位在旅游业的可持续发展。其内涵有3个要点：

第一是限制性条件，即开发的限制性前提是保护休闲农业资源及其环境。为了保护，开发应在资源及环境的可承受范围内，开发应该是在强度上的控制性开发，在方式上的选择性开发。

第二是最大效益，即休闲农业资源开发的近期目标是获得最大的效益，这一最大效益不是三大效益中的某一效益最大，而是三大效益协调发展而呈现的综合效益最大。

第三是可持续效益，即休闲农业资源开发的远期目标是获得可持续的最大效益，这一可持续效益是建立在经济可持续、社会可持续、环境可持续基础上的整体三大综合效益的可持续。

（二）新观点：系统的观点、保护的观点

1. 系统的观点　休闲农业系统对自然生态、社会、经济三大基础系统有依赖关系，即休闲农业系统要获得效益，必须依赖于三大基础系统。休闲农业资源开发必须全面考虑三大基础系统中各个要素，不仅要保护生态环境，还应保护社会环境及经济利益。

2. 保护的观点　休闲农业资源开发的保护至少应该包括保护对象体系和保护动力。

（1）保护对象体系　休闲农业资源开发保护的对象不仅仅是资

源环境，还应包括社会文化及相应的经济利益，三大方面的保护都对旅游业可持续发展有特殊的功能，资源环境及社会文化是旅游业可持续发展的资源基础，其中资源环境是资源的物质载体，社会文化是资源的精神内涵，而经济利益则是保护的动力。

（2）保护的动力　欲使所有受益于旅游的人都能自觉保护休闲农业资源，就应该让他们明白保护能够给予他们所需的利益。例如，让当地社区的居民明白，当地的休闲农业资源是他们发展旅游业获取经济效益的基础，保护了这一基础，就意味着保护了他们的经济收入。保住自己经济收入这一切身利益就成了社区居民保护休闲农业资源的动力。

（三）新模式："护源"开发导向模式和"三 Z"开发投入模式

1. "护源"开发导向模式

（1）传统"一源"开发导向模式　这一模式开发的主导因素是一个："资源型"或"客源型"。第一种"资源型"，即开发地具有丰富独特的旅游资源，把资源作为当地发展旅游的优势，以资源作为具有竞争力的主导因素来考虑。第二种"客源型"，又称"市场型"，指旅游资源相对贫乏，但区位条件好的大城市和口岸城市，这些地区凭借其交通流量巨大和完善的基础设施，发展旅游具有很大的潜在优势。

（2）传统"二源"开发导向模式　以这一开发模式成功的地区往往是同时具备发展旅游业的资源优势和区位决定的客源优势。

（3）"护源"开发导向模式　保护旅游业发展的主导因素，无论是资源还是客源。"护源"开发导向成了休闲农业开发的一种新模式。

2. "三 Z"开发投入模式

（1）传统的"一 Z"开发投入模式　传统的旅游资源开发把"资金"的投入作为主要因素来考虑。"一 Z"开发出现了两个认识误区，一是看不到旅游资源的价值，认为"资源无价"，二是对知识的价值认识不足，"知识廉价"，致使在旅游开发中旅游规划设计不“精”，粗放性开发或因不注意开发过程中的保护，造成开发的过程就是破坏的过程，或因开发中管理方案设计不周造成利用中的破坏。

（2）“三 Z”开发投入模式　欲使旅游业可持续发展，其开发的投入不应该只考虑单一的“资金”投入，“资源”及“知识”的投入也应一并考虑，形成休闲农业特有的资源—知识—资金的“三 Z”开发投入模式。这一模式可从下述几个方面来理解。

首先，承认资源有价，让资源在旅游业经济效益中占一定股份，使人们在认识上珍惜和保护资源及环境，实践上回投资金用于维持和保护资源及环境。

第二，充分认识知识对于旅游开发的价值，知识是有“价”的，这个价值体现在旅游资源开发规划设计中的特色挖掘，主题创意和宣传促销上。在资源导向型的旅游地，旅游资源开发后的“增殖”效应正是旅游开发中知识有价的体现；在客源导向型的旅游地，出奇制胜创意建成的主题公园火爆的经济效益就是知识有价的体现。

第三才是资金投入。在三大投入中，我们认为缺一不可，资源和知识投入是发展旅游业的前提因素，资金投入是保证因素。

（四）新认识：循环开发过程

1. 传统旅游资源开发过程认识误区　传统旅游资源开发利用不能有效地保证旅游资源及环境的保护，重要的原因之一是对开发过程的认识存在误区，具体表现在开发与管理分离，保护难以落到实处。开发与管理的过程是直线型，旅游规划、建设及经营管理是分离的，从过程上看，三者客观地存在前后联系，若用一个模式来表达，则应是直线型的（图 4－1）

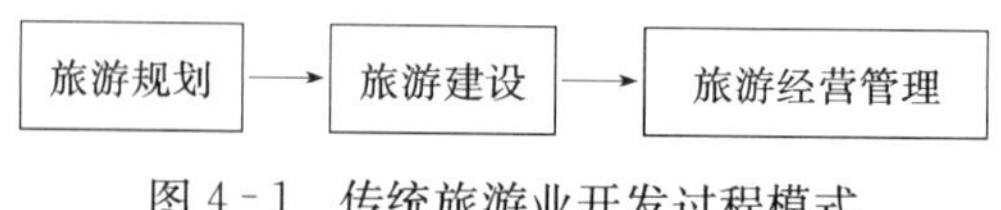

图 4－1　传统旅游业开发过程模式

2. 循环开发过程　为解决旅游业中的保护资源及环境问题，

首先要把旅游开发过程广义化，即旅游开发包括旅游规划、建设、经营管理和监测全过程；其次，旅游开发过程中的4个环节间的关系模式应该是环状的（图4-2）。

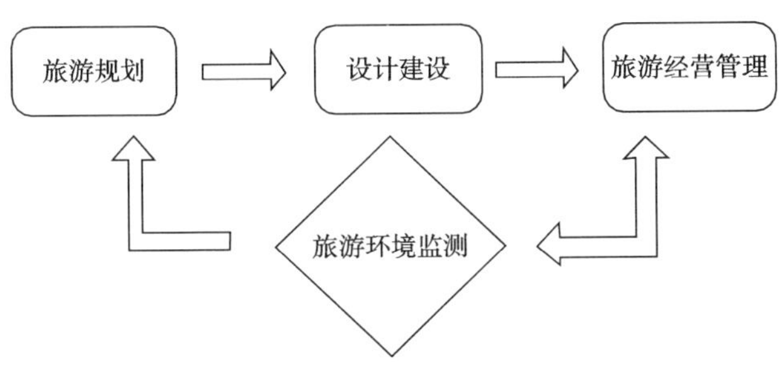

图4-2　休闲农业循环开发过程模式

从图4-2中可见，休闲农业开发由规划、建设、管理、监测4个环节组成，并位于同一系统中。与传统旅游开发相比，一是把开发、管理视为一个系统，二是多出了“监测”环节，而这一环节正是沟通规划、建设与管理的链，有了监测这个链，不断地向前3个链反馈信息。

旅游区建成运行一段时间后，据监测反映出来的问题，再度进行优化规划设计，使旅游区更为完善，同时也定时地为旅游区注入生命的新内涵，增加对游客的吸引力，使旅游区的生命周期延长，这本身就是对旅游资源及环境的保护；再者，通过监测反馈的信息，充分认识旅游规划设计建设和管理中存在的旅游资源及环境保护问题，再有的放矢地落实，在进一步的优化规划设计和管理中，把环保建立在监测提供的科学依据上。

第五章　休闲农业商品开发

购物是休闲农业活动中的重要一环。开发受游客欢迎的休闲农业商品，可以大大提高游客对乡村多方位的理解，直接增加乡村居民的收入，对当地的经济发展和相关产业的发展具有非常重要的意义。

第一节　休闲农业商品及开发

“购”是旅游业六要素之一，在旅游六要素中，旅游购物是非基本需求，这方面的花费弹性最大，可多可少，可有可无，完全取决于游客的兴趣和爱好。

一、休闲农业商品的概念及特点

（一）休闲农业商品的概念及类型

休闲农业商品有广义和狭义之分。广义的休闲农业商品也称休闲农业产品。这里所谈的是狭义的休闲农业商品，专指休闲农业游客在旅游过程中所购买的实物商品，这些商品一般具有纪念、欣赏、保值、馈赠意义或实用价值。

休闲农业商品名目繁多，但一般将其归纳为实用品、工艺品、艺术品和纪念品。

1. 实用品　其中又包含三小类：

（1）农副土特产品　粮食、水果、蔬菜、茶叶、野生菌类、中药材、保健药品、各种农副产品的加工品等。

（2）旅游食品　旅游食品是符合环保意识的风味食品，生态游客外出旅游时，一般都想品尝一下当地的风味，或大餐或小吃。

（3）旅游用品　旅游用品主要是指旅行途中的日用品，包括盥洗用具、旅游箱包、旅游鞋帽、地图指南、防寒防暑用品、美容化妆品及常备急救药品等。

（4）旅游文化宣传用品　导游图、旅游指南、宣传册、光碟等。

2. 工艺品　旅游工艺品在我国历史悠久，技艺精良，素负盛名，不仅是出口产品，也是游客向往的佳品，其中又包含五小类：

（1）石玉类　宝石、玉石、大理石制作物等。

（2）木质类　木雕、竹雕、竹藤制品等。

（3）纺织品　蜡染、民族服饰、各种锈品等。

（4）陶瓷类　陶瓷、瓷器、陶瓷雕塑等。

（5）金属类　金银器物等。

3. 艺术品　美术作品、摄影作品等。

4. 旅游纪念品　旅游纪念品是以旅游区的文化特色或自然风光为题材，利用当地特有的原材料，体现当地传统工艺和风格，富有纪念意义的小型纪念品，纪念品应标上产地地名或用产地的人、地、事物特征作商标，以经常使游客产生美好的回忆。

（二）休闲农业商品的特点

1. 地方性　地方性是体现其特色的关键，地方性越强，越能使旅客产生长久的回忆，其纪念意义就越深远，主要表现在地方性的原材料、地方性的设计、地方性的文化内涵、地方性的艺术风格及地方性的包装。

2. 环保性　传统的旅游商品有些在原材料利用、加工过程或包装材料上并不符合环保要求，因此，休闲农业商品的制作及包装要求在保证特色的前提上加以改进，使之无污染、无公害，符合环保、卫生的标准，品质更加优良。

3. 实用性　实用性是指生态旅游商品做到实用化，能够满足生态游客的各种需求，如旅游食品要软包装，洗刷用品小型化、系列化，旅游鞋帽要舒适、轻便、安全等。

4. 方便性　生态游客在目的地停留时间是短暂的，不可能有很多时间来购物，所以小巧玲珑、包装精美的商品容易吸引注意力，而且旅途劳累，为避免负重累累，商品不宜重、大、笨、粗，迫切希望旅游商品小型化，包装牢固又轻便，以便于携带。

二、休闲农业商品的开发

（一）休闲农业商品开发现状

我国目前的休闲农业商品开发比较落后，商品类型较少，层次单一，无法满足不同文化背景和消费能力的游客的需求。大多数休闲农业园区的旅游商品大同小异，内容与景点无关，文化内涵挖掘不够。不同地区的纪念章、珠宝首饰、佛珠、玩具等甚至都是一个面孔。四川许多休闲农业园区的旅游商品和纪念品几乎都是从成都批发而来。

缺乏具有地方特色的旅游商品和纪念品，已经成为制约当地旅游经济发展的重要因素，大量的游客购物需求在现有的旅游商品开发机制下无法释放和满足。

旅游商品和纪念品做工粗糙，档次低下，一些所谓的珠宝却是假货，这种以次充好的现象屡见不鲜，引发游客投诉。这种现象大大挫伤了游客的购物热情，很多人害怕上当，索性不在休闲农业园区购买商品，影响了旅游商品的正常发展。

开发有创意、有民族和地方特色、有质量保障的旅游商品和纪念品，已经成为当前休闲农业发展的当务之急，必须引起休闲农业经营者和旅游主管部门的高度重视。

（二）休闲农业商品开发原则

1. 突出地方风格和民族特色　有特色的休闲农业商品才能激发游客的购买欲望。在开发中，应针对地方特点，对地方文化进行深挖掘，提炼、设计出特色商品，“农家乐”型休闲农业推出的农家特色菜肴、特色果品、无污染农产品等，对游客很有吸引力。

2. 不破坏生态环境，强化生态保护意识 一切对环境破坏较大的旅游商品在开发时不宜考虑，对于利用国家保护动植物制作旅游商品的行为应严格制止。在休闲农业商品开发时，应充分挖掘地方资源及文化中的生态内涵，使游客在享受生态产品的同时，受到环境保护的教育。

3. 以市场为导向开发配套的旅游商品 休闲农业商品的开发应顺应市场需求，分层开发。如旅游工艺品的开发可采用不同价格的原料和工艺，土特产品采用不同档次的包装，使不同层次的游客根据自己的经济条件、兴趣和爱好选购自己所需的商品。另外，还可针对地方特色，进行商品系列配套开发。

4. 统筹安排，合理组织 一般而言，休闲农业经营者规模较小，力量单薄，单打独斗是难以开发旅游商品的。休闲农业商品开发应避免自流、分散、无序的状态，加强统筹安排和组织工作，不然的话，旅游商品就会逐渐失去地方特色。

5. 提高旅游商品的生产和制作水平 目前国内许多地方的休闲农业商品粗制滥造，极大地损害了旅游地和旅游商品的形象，久而久之，必将导致地方和民族特色的丧失。因此，提高旅游商品的生产和制作水平已迫在眉睫。

三、休闲农业商品的销售

1. 尝试综合性休闲农业商品市场 在有条件的旅游城市，有必要建立综合性的旅游商品市场，以国内外广大游客为基本销售对象，集中销售特色商品和优势商品，如有纪念意义的旅游纪念品，便于携带、有实用性的旅游商品，以满足国内外不同层次、不同类型游客的需要。

通过对旅游商品的集中销售，形成规模化市场，可以大大降低重复性低档次小市场所存在的各种弊病，为名、特、优旅游商品提供良好的销售平台，也可以降低游客购买假货、伪劣产品的风险。集中式的旅游商品市场，通过汇集各种旅游商品，提供多种多样的选择空间，统一旅游商品销售网络，可以激发游客的消费冲动，使旅游商品的销售跃上一个新台阶。

旅游商品市场还可以为各个景点地区的旅游商品销售网点提供批发渠道，各地的特色旅游商品也应该积极参与旅游商品市场的建设，在市场上提供代表本地特色的旅游商品，提高销售量。当地旅游商品的畅销，还可以因此而吸引更多的游客慕名而来。这种集中式的旅游商品市场已经突破了旅游商品的交易概念，为旅游营销和旅游推广带来一个具有非常意义的空间场所。

在区域旅游商品市场上设立摊位，可以大大增加休闲农业商品的销售量，扩张销售渠道，突破消费者的空间限制。

2. *积极参加休闲农业商品展览会*　每年一些主要城市都会举办农产品以及旅游交易博览会，休闲农业园区应该积极参加这些博览会、展览会，以当地以及附近的休闲农业园区提供的旅游商品为主体，将自身的产品推向市场，从而提高商品知名度，同时吸引一些主要的旅游商品生产和销售企业，以博览会的形式在产业链的各个企业间建立密切的联系，创建良好的互动平台。

3. *拓展电子商务渠道*　通过建立电子商务渠道，为休闲农业商品的推广和市场营销提供有力的渠道支持，突破地域限制。国际互联网和现代管理信息技术推动下的电子商务，是目前非常有特色和发展前景的商业模式。休闲农业商品可以通过电子商务化销售和推广，覆盖更加广阔的市场。从操作层面上来看，休闲农业园区可以单独或者联合起来创建网络平台，扩大旅游商品的销售，并且附加关于目的地的全面介绍和信息咨询，营建全方位的旅游目的地资讯平台。

第二节　无污染农产品开发

农产品是休闲农业重要的旅游资源及商品。作为休闲农业的客源主体——城市居民，到乡村旅游，很重要的一个原因就是那种源于自然的"无污染食品"。各种各样的无污染农产品，是一种极具开发潜力的旅游商品。

一、农产品环境污染的主要来源

（一）生长环境的污染

农作物在其生长环境中受到污染，就会直接影响到农作物的生长发育，同时通过大气、水体、土壤等转移并残留于体内，造成食品污染（包括营养体和果实、种子的污染），最终危及到人类的健康以至生命。

1. 大气污染　大气污染来源于农作物生长的地上部周围空间，主要是工业废气的排放，以及能源的燃烧、交通运输过程排放废气和农药、化肥等其他污染。特别是城郊，SO_2、HF、Cl_2、O_3 等以及含有 Pb、Cd、As 化合物的烟气和粉尘对农作物的生产与产品造成污染。

2. 土壤污染　土壤污染来源于工业"三废"、城市生活"三废"以及肥料、农药和生物污染等。其污染物质可以通过灌溉水进入土壤，也可以因大气污染和空中的颗粒物（重金属及致癌物质）沉降地面导致土壤污染。此外，施用含毒的污泥、工业废弃物、城市垃圾和大量使用化肥、农药，都会形成土壤污染。

3. 废水灌溉及固体废弃物造成的污染　废水中的主要污染物有挥发酚、氨氮、镉、汞、铅、镍、砷、硼等。灌溉废水的有机污染物浓度高可对农作物造成危害，污染物通过农作物根系的吸收、转化、积累，进入作物的茎、叶、果实，再进入人体，对人的健康造成危害。工业生产中产生的废弃物与生活中产生的生活垃圾如果管理与使用不当，会对农业生产造成严重的污染。固体废弃物中含有大量的有机污染物和重金属污染物，通过土壤、雨水冲淋、大气蒸发对农作物造成危害，同时也造成土壤和水体的污染。

（二）种植过程的污染

种植过程的污染是指在农作物种植的过程中，由于生产资料

（主要是农药、除草剂、肥料和激素）的使用和生产操作规程执行过程中的失误而导致的污染。

1. 农药的污染　农业生产中为了降低病虫害对作物、家畜、家禽的侵害所造成的损失，不可避免地使用大量的农药。目前世界上年产化学农药总量达200万吨左右，大量使用的有100多种，主要种类是有机氯、有机磷、有机砷、有机汞和氨基甲酸酯五大类。我国农药施用量已达每年100万吨，农药生产的品种亦有100多种，包括有机磷农药、含氮农药、农用抗菌素、除草剂等。

农药对环境和农作物的污染十分严重，对人类的健康危害亦很大。粗略估计，我国1980年受污染粮食为4.14×10^9千克，经济损失达230多亿元。农药对农业环境和农作物的污染，主要是来自于农药残留的毒性所致。一般农药都具毒性，大量施用农药后，约有10%～30%的部分强附在农作物表面，起防治病虫害的作用。绝大部分（约70%～90%）散落在土壤中，溶于水后被根部吸收，其余部分通过一系列的外界环境条件和微生物的作用，使其转化、分解乃至消失，但仍有少部分农药残留在土壤中，或渗入地下水中，或残留在农作物体内，形成农药残留毒性的危害。因此，限制农药的残留量，制定“农药残留允许标准”，是农药使用与管理的有效措施。

2. 肥料的污染　我国传统农业主要是依靠施用有机肥来增加产量和提高土壤肥力，但在近代农业中，由于增加了化肥的用量导致有机肥的施用量下降，20世纪80年代初，我国氮素化肥年施用量折合纯氮每公顷93.8千克，1991年氮素化肥年施用量折合纯氮每公顷增加到184千克，至2020年预计将增加至每公顷368千克。加上磷、钾等化肥，1990年我国化学肥料施用总量已经超过1亿吨，平均每公顷施用量超过450千克，是世界平均水平的3倍，仅次于美国和前苏联，居世界第三位。

氮肥的偏施会使农作物中硝酸盐的含量严重超标，硝酸盐是世界公认的致癌物质，它能降低血液向全身的输氧能力。据报道，人类摄入硝酸盐的主要来源，81.2%来自于蔬菜，蔬菜成为了一种天然易富集硝酸盐的食品。

化肥特别是磷、钾、硼肥以矿产为原料，其中含有某些污染元素。如磷矿石中，除含五氧化二磷外，还含有砷、铜、铬、氟等。垃圾、污泥、污水用作肥料施入土壤中，因含某些污染物质和重金属，如电池中的汞、铜、铬、铅，有机污染物中的多氯联苯、多元酚类物质，亦会在土壤中积累超标，导致人畜致病，绝大多数为慢性中毒，表现为致癌、致畸、致突变作用。

3. *产品的采收运输、贮藏保鲜及加工过程的污染*　农产品采收后在运输与贮藏保鲜过程中的腐烂、霉变，一些有毒成分的聚积，保鲜防腐剂和产品深加工过程中的食品添加剂、防腐剂等使用不当，加工设备及环境不卫生，皆会造成产品的污染。

二、无污染农产品的种类与开发

无污染食品是指无有毒、有害物质残留，优质、富含营养类食品。它具有两个明显特征：一是安全，即要求食品少含或不含致畸、致癌、致突变的污染物质，污染物质的最高含量不能超过国家或国际上规定的标准；二是营养，即食品营养成分含量要达到一定要求。

无污染食品目前主要有三类，即“无公害食品”、“绿色食品”、“有机食品”。“无公害食品”是普通食品都应达到的一种基本要求，而“绿色食品”是普通食品向“有机食品”发展的一种过渡性产品。目前国内的无污染食品称之为绿色食品，国外的无污染食品称之为有机食品，两者之间在标准上的要求基本一致，但在细微之处仍然是有差异的。

（一）绿色食品开发

绿色食品标志是由中国绿色食品发展中心在国家工商行政管理局商标局正式注册，其商标专用权受《中华人民共和国商标法》所保护。绿色食品除符合一般食品的要求外（营养、卫生标准），必须同时符合下列条件：

①产品或产品原料产地必须符合“绿色食品生态环境质量标准”。

②农作物的种植、畜禽饲养、水产养殖及食品加工必须符合“绿色食品生产操作规程”。农药、肥料、兽药和食品添加剂等生产资料的使用，必须分别符合《生产绿色食品的农药使用准则》、《生产绿色食品的肥料使用准则》、《生产绿色食品的食品添加剂使用准则》和《生产绿色食品的兽药使用准则》。

③产品必须符合“绿色食品产品标准”。绿色食品的最终产品，必须由中国绿色食品发展中心与指定的食品监测部门，依据“绿色食品产品标准”检测合格。

④产品的包装和贮运必须符合绿色食品包装贮运标准。产品的外包装，除必须符合国家食品标签通用标准外，还必须符合“绿色食品包装和标签标准”。

“绿色生态指数”与“绿色环境指数”系列可以用来进行衡量与评价绿色食品的“绿色”程度。绿色生态指数表示某一绿色食品的综合质量状况；而绿色环境指数表示原料生产地环境质量达标程度，包括水环境及大气、土壤环境指数等。

根据中国绿色食品发展中心规定，绿色食品分为二级：即AA级和A级。

AA级产品是指在生态环境质量符合规定标准的产地，生产过程中不使用任何有害化学合成物质，按特定的生产操作规定生产、加工，产品质量及包装经检验、检查符合特定标准，并经专门机构认定，许可使用AA级绿色食品标志的产品。

A级产品是指在生态环境质量符合规定标准的产地，生产过程中允许限量使用限定的化学合成物质，并按特定的生产操作规定生产、加工，产品质量及包装经检验、检查符合特定标准，并经专门机构认定，许可使用A级绿色食品标志的产品。

1990年，原农垦部绿色食品发展中心正式提出并取得了“绿色食品”的标志。我国政府十分重视绿色食品的开发，为了进一步开发“绿色食品”，农业部成立了“绿色食品发展中心”，颁布了《绿色食品标志通告》。全国已有30个省、直辖市、自治区建立了绿色食品办公室，并建立了相应的基地，在全国各大区设立了7个绿色食品监测中心和8个环境监测中心。农业部现已对五大类800余种食品授予了绿色食品的标志，产量已达600万吨（1995年达210万吨），占全国食品总量的0.6%，种植面积从1990年的近4 000公顷扩展到现在的52万公顷，相当于全国农作物总面积的0.3%。

（二）有机食品开发

有机食品是从有机农业生产出来的，国外有机农业的发展与有机食品的兴起，是同传统石油农业发展所带来的许多弊端分不开的。1972年，欧洲尤其是德国的一些组织发起了有机农业，通过有机农业为人类生产无污染的健康食品——有机食品，并成立了专门的组织“国际有机农业运动联盟（IFOAM)”。经过多年的发展，这个组织已成为拥有90多个国家及500多个集体参与的、当今世界上最广泛、最权威的国际性组织之一。

国际有机农业运动联盟制订出了生产有机食品所必须达到的基本标准和守则，其中最主要的基本标准为：

①整个生产项目与生产过程都必须按有机农业生产方式进行，而不能只有一部分生产项目按有机农业方式进行，而另外的生产项目按常规方式进行。

②在作物生产中禁止使用化学合成的氮肥、其他可水溶性的肥料、化学植保药剂和其他药剂。

③在畜牧生产中禁止使用人工激素和其他增产剂，从非有机农业组织购入的饲料不得超过10%～20%。此外，不得采取虐待牲畜的生产方式。

近几年随着人们对环保意识的增强，有机农业的生产方式与手段也在欧洲一些国家发展迅速。据20世纪90年代统计，在德国大约有3%～5%的农场专门从事有机食品原料的生产，西欧、北欧从事有机农业及有机食品生产的农场在1%～2%之间。美国大概在1%～2%，日本在2%～3%。有机食品在市场上的销售份额也在逐年增加，德国为3%～5%，美国为1%～2%，日本约为3%。

我国有机食品的开发仍处在起步阶段，生产的规模与产品数量都很少，而且基本上是面向国际市场。我国真正开始有机食品的开发是在1994年中国环境保护局有机食品发展中心成立以后。随着外商需求的多样化，我国开发的有机食品种类也迅速增加，现在大多数栽培作物都已有了有机食品。我国目前已形成了较为完整的有机食品生产和认证体系，《有机食品认证标准》与国际通行标准完全接轨。至1998年底，我国已通过认证的有机食品生产基地67万亩①，还不包括大量的野生、天然有机食品生产基地，颁证产品主要有谷类、豆类、蔬菜、饮品、中草药等类别近100个品种，其中大部分销往日本、美国、加拿大及欧洲市场，也有部分产品在国内市场销售。

（三）无公害农产品开发与生产

无公害农产品的生产要求在栽培、采收运输、贮藏保鲜、加工直至销售的全过程，都要减少和避免各种有毒物质与有害环境对产品的污染。

生产无公害农产品主要应掌握两个方面的基本技术：一是无公害农产品生产基地的环境，包括大气、水质和土壤要进行检测，其检测的结果要求符合国家卫生标准，即环境污染控制在最小范围，方可进行生产；二是从无公害农产品栽培直至贮藏、加工与销售各个环节，都应严格遵照无公害食品生产操作规程实施，确保生态环境和产品不受污染。

为了规范无公害农产品生产中的安全性，我国最近提出了无公

① 亩为非法定计量单位，1亩=1/15公顷≈667米^2。

害农产品生产的系列标准，如 GB18406—2001 农产品安全质量无公害安全要求，GB18407—2001 农产品安全质量无公害产地环境要求。

无公害农产品一般是指未受有害物质污染的食品。但在现代工业化时代的条件下，完全不受有害物质污染的农产品是很难生产的，所以，无公害农产品实际上是指不含有某些规定不准含有的有毒物质，将有些不可避免的有害物质控制在允许范围之内。归纳起来，无公害农产品的基本要求是安全、优质、卫生。安全是指食用后绝对不造成健康危害；卫生是指 3 个不超标：一是农药残留不超过允许标准，二是硝酸盐、亚硝酸盐含量不超标，三是有害物质（主要是重金属）含量不超标。

第六章　休闲农业环境与保护

优美的环境是旅游业赖以生存和发展的基础。休闲农业强调人与自然的和谐共存，所以更强调其旅游环境。

中国传统的农业生态经营，对休闲农业有直接的作用。这同“天人合一”的中国传统文化是一致的，中国自古以来就重视对自然资源的合理利用和保护，注意生态平衡的耕作方式。这些不但与现代生态理论的一些原理相吻合，而且为休闲农业的发展提供了重要条件。也就是说，中国农业的生态传统与中国人对农村环境的向往是一致的。

第一节　休闲农业环境概述

一、休闲农业环境的内涵

旅游环境是以旅游活动为中心的环境，是指旅游活动得以存在、进行和发展的一切外部条件的总和。旅游环境最初主要指自然旅游环境，即由旅游地域的地质、地貌、大气、水、动植物等自然要素组合而成的环境，包括旅游生态、旅游空间和自然资源环境，通常称为狭义的旅游环境。广义的旅游环境增加了人文旅游环境，包括旅游经济、气氛、政治和行业环境。

休闲农业环境既是旅游环境的一部分，同时又与旅游环境有所区别，其内涵有以下几个方面：

①休闲农业环境是在符合生态学和环境学基本原理、方法和手段下运行的旅游环境，以维护和建立良好的景观生态、旅游生态为目的，从而促进景观生态学和旅游生态学的发展。

②休闲农业环境是以系统良性运行为目的，统筹规划和运行，使旅游环境与旅游发展相适应、相协调，使其自然资源和自然环境能继续繁衍生息，使人文环境能延续和得到保护，创造一种文明的、对后代负责的旅游环境。

③休闲农业环境是以某一旅游地域的旅游容量为限度而建立的旅游环境，在该旅游容量的阈值范围内，就可使休闲农业活动不破坏当地的生态系统，从而达到旅游发展、经济发展、资源保护利用、环境改良协调发展的目的。

④休闲农业环境不仅包括自然环境和人文环境，而且还特别重视“天人合一”的旅游环境。既注重于生态环境本身，还注重于一些环境要素和环境所包含的生态文化。

⑤休闲农业环境还是运用生态美学原理与方法建立起来的旅游环境。休闲农业更是人类追求美的高级文化生活和审美活动。休闲农业环境既是培养生态美的场所，也是陶冶人们欣赏、享受生态美的场所。

⑥休闲农业环境还是一种考虑游客心理感知的一种旅游环境。休闲农业游客的旅游动机主要是向往大自然，兼有学习、研究自然、文化的动机。因而，休闲农业环境应着意建设起能让游客感知自然的旅游环境。

二、休闲农业环境的构成

一般而言，休闲农业环境是由休闲农业自然环境、社会文化环境、经济环境、气氛环境 4 个子系统所构成。

（一）休闲农业自然环境

休闲农业自然环境是指由自然界的一些自然要素，诸如旅游区的地质、地貌、气候、水体、动植物等所组成的自然环境综合体，即狭义旅游环境。它是由休闲农业天然环境、空间环境以及自然资源环境所组成的。

1. 休闲农业天然环境　休闲农业天然环境是指由自然界的力

量所形成的，受人类活动干扰少的休闲农业环境。

2. 休闲农业空间环境　休闲农业空间环境主要指能开展休闲农业的旅游景点、景区、旅游地、旅游区域的自然空间范围的大小。主要是指旅游资源储存地、游客的活动范围，包括游客对旅游资源欣赏、享受，以及对空间和时间上的占有。

3. 自然资源环境　主要指农业资源、水资源、土地资源、自然能源等自然资源对休闲农业生存和发展的影响与作用，也包括自然资源对休闲农业活动的敏感程度，其作用主要体现在这些自然资源对休闲农业生存和发展的支持或限制作用，也影响到旅游地域能够容纳休闲农业游客的数量。

（二）休闲农业社会文化环境

休闲农业社会文化环境是指政府或有关组织、政治局势对休闲农业的支持程度以及人们在人与自然和谐发展思想指导下的文化环境氛围。据此，可以说休闲农业社会文化环境包括休闲农业政治环境和“天人合一”的文化环境。

1. 休闲农业政治环境　是指政府或相关组织在区域旅游政策、旅游管理技能、政治局势等方面影响（支持或限制）休闲农业发展的软环境，对休闲农业发展起到一种促进或阻碍作用。

2. “天人合一”文化旅游环境　是指在认识到人类与自然界互利、共生关系的思想指导下，在进行休闲农业开发过程中，树立人与自然和谐发展的观念。

（三）休闲农业经济环境

1. 外部经济旅游环境　外部经济旅游环境是指满足休闲农业游客开展休闲农业活动的一切生态经济条件。经济条件或经济环境是旅游活动的物质基础条件和质量好坏的关键，包括基础设施条件、旅游设施条件以及对旅游投资能力大小和接纳旅游投资能力的大小等。基础设施条件包括区域内外交通条件、通讯能力、供水供电能力、物质供应能力等，旅游设施条件包括旅行社、旅游饭店、旅游娱乐设施等硬件建设。

2. 内部经济旅游环境　内部经济旅游环境主要指旅游行业（经营者）内部的管理制度、秩序、政策倾向、人员等对休闲农业的认识和支持程度。休闲农业需要行业内部对其有较高的认识、较多的理解、较多的支持。

（四）休闲农业气氛环境

休闲农业气氛环境是指由历史和现代旅游开发所形成的反映地方生态或民族生态、当地社区和游客的休闲农业意识等环境。

1. 区域气氛环境　区域气氛环境主要指在洁净、优美、少污染的生态环境基础上，由历史和现代开发所形成的反映该区域历史生态、地方生态或民族生态气息的环境。区域气氛环境在一个旅游地域往往是独特的，是当地长期的各种生态系统演替、社会发展以及社会与自然共生条件下所形成的，对游客充满着神秘的吸引气氛，往往也是一个休闲农业区域历史的、地方的、民族的特色在某些方面的体现，也是游客所能感知的一种气氛环境，往往也是一地旅游生命力和灵魂之一，开发时要加以注意。

2. 社区气氛环境　社区气氛环境是休闲农业社区居民对于休闲农业的观点与看法、行为等所形成的一种软环境。社区居民是否支持发展休闲农业，往往也是该地休闲农业发展是否成功的关键性问题之一。

3. 游客气氛环境　游客气氛环境是通过休闲农业游客素质和游客在进行旅游活动时的行为等反映出来的。休闲农业游客应该是一种素质高、旅游行为文明的游客。

三、休闲农业环境的特点

休闲农业环境是一种较为特殊的旅游环境。它与一般旅游环境相比有以下几个特点：

（一）资源性

资源通常分为自然资源、人力资源、技术资源和资金资源等。现代经济学已将资源研究扩展到包括生态环境、物质资本及人力资本等更广泛的范围中。休闲农业环境也应是资源，被称作环境资源。休闲农业环境的资源性可以从资源的特性方面来加以说明：休闲农业环境容量（承受能力）的有限性表明了资源的稀缺性；休闲农业环境能产生价值表明了资源的有效性；休闲农业环境的系统性表明了资源的层次性和整体性；休闲农业环境系统的可变性、可控性表明了资源的可塑性；休闲农业环境具有利用的多宜性。

总之，休闲农业环境具有资源的特点，突出的有两方面：一是提供了能直接利用的休闲农业资源；二是提供了休闲农业发展所需要的基础。

（二）综合性

休闲农业环境是由若干子系统所组成的综合性环境系统，既有自然的子系统，又有社会、经济、文化和气氛等子系统。共同组成的休闲农业环境系统还具有四维空间结构的特性：空间结构、组分结构、时间特征以及功能结构等。由其四维结构特性反映了休闲农业环境的综合性。休闲农业环境的多宜性、有效性等也在某种程度上反映了休闲农业环境的综合性。

（三）容量有限性

在一定时期内，一个旅游地开展休闲农业活动后不会对环境、社会、文化、经济及游客感受质量等方面带来无法接受的不利影响的休闲农业游客规模和休闲农业活动强度的最高限度，即是休闲农业环境的极限容量，也称作饱和容量，如果超出了这一极限值即视为“饱和或超载”。在实际规划和管理中，往往是要谋求一个“最适值”或“合理值”，被称作为“最佳容量”，使休闲农业环境能够良性循环，保证休闲农业园区实现旅游、资源、环境、社会、经济等之间的协调。

（四）生态环境的复杂性

休闲农业具有一般旅游生态环境的特点，和一般旅游生态环境一样，休闲农业生态环境应明显高于、优于一般乡村生态环境质量，休闲农业生态环境在时间和空间上还具有较强的变化性。休闲农业是乡村人工复合系统与旅游系统叠加，森林生态系统、草地生态系统、池塘生态系统、河流生态系统、农田生态系统、果林生态系统、农村聚落与交通网络、旅游服务设施系统、游览系统等在空间上相互交叉，人流、物流、能流等在各个系统中交互流动，容易造成新的环境、卫生问题。目前人们更多意识到乡村景区、景点的环境、卫生问题，而对乡村的宏观生态环境，特别是非消耗型破坏（建筑污染、用地结构不当）等对生态环境造成的影响还重视不够。

第二节　休闲农业环境容量的确定和调控

环境容量代表的是人类活动的界限标志，如果超过此界限，资源地就会退化，游客满意度降低，对该地社会经济和文化的负面影响就无法避免。

休闲农业的环境容量是指在休闲农业园中，在对农业生态系统未造成过度影响下的最大的游人量（即在单位面积上所能容纳的最大游人数量，以人/公顷或人/米^2 来表示）。环境容量可以保护环境免遭破坏或退化，并保证游客获得良好的旅游质量。

一、休闲农业环境容量的基本知识

休闲农业环境容量的评价、监督及反馈也与休闲农业发展甚至是旅游业可持续发展息息相关，可以作为制定休闲农业可持续发展政策的参考。

（一）休闲农业环境容量的影响因素

1. 自然特性　自然特性主要包括以下几个方面。

（1）地形与土壤　地形多变，有利于形成较大的景观环境容量，但坡度过大不利于游憩活动和道路的设置，引起环境容量的减小。土壤条件好，植被生长茂盛，环境容量较大。

（2）植被　不同的植被类型对观光的适宜性不同。大片的农业作物生产区环境容量小，而阔叶林区（如果园）比针叶林区容量大，林木密度在0.6～0.8郁闭度下较好，郁闭度增大或减小，环境容量趋于下降；生长健壮的植被环境容量大。

（3）动物　牧业生产的休闲农业园区环境容量小。野生的或自由放养的动物观赏区中，种类和数量的多少，直接影响环境容量。

（4）地域类型和产品类型　休闲农业开发地地域类型、规模等不同，其休闲农业环境容量也就不同。

（5）地理区位　即使开发类型、区域类型相一致，不同的旅游目的地的休闲农业环境容量也有差异。

2. 时间节律　时间节律因素有两方面的含义：其一是一些休闲农业园区旅游景观随着时间的推移而有所改变，如雪景、红叶等自然气象气候景观和植物的外相、色相景观，又如动物的迁徙、繁殖也有时间节律，人文生态方面也是如此，如民族节庆、宗教节庆等；另一方面是旅游流的时间变化，旅游目的地往往只是在旅游流高峰期时，某一类休闲农业景观最精彩时达到饱和或超饱和状态，其他时期一般都在休闲农业环境容量之内。

因此，休闲农业环境容量的确定同一般旅游环境容量一样，既要考虑高峰期游客的人数或活动强度，也要考虑淡季、平季的设备和设施等的使用问题。

3. 管理技术　休闲农业园区中不同的游览活动和适宜的功能分区对环境容量的影响较大，如安静休息、文娱活动、科学考察、垂钓、打猎等性质的不同要求各异，其中文体活动与服务区，环境容量可相应加大，安静休息环境容量应相应小些。在休闲农业园区，大片农田、果园的存在使游人被限制在游路上。通过开辟空地，建设景点和设施，增加游布道的数量，可提高其环境容量。通过科学的规划和管理，休闲农业环境容量就会有所改观。

4. 社会文化环境　游客对当地居民的社会文化的冲击是随着旅游数量的增加而有所增加的。为保证休闲农业园区的文化完整性，有必要考虑其文化休闲农业环境容量。游客密度指数为游客人数与当地居民人数的比值（又称游居比）。这一比值随着不同的区域有所差异。旅游开发时间长的区域，由于居民已习惯了游客的到来而使容量增大；旅游产业化程度高的地域，旅游容量也增大；文化差异（包括宗教信仰、生活习俗、生活观念等）大的地域，居民所能承受的游居比就小。

5. 经济环境　经济环境由诸如食物供给、水电供应等经济要素所组成，既有各个经济因素所能给予的容量，又有整个经济环境的容量，往往其中某一因素限制性最大，从而确定了经济环境的容量。作为休闲农业应考虑更多的是生态经济或休闲农业经济的状况。

6. 旅游用地　一个区域内旅游用地面积越大，旅游活动的规模越大，居民用地越少。当居民用地面积缩小到一定极限，会导致当地居民（包括旅游从业与非从业人员）的心理抗拒——生活秩序被扰乱，导致紧张、焦虑与沮丧，降低了生活环境质量。

7. 游客种群　环境容量也取决于游客的地域分布及其文化背景。在地域上，南欧人比北欧、北美人，亚洲人比欧美人更能容忍高密度的拥挤和近距离的个人空间；爱独处的人或许认为其他人的加入会给他的旅游享受带来不利影响，而另一些可能是对其他人的某些恶劣行径（如乱丢果皮、言行粗鲁及不同的行为习惯等）反感；有些人出于社交缘故或仅从安全考虑，希望有少数人来到旅游地等。如将游客与当地居民相比，游客可以接受更高的人群密度。

（二）休闲农业环境容量特征

1. 综合性　休闲农业环境容量包括自然生态、社会文化生态、生态经济、休闲农业气氛等若干个环境容量指标，并组成具有时、空、功能、多组分的多维结构。

2. 反馈性　休闲农业活动行为与休闲农业环境之间存在着正、负反馈作用。良好的休闲农业环境在一定程度上呈现出资源性，往往能吸引休闲农业游客，而一旦旅游活动过度或其他活动导致休闲农业环境质量恶化，就会降低或损害休闲农业游客兴趣，导致该区域休闲农业环境容量降低。游客和当地居民保护休闲农业环境质量、关系和谐可能导致休闲农业环境容量的适当扩大。

3. 可变性　休闲农业活动行为与休闲农业环境之间存在着的反馈性表明了这一点。另外，休闲农业环境系统中某一或某几个要素或者整个系列发生了变化，如水质发生了污染，森林遭受病虫害或火灾，则其容量会减少；相反，如原来遭受破坏的植被得到恢复，引进了新的生物品种，增加了新功能等等，可能会使容量略有增大。

4. 可控性　上述休闲农业环境容量的可变性、反馈性告诉我们，休闲农业环境容量按照一定的规律变化，人们认识并利用其规律，可以对休闲农业环境容量进行调控。

5. 有限性　休闲农业环境容量概念本身就是指示一种限度值，往往有极大值的存在，达到这一数值即为饱和，超过这一数值即为超载。为了达到休闲农业环境系统良性循环，往往在实际运用中应用其最佳容量或者叫最适容量，以使休闲农业环境既达到最佳利用，又不损害其休闲农业资源和环境。

6. 可量性　休闲农业环境容量有其极限容量和最佳容量，表现出休闲农业环境容量为一个伸展一定范围的阈值，这一阈值可以通过一定的手段或方法来进行把握和计算。

（三）环境容量的基本构成

1. 生态环境容量　生态环境容量的最好指示性指标是草本植物，在不同的游憩负荷下，植物群落中草本植物变化最为明显，强度增加，草本植物减少，耐阴草本植物减少得更为明显。土壤板结，具毛刷性根系的植物增多，而长根系植物减少。因此，可根据草本植物的变化程度来判断旅游负荷强度的大小，确定其生态环境容量。

2. 景观环境容量　景观环境容量指维持良好的景观和游览情趣所容许的适宜游人数量，应根据不同的游览内容和要求以特有的情趣来确定。

3. 社会经济容量　社会经济环境容量是指游览、服务设施以及交通、能源供给等方面所能承受的游人数量，其大小通常通过面积等因素确定。

二、休闲农业环境容量的确定

休闲农业环境容量具有可量测性。但休闲农业环境容量的确定与量测并不是件容易的事情，存在着一定的难度。可以说休闲农业环境容量的量测是环境容量研究的难题，甚至是休闲农业环境、休闲农业研究中的难题。

（一）经验量测法

休闲农业环境容量的经验量测法是通过大量的实地调查研究而得出其经验值或经验公式。这种量测方法运用于休闲农业空间环境容量、自然资源环境容量、休闲农业气氛环境容量、游客休闲农业环境容量等的量测上。常用的方法有：

1. 自我体验法　调查者作为一名休闲农业游客，实际体验所需要的最小空间，体验在不同游客密度情况下的感受，感受游客数量和活动强度对休闲农业环境的影响等。

2. 调查统计法　在不同的休闲农业园区、社区、路段等，分别对不同的休闲农业游客进行调查，了解休闲农业游客对休闲农业环境容量各方面的认知、感受与需求，并进行统计处理。

3. 航拍问卷法　以航拍来了解休闲农业游客人数和分布状况，同时采取问卷形式调查休闲农业游客的看法，比较、分析得出休闲农业环境容量的经验值或相关结论。

（二）理论推测法

1. 自然地理容量（PCC）　指的是一个有限的空间在特定的时间段可以容纳的最大游客量，计算公式为：

$$PCC = A \div V/a \times R_f$$

其中：A 表示可利用的公共区域面积；

V/a 表示每位游客所需要占有的面积；

R_f 表示日接待人次，计算方法为营业时间÷游客的平均逗留时间（注：计算自然地理容量时，可假设每位游客所需要的自由活动空间为 1 米^2）。

2. 事实容量（RCC） 事实容量就是特定景点可允许容纳游客的最大量。计算公式为：

$$RCC = PCC - C_{f1} - C_{f2} - \cdots C_{fn}$$

其中：C_f 代表用百分比表示的矫正因子，可通过生态景区的生物物理、环境、生态、社会和管理等方面的变量而获得。于是，事实容量的计算公式也可表示为：

$$RCC = PCC - (100 - C_{f1})\% \times (100 - C_{f2})\% \times \cdots (100 - C_{fn})\%$$

考虑到具体的景点，矫正因子群会有所不同，它们与具体景点的特定条件和特点密切相关。矫正因子用下列公式计算：

$$C_f = M_1/M_2 \times 100\%$$

其中：M_1 表示变量的最大值；

M_2 表示变量的总值。

3. 有效容量（ECC） 指的是在考虑到现有的管理容量（MC）的情况下，特定景区在不影响可持续发展的前提下可接待的游客数量的最大值。有效容量就是事实容量与管理容量之比。

管理容量指的是生态景区实现管理功能和管理目标所需要的所有条件之和。但对管理容量的计算决非易事，因为这涉及众多的变量因素，比如政策措施、立法、基础设施与设备、员工数量与质量、资金、管理动力等等。

但无论如何，这 3 种环境容量的值呈递减关系，有效容量肯定要小于事实容量。乐观来讲，管理水平总会不断地提高，有效容量也会随之提高。

（三）休闲农业环境容量的确定

我国由于开展休闲农业的时间较短，在环境容量上尚无明确的规定，借鉴国内外的资料和数据，初步确定适于我国休闲农业的环境容量指标。

1. 环境容量指标 针对休闲农业中林业、旅游等某一方面，国内外有一些相关的指标。我国的风景区环境容量分为近郊600～1 000米^2/人，远郊 2 000 米^2/人，大型 4 000 米^2/人；北戴河的沙滩 10 米^2/人；名胜古迹、公园、游园等 4 060 米^2/人；文、体、商设施 40 米^2/人。美国森林旅游野营地的密度为 30 个/公顷。

2. 环境容量修订 在休闲农业园区内，根据我国的国情，结合不同的观光内容修订环境容量。

（1）植物园、农作物、果园、菜地等农作物综合观光型

①以生产为主的，其环境容量主要由开放时间、广场面积和道路长度、宽度决定。如花卉园，以生产为主，平时不对外开放，在花卉采收季节，在工作人员的带领下进行的参观、采摘活动，可由开放时间、限额和道路广场的面积决定。

②非生产性的，特别是开展采摘的果园、菜园的环境容量根据植物的品种、产量、大小年、生产管理水平等安排游人的容量，如菜园叶菜类的采摘园依据产量的 80％可供采摘计算供应量为宜；瓜菜类由于颜色、果形、大小等的限制，按产量的 60％可供采摘计算供应量；果园不同的种、品种的果期、果肉、果色、果形、口感、产量、采摘中的损耗等差别大，应区别对待；农作物按其产量及人均的日工作量安排收割人数。因此，在确定不同园区的产量和人工采摘量后，根据单位游人拥有果、菜等产品的平均量为标准计算游人数。

（2）动物园、垂钓场、狩猎场、牧园等农牧综合型

①生产性的，开发时间短，可供游览的面积有限，以开放时间和供游览的面积计算。

②非生产性的参见动物园的容量计算法。

（3）观光、娱乐类 参见农园、科技示范园和风景区的容量计算标准，根据开设的游览道路或小游园、广场面积等计算可允许的最大游人量。

按照不同的观光类型独立核算后，汇总成为园区总的环境容量，对环境容量指标应全面理解其相对性和可变性。

用上述方法，结合基本的空间标准，初步确定休闲农业的环境容量接近600～1 000米^2/人。在规划设计中，为扩大环境容量，可使环境容量不同的区按总体布局的要求安排相对集中或分散，形成不同的游憩环境。同时，加强疏导，开发新的景点、景区，增设游步道，调整不合理的功能安排，增加环境容量。

三、休闲农业环境容量的调控

（一）休闲农业环境容量饱和及超载的调控

休闲农业园区承受的游客人数或活动量达到其极限容量，叫做休闲农业饱和，而超过极限容量就叫做超载。

1. 休闲农业环境容量饱和及超载的类型

（1）短期性饱和及超载　短期性饱和及超载是旅游地域（包括休闲农业园区）和场所常见的容量饱和及超载的现象。包括周期性饱和及超载、偶发性饱和及超载两类。周期性饱和及超载根源于旅游的季节性，与自然节律性有关，如“三月桃花节”。偶发性饱和及超载起因于休闲农业园区或其附近发生了偶然性事件，在短时间内吸引了大量游客。

（2）长期连续性饱和及超载　长期连续性饱和及超载多发生在城市郊区的国家公园或郊野公园内，而且主要发生在一些知名度较高、生态环境较优良的场所。

（3）空间上的整体性饱和及超载　休闲农业园区的整体性饱和及超载指的是该地域所有景区以及其设施所承受的旅游活动量均已超过了各自的休闲农业环境容量值，这种情况往往较少出现。

（4）空间上的局部性饱和及超载　休闲农业园区的局部饱和及超载指的是部分景区承受的旅游活动量超过了景区的休闲农业环境容量，而另外的景区并未饱和。在大多数情况下，整个旅游地承受的旅游活动量未超过旅游地的休闲农业环境容量，这种现象往往会造成“隐蔽式”的破坏。

2. 休闲农业环境容量饱和及超载的调整

（1）协调好旅游供求关系，适当分流　针对整体性或长期连续性饱和或超载，采取的分流性措施如下：

一是通过大众传播媒介，向潜在的休闲农业游客陈述已发生的饱和及超载现象及由此带给游客的诸多不便与危害，以及造成的生态环境后果等，使游客改变旅游目的地的选择决策。

二是允许或以立法形式要求休闲农业园区经营者和管理者采取浮动价格，在旅游旺季提高门票、食宿、交通等费用，以使部分游客因经济原因而改变流向。

三是替代性开辟新的休闲农业园区，选择一个总体旅游效果近似，而在时间上、价格上更节省的休闲农业园区以替代休闲农业环境容量饱和或超载的旅游区。

四是选择本身具有较高吸引力、区位适中、价格较廉的邻近休闲农业园区，通过强大的传媒促销吸引大量游客，从而减轻整体或连续性饱和或超载休闲农业园区的压力。

总之，对于整体或连续性饱和或超载的休闲农业园区，主要是靠扩大旅游供给能力和延长旅游季节（如抑制旺季、促销平季和淡季）来增加分流。

对局部性饱和或超载的休闲农业园区，分流调控措施如下：

一是在饱和及超载的休闲农业景点、景区入口处设置计流设施，一旦景区达到饱和，则停止进入。

二是在景区入口处根据景区内旅游流量与景区容量值的差值情况（尚未饱和或趋近饱和），收取附加景区使用费，收费越高，进入人数越少，如一旦饱和也应禁止入内。

三是对游客进行空间上和时间上的划区引导，如利用道路、天然小径、池塘、停车场、厕所、饮食及信息中心等设施布局进行划区分流，达到控制游客人数，进行生态管理的目的。

四是对一些生态敏感景区实行申请许可证制度来控制。

（2）淡季的休养生息与环境补给　对短期休闲农业环境饱和或超载的休闲农业园区应充分重视旅游淡季的休养生息和环境补给。

由于在旅游旺季，休闲农业环境系统的物质、能量、信息等消耗过量，在旅游淡季时，就不能仅靠环境本身的调节能力去休生养息，而需要人工地补给大量物质、能量和信息等来促使休闲农业环境尽快恢复，保持其容纳能力。

（3）轮流开放，分区恢复　对局部性休闲农业环境容量饱和或超载的休闲农业园区，除上述“排斥”游客进入饱和及超载旅游景区以及划分区引流外，还有一个可以利用的方法就是为避免饱和或超载的旅游景区生态环境遭受破坏，采取轮流开放，分区恢复。其措施是将该类景区关闭一段时间，让受损的休闲农业环境系统有一个恢复阶段，以期可持续发展。在轮流开放时，要注意开放的景区类型的搭配，不要同时将同一类型、同一功能的景区或景点全部关闭，以免影响游人游兴和影响整个旅游区的形象。

（4）人工治理受损环境，加快旅游环境恢复　休闲农业环境受损大的地域，单靠短期的环境自净能力和自我恢复能力难以解决其生态环境问题，应采取人工治理措施。对受干扰严重的自然生态环境系统要靠人工干扰恢复其生态平衡；对受污染的水体等要采取相应的措施加以治理；对造成的休闲农业游客与当地居民紧张的关系要多做疏导、宣传教育工作，以使休闲农业环境保持其较佳的容量。

（二）休闲农业环境容量“疏载”的调控

我们在讨论休闲农业环境容量或旅游环境容量时，已较习惯地使用容量饱和或超载，很少注意到休闲农业园区的疏载或空载。所谓的疏载指的是休闲农业园区或场所的旅游流量过于稀疏，游客数量或活动强度远离休闲农业环境容量的最宜值或极限值，造成休闲农业资源和休闲农业环境容量闲置，而导致资源和设施等的浪费。

1. 疏载造成的原因

（1）休闲农业园区的开发方式单一　有的休闲农业园区虽然休闲农业资源质量高、吸引力大，但由于开放方式单一，产品单调，可游览、可享受的景观或可开展的旅游活动项目少，旅游通达性较差等，也会导致休闲农业资源闲置，休闲农业环境容量疏载。

（2）旅游宣传促销力度不够　不少休闲农业园区资源上乘，开发已有一定程度，项目也可以，但其宣传促销力度不够，不为广大民众所知，就不能激发游客前往的动机，造成疏载，旅游投入产出比达不到预期目标。

（3）旅游产品周期律的影响　休闲农业产品和休闲农业园区在开发上都具有其生命周期。随着时间的推移，旅游产品和旅游地都有一个初创期、成长期、成熟期、衰退期，到了衰退期就会出现游客数量减少，造成疏载。

（4）农业生产季节性的影响　受自然气候条件、农事季节的影响，农业旅游时间具有季节性，淡旺季的反差明显。像采摘节、赏花节前后仅持续十几天甚至几天的时间，这就造成了旅游旺季特别短，淡季时门庭冷落，游客的数量比较少，造成疏载。

2. 疏载的休闲农业环境容量的调控　疏载虽然不会导致休闲农业环境系统的失调和破坏，但会影响休闲农业资源价值的实现，影响其旅游经济效益，从谋求经济、资源、环境协调发展的旅游可持续发展观点出发，也可以说是一种环境问题，因为它从经济上否定了环境的价值，因而有必要重视疏载的休闲农业环境容量的调控。

（1）充分挖掘休闲农业资源特色，开发吸引力大的休闲农业产品　以市场为导向，以资源为基础，以项目为支撑，突出特色为目标，完善旅游功能，抓龙头产品，依托基础设施，注重特色的挖掘、保护，深化休闲农业资源的特色开发，实施“名牌”战略，吸引休闲农业游客。

（2）充分实现资源和环境价值，实施综合开发　休闲农业资源和环境同样也存在着功能上的多宜性，世界旅游产品开发也日趋多样化和综合化，因此要充分实现休闲农业资源和环境的价值，开发多种多样的休闲农业产品，增加对不同层次休闲农业游客的吸引力，扩大旅游流量。如澳大利亚开展丛林远足、自然史探访旅行、内地的野生动物观赏、观鲸鱼旅游、观企鹅旅行等等。

（3）重视旅游宣传促销，实施“引凤”工程　通过各种传播媒介，尤其是结合国家旅游促销主题，以及举办各种与休闲农业有关的节庆活动，加大旅游促销投资，灵活运用多种促销手段，使信息及时传播给广大民众，激发其旅游动机，采取独具特色的“引凤”工程，吸引游客前往。

（4）注意休闲农业产品更新换代，克服衰退现象　一些开发较早的休闲农业园区因其产品逐渐进入衰退期，对休闲农业游客吸引力下降，应不断开发出新的休闲农业产品，推出新的休闲农业项目，延缓其衰退速度，重新激发游客的旅游动机，实现休闲农业资源和环境的深层价值。

（5）以“热”带“冷”，促进休闲农业全面发展　区域旅游开发中存在着“热点”、“热线”、“冷点”、“冷线”等现象，休闲农业开发中也存在着类似现象，往往“热点”、“热线”出现休闲农业环境容量的饱和或超载，而“冷点”、“冷线”则出现疏载，要想办法吸引游客前往“冷点”、“冷线”，分流游客，实施“冷”“热”搭配，以“热”带“冷”，推动区域休闲农业环境容量相对均衡，促进休闲农业的全面发展。

第三节　休闲农业与环境保护

休闲农业的最终目的是改进旅游方式，促进旅游目的地旅游可持续发展，促进目的地生态环境良性循环。但休闲农业会对环境产生一定的影响，如稍有不慎，就有可能导致严重的休闲农业环境问题。

一、休闲农业对环境的负面影响

（一）休闲农业对自然生态环境的不利影响

1. 休闲农业开发对植物的影响　休闲农业活动对植物覆盖率、

生长率及种群结构等均可能有不同程度的不利影响。鲜花、苗木等的采集，会引起物种组成成分变化；大量垃圾堆积，导致了土壤污染，致使生态系统受到破坏；游客蜂拥而至，践踏草地，使一些地面裸露荒芜；基础设施和旅游设施建设必然占据一定空间，会破坏一些植物；所排放污水、污气等也会影响一些植物的存活等等。

2. 休闲农业对水体的污染　大量未经过适当处理或稍作处理的生活污水进入水体，造成水体质量下降，给水体环境带来严重的污染和破坏；过多的营养物质进入水体将加剧富营养化的过程，过量的杂草生长也会影响水中溶解氧的含量，不仅影响水质感官功能，而且将导致湖泊等水体的衰亡速度加快，溶解氧含量变化会制约鱼等水生生物数量、种类和生长速度，甚至导致它们的死亡。

3. 休闲农业对大气环境质量的影响　主要体现在车船等排放的尾气、废气和旅游服务设施的排气等方面，总量虽较工业小，但排放源分散、高度低、距景点近，且多无除尘设施，对旅游区大气质量影响大；垃圾等固体废弃物有机成分含量高，如处理不当，会滋生细菌和病菌，特别是堆放在底层的有机物，因严重缺氧，厌氧菌迅速繁殖，病原菌滋生，并产生恶臭。旅游公厕如管理不善也会产生恶臭，增加大气细菌等等。

4. 休闲农业对动物的影响　休闲农业对动物也会产生一定程度的不利影响。基础设施和旅游设施的建设破坏了动物的生境，旅游交通工具所产生的噪声、废气等使动物受惊吓，产生某些病变，影响其生长等等。

5. 休闲农业对地质、地貌的影响　休闲农业容量超载，导致一些地貌形态侵蚀速度加快；交通工具的使用导致某些地貌形态改变；休闲农业某些活动行为破坏了地质地貌的保护；休闲农业导致一些地质地貌景观环境改变，造成其质地变差，一些基础设施建设会加剧水土流失。

（二）休闲农业对旅游区经济环境的影响

1. 过分依赖旅游业可能导致区域经济发展的不稳定性　休闲

农业的发展也受多种因素影响，这些因素复杂多变，导致休闲农业也具有高度敏感性和脆弱性，一旦出现改变，将导致整个旅游业出现滑坡、萧条、萎缩，导致区域经济出现危机。

2. 旅游大量发展可能不利于产业结构的调整　休闲农业大量发展以后，可能会因为旅游业收入高于其他一些行业收入，一些人放弃原从事的职业而改行从事旅游业，如弃农经旅，导致农副产品生产能力下降，而休闲农业发展对农副产品需求增多，导致农副产品价格上扬，改变了当地产业结构，影响区域经济发展。

3. 旅游业发展可能导致旅游区物价和地价上涨　休闲农业发展规划增大以后，导致对食品、日用工业品、手工艺品和土特产品等的需求量剧增，提高了这些商品的边际利润，导致物价上涨。

（三）休闲农业对旅游区社会环境的影响

1. 游客涌入可能会导致社会关系紧张　休闲农业游客涌入会引起当地居民与游客的紧张关系，道克西曾提出了“伊里戴克斯模式”说明了二者之间的关系。

旅游发展与社会关系紧张两者关系模式如下：

阶段	特征	状　　态
第一阶段	欢欣鼓舞	访问者受到欢迎，尚未正式开发
第二阶段	冷漠	对访问者习以为常，交往趋向商业化
第三阶段	恼火	当地人对旅游感到忧虑，努力改善基础设施
第四阶段	敌意	当地人公开表示出敌意，试图减少旅游潮带来的危害

2. 旅游开发可能导致当地居民生活方式和价值观念的改变　有些人因看到游客生活方式和生活水平高，从而认为外面的世界更精彩，一些人对自己的传统生活方式不满，先从装束打扮和娱乐等开始模仿，继而刻意追求高消费，一些人开始“一切向钱看”，有一些人因自己的劳动收入不及旅游从业人员多，开始怀疑自身价值，不再重视掌握文化知识和专业技术等等。

3. 休闲农业发展可能会导致政治信仰危机和社会危机　在与

游客交往中，会受游客诸如不同世界观、方法论等形形色色思想意识的影响。由于休闲农业的发展，在旅游就业和游客示范效应的影响下，休闲农业园区家庭或多或少发生了一些变化，如老年人被遗弃和隔离，离婚率上升，社会犯罪增多，原有家庭关系和社会纽带发生一些解体，社会内聚力降低，出现一些社会危机。

4. 休闲农业游客涌入可能导致人流拥挤、道路拥挤　休闲农业游客大量涌入后，可能导致人流拥挤、道路拥挤，特别是在道路的出入口、核心区域、停车场等，使当地居民正常生活受到严重的影响。

5. 旅游可能破坏宗教气氛　在一些“天人合一”的自然宗教圣地，一些生态游客的言谈举止、服装衣饰以及旅游项目开发等破坏了宗教气氛，引起虔诚的宗教徒的不满。

6. 休闲农业游客亦可能导致疾病流行　休闲农业游客的到来，可能带入某些疾病和病菌，另外，游客所遗弃的垃圾等会滋生某些疾病，导致旅游区域疾病的流行。

7. 休闲农业可能会造成某些视觉污染　休闲农业可能造成的视觉污染有：一是旅游设施与当地自然环境等不协调，如其体量、颜色等与自然环境格格不入；二是建筑设计死气沉沉，与所在区域自然、文化生态毫不相关；三是游客乱丢废弃物；四是乱涂乱画，不堪入目。

（四）休闲农业对旅游区文化的影响

1. 当地民族被同化　一些当地的地方文化、民族文化对外界充满着神秘感和巨大的吸引力，随着休闲农业游客带来异域文化及生活习俗等，旅游区文化、风俗习惯等被同化，甚至民族村寨、民族城市等均已无民族特色可寻。

2. 地域文化被庸俗化　由于旅游业包括休闲农业的发展，一些地域文化被庸俗化。一是过分渲染民族色彩与文化内涵，某种程度上亵渎和歪曲了原有文化的纯朴性；二是低格调猎奇、标新立异，如一些自然景观导游指南中的鬼神妖魔；三是生搬硬套，肆意拼合，如一些拼凑而成的图腾柱等，又被称为之“伪民俗”。

3. 区域文化的不正当商业化　随着旅游业的发展，一些传统的文化习俗和庆典随时都可以搬“舞台”，活动内容或压缩，或改变，表演的节奏也明显加快等。

4. 传统工艺品形象受损　为满足游客对旅游纪念品的需求，当地工艺品大批量生产，很多粗制滥造产品充斥市场，实际上并不能代表其传统风格和制作工艺，旅游购买后使当地工艺品形象和价值受到损害和贬低。更有甚者，有的根本不是当地或不代表当地文化或技艺水平的工艺品也列入本地工艺品销售给游客。

（五）休闲农业带来一些噪声污染

休闲农业的噪声污染主要包括：旅游交通工具的噪声污染、施工的噪声污染、娱乐场所的噪声污染，众多游人的嘈杂声、景区和商业场所招揽游客的音响声都会影响游客对旅游景观美的欣赏，破坏了旅游的氛围。

二、休闲农业环境保护内容

（一）自然环境要素的保护

1. 大气保护

①避免引进污染严重的企业。

②交通换乘，避免太多汽车尾气污染。

③改变传统柴薪，减少炊烟尾气污染。

2. 水体保护

①完善排污系统，努力实现污水、灌溉用水分流，有利于无公害、有机农产品品质的提升。

②新建沉降设施、人工小湿地对农户排水进行简单处理。

3. 土壤保护

①垃圾分类收集，为分类回收、处理打下基础。

②减少化肥、农药的施用量，避免对土壤造成新的污染，从而避免对水体的污染。

③合理利用土地，节约用地，防止利用发展休闲农业的机会进行新一轮的宅基地占用和扩张；合理利用公路沿线的土地，设定一定的缓冲地带；绿色食品、无公害食品、有机食品的生产基地应远离交通线路。

4. 生物保护

①保护动物，避免对动物造成直接和间接的伤害。

②对外来物种的引入应慎重，有选择地进行本地物种的繁育和培养。

③加强法律意识，保护好乡村的一草一木。

（二）人文环境要素的保护

1. 建筑保护

①进行乡村建筑的普查与分类工作，为区别开发和保护打下基础。

②进行乡土建筑的设计和策划工作，逐步形成具有浓郁地方特色的建筑景观。

③本土化设计，本土化选材，做好老房、老屋的开发、利用工作。

2. 服饰提倡

①休闲农业的从业人员应规范着装，强化本土服饰的吸引力。当然，对于非少数民族乡村也存在本土服饰的问题，应该也能够提升出具有村寨特色的服饰。

②进行本土服饰的制作与销售工作，不仅能够解决部分农村劳动力的就业问题，而且通过不断的研制，可以使传统文化发扬光大。

3. 语言保护　本土语言或方言随着大量的人口流动，逐步在退化和消亡，很多“言子儿”已经退出了历史的舞台。在休闲农业的发展过程中，也应该进行相关的普查和整理工作，把语言传承作为旅游开发的一个方面，借旅游开发的东风来推动传统语言、文字的保护。

4. 精神风貌塑造

①结合卫生城市、生态村等精神文明工作的开展，提倡健康、文明的农村新风，营造团结、安定、幸福的乡村风貌，树立健康、乐观、好客的乡村主人形象。

②采用本土化的解说系统，避免商业化味道太浓的宣传策略和宣传材料，营造与城市不同的营销系统。特别注意户外广告、道路解说系统、门牌等的设计和实施。

三、休闲农业环境保育措施

（一）认真做好开发及发展规划

要使休闲农业能持续发展，必须尽力去改善景区、当地社区的发展和旅游业之间的关系。实现这一目标的方法之一就是进行整体规划和区域规划。政府旅游规划中应该界定出一般方法论的框架、旅游发展的宏观经济模式、部门经济政策指导、公共投资在部门经济中要实现的目标等。为了实现就业和创汇，总体规划中应该明确指出旅游服务必须现代化，必须加强旅游基础设施建设；还应强调旅游业部门经济应该有益于农业和经济发展，应提倡旅游文化建设，让居民知道旅游业对当地社区的重要性。

目前休闲农业开发普遍存在的问题是，多数规划都未能考虑到环境问题和社会问题，导致工作模式的扭曲、季节性失业、收入差异和当地自然资源和农业资源的逐步退化。

（二）认真进行环境影响评价和环境审计

环境影响评价又称为环境效应评价，是进行环境预防管理的有效方法。它是对由于实施某些项目而对地球的生物物理环境和人类的健康及福利产生的各种可能后果进行辨识，并在能够实际影响决策阶段向负责该项目的有关人员或机构传递其分析结果的过程。对实施休闲农业而言，主要是确认风险，减少不利影响，确定环境容量，通过研究、管理和监测，以及有效的公众参与过程，提出合理的生态环境措施。

环境审计一般被认为是一个预测企业组织运行过程，以确定其是否依从已制定的环境规章制度、标准和政策，这个过程主要包括评价、检验和证实3个步骤。很明显，环境审计对休闲农业企业管理、休闲农业环境保护也有重要意义。

近年来，新的法律、技术和设备不断出现，使环境保护、管理、规划有了长足进步，随着公众对环境问题日益关注及对可持续发展战略的广泛支持，环境影响评价和环境审计也将为休闲农业的环境保护、规划和管理提供有效方法。

（三）加强对废弃物的管理

1. 减少废弃物量　通过下列措施可以减少废弃物量。

①使用生产垃圾最少且无毒的产品，不能被生物降解的或不能被回收再用的物品不要带入休闲农业园区。

②避免过量订购，大批量地购买食物和原料；避免使用包装过多的物品；尽可能购买使用当地产品（无须运输、较少贮藏、包装垃圾少）。

③再利用物质。最好选择使用耐用消费品，为同一目的再次使用（例如容器、杯子和厨房用具的再使用），为不同目的再次使用（例如脏水可用来浇洒花园）。

④回收物质。回收可以减少乱丢东西，促进资源恢复，还能节约能源。总的说来，休闲农业的物质回收率比家庭用品的回收率低。调查表明，回收最高的是玻璃（57%）和铝制品（55%），其次是塑料制品（31%），报纸（21%）和杂志（10%）回收较少。

⑤不乱丢废物。乱丢的塑料会伤害和杀死动物、鸟和鱼；有毒的物质可能会从被丢弃的物品和容器中漏出而进入食物链等。

⑥为了进行有效的回收，需要对材料分类，应该设置方便的分类垃圾桶，将经营中产生的废弃物开列出来，列出废弃物产生源，列出处理的废弃物数量，估计废弃物处理的成本，说明改进措施和采取的行动。

2. 废弃物最小化的措施

①把废弃材料送到再生利用处理中心，并且把这作为你日常工

作内容的一部分。

②在废弃材料无法就近再生利用的地方，可考虑将一定数量的废弃物捎带回家，并将其投放到家庭所在地的再生利用处理系统中。

③外出旅游时，注意不要擅自处理任何可被很好再生利用的废料。

④把可回收的容器压扁，以便将它们的数量降到最少，此举可减少运输成本，对于那些需要长途运输的废弃物尤其重要。

⑤当场回收有机废弃物的主要办法是通过制肥、蠕虫培植和厌氧消化。

第四节　休闲农业与可持续发展

发展休闲农业，必须走可持续发展之路，才能保证其健康发展。

一、可持续发展的基本知识

1980 年，国际自然资源保护联合会、联合国环境规划署和世界自然基金会共同出版了《世界自然保护战略：为了可持续发展的生存资源保护》一书，第一次明确提出了“可持续发展”的概念。可持续发展是“能够满足当前的需要又不危及下一代满足其需要的能力的发展。”

可持续发展的实质内涵，简而言之就是人类社会的发展要协调好人口增长、资源开发、环境保护与经济递进之间的关系（即所谓 PRED 协调），为区域乃至全球子孙后代创造一个能持续健康发展的基础，从整体上解决人类社会面临的环境与发展的重大问题。综合地看，可持续发展理论体系的核心可概括为“生态环境持续是基础，经济水平持续是条件，人地关系协调是关键，人类社会持续是目的”。可持续发展可概括为：“持续、稳定、适度、协调”。

农业的可持续发展是人类社会、经济持续发展的基础。“可持续农业是采取某种使用、维护自然资源的基础方式，以及实行技术变革和机制性变革，以确保当代人类及其后代对农产品需求得到满足，这种可持续的发展维护土地、水、动植物遗传资源，是一种环境不退化、技术上应用适当、经济上能生存下去以及社会能够接受的农业”。持续农业主要内容包括：强调作物轮作制以减少杂草、病虫害，提高土壤成分的替代来源，减少由农业化学品而引起的水土资源污染的危险性；推广对自然体系、生产者和游客无害的病虫害控制战略，其中包括病虫害综合管理技术，即采取诸如抗性栽培品种、栽培时间的调整，以及病虫害的生物控制等方法减少对杀虫剂的需求；增加机械和生物对杂草控制及水土保持措施，增加有机肥和绿肥的使用；选用对人类、牲畜和环境无危害的高效、低毒和低残留的农药。

1995 年 4 月在西班牙举行的“可持续旅游发展世界会议”通过了“旅游可持续发展宪章”，明确提出旅游可持续发展的实质是“要求旅游与自然、文化和人类生存环境成为一个整体，自然、文化和人类生存环境之间的平衡关系使许多旅游目的地各具特色”。强调“特别是那些小岛屿和环境敏感地区，旅游发展不能破坏这种脆弱的平衡关系”。

上述有关可持续发展与旅游可持续发展的理论要点成为研究休闲农业的依据。这一问题焦点在于，在休闲农业区，到底多大程度依赖于自然环境同时多大程度地限制人工建筑与城市化倾向理论上，休闲农业的可持续发展才是有保障的。按可持续发展要求，休闲农业最终目标在于协调资源保护和旅游发展之间的关系。然而，事实上，旅游开发不当就会干扰这一进程，而反过来将对旅游业提出极大的挑战。同理，要保证其旅游可持续发展，也可能干扰休闲农业可持续发展。

二、休闲农业可持续发展的内容

休闲农业的可持续发展需要考虑的内容很多，一般来讲，若要休闲农业健康持续地发展，就必须要以一个良好的环境、健全的社会、保存完好的文化和不断发展的经济为基础。

1. 环境可持续性　生态环境的可持续发展，指的是休闲农业的发展要与当地基本的生态发展、生物多样性和生态资源的维护协调一致。依赖于自然吸引力的休闲农业不可避免地给环境带来一定的影响，无论这种影响多小或不论游客多么具有环境意识，会带来负面影响是肯定无疑的。

在休闲农业活动中，首先要考虑生态系统的可持续性。以往人们认为自然资源是取之不尽用之不竭的，往往忽视旅游活动带来的环境污染。许多休闲农业开发者急于求成的开发心理，对生态环境造成破坏与污染令人担忧。如果自然生态系统受到污染甚至破坏，不但会使当地人们的生存受到威胁，还会失去对城市游客的吸引力。

在休闲农业发展过程中，要充分考虑当地的自然生态承载力和社会承载力，通过控制旅游容量来避免对自然生态系统的严重影响，以达到自然生态系统和社会经济系统的协调持续发展。

2. 社会可持续性　社会可持续性指的是当地作为一个社区，在一段时期内外部因素（如外来人口）的包容能力，在不影响其正常的功能和关系，不引起社会不和谐的基础上，该社会还能正常地起作用。

休闲农业给社会可持续发展带来的负面影响有以前并不存在的社会分化或加重了已有的社会分化。旅游业在服务者和被服务者之间已经形成了一种错综复杂的社会分工。毫无疑问，旅游的发展会引来这种分化。所以通过对景区容量的计算，环境影响的评估，可持续性指标等工具可使这种分化的影响最小化。

3. 文化可持续性　文化可持续性指的是农村传统文化能够保持和适应使其区别于城市文化成分的能力。注意维护和增强农村社区文化的独特个性。当然城市文化的进入，必然会对农村产生信息、思想意识、科技文化等多方面的积极影响。当地农民通过深入城市文化，会开阔视野，增长见识，美化语言，更新观念，逐渐改变农村旧有的生活习惯，使人们的文化素养不断升华。

实现休闲农业人文环境的可持续发展，一方面要进行有效的宣传，使游客了解当地的风土人情、民风民俗，充分尊重其风俗习惯；另一方面，旅游地的居民也要对自己独特的地方文化有自豪感，不能因为它与城市文化的反差而弃之。

4. 经济可持续性　经济可持续发展是指要使发展休闲农业能够取得一定的经济效益，资源能够得到有效的管理。经济可持续发展要以生态环境的可持续发展和人文环境的可持续发展为前提条件。在休闲农业发展过程中，要适度控制休闲农业经济目标，避免对自然生态资源和人文资源的过度开发和利用。

三、休闲农业的可持续发展对策

事实上，很多休闲农业就坐落在生态环境脆弱带，休闲农业如若没有科学规划与正确的可持续观指导，加之发展旅游对农业生态系统的不同程度冲击，会成为区域环境的危害。因此，在考虑休闲农业的可持续发展时，下面的问题值得重视。

1. 确立可持续经营休闲农业的理念　这是休闲农业可持续发展成功的保证。建议像《关于旅游业的 21 世纪议程》要求那样“保证最高层管理人员对可持续观念的承诺”，并将可持续经营纲领及其目标告之全体职工。

2. 加强引导，科学规划，合理布局　休闲农业是农村地区产业结构调整、大力发展第三产业的重要渠道，各级政府及相关行业主管部门应加强引导，为休闲农业的进一步发展创造良好的制度环境；同时应结合我国农村城市化、现代化发展的战略步骤，对农村地区发展休闲农业进行科学规划、合理布局。

3. 加强管理，指导服务，监督保障　国家应尽快明确行业管理的归口部门，界定管理职责，建立管理规定、服务规范、质量标准、经营许可证等规章制度，并在具体管理中加强服务指导，提供培训、信息、宣传、促销、咨询等公共服务，注重休闲农业经营者的能力建设，为休闲农业的进一步发展创造良好的经营环境。同时，要建立监督和投诉受理、处理机构，纳入社会服务质量监督保障机制。

4. 双重主题的定位与协调统一　双重主题指农业主题与旅游主题。农业主题是在生态原理指导下，开发什么农业产品、开发多少种、农业产品量的问题。相应地，旅游主题定位则应为农业产品文化内涵的开发，而不应冲淡主题。实践证明，双重主题的协调统一与高度凝聚是休闲农业可持续发展的关键。

5. 区内合理功能分区与布局　借鉴一般生态旅游区同心圆空间结构模式，典型的休闲农业园区应划分为农作带、旅游服务硬件区以及环境缓冲带。

6. 项目更新与序次推出　对待旅游区的项目更新与序次推出问题应遵循“不唯市场而唯协调”原则。市场看好时，提倡冷静的忧患意识，筹备新项目，掌握推出时机与前者相隔时段。市场淡出时，不急于扩建人工景点。

7. 建立定期环境监测与预报制度　监测与预报环境项目主要包括游区大气指标、水污指标、噪声指标、废弃物指标以及农作、林、草病虫害指标等。通过定期监测与预报，及时发现问题，随时解决问题，确保环境优良。新项目开发决策之前，要作全面的环境评估。

8. 将休闲农业纳入当地的社区建设中去　旅游开发与社区建设的密切结合，易唤醒当地居民经营观念与生活方式的转变，使居民成为旅游开发的重要力量，真正有益地走向可持续经营之路。

第七章　休闲农业规划与设计

休闲农业规划涉及的学科领域和涵盖的现实问题是相当庞杂而广泛的，资源、客源市场、环境经济、社会等各方面的信息都必须综合考虑和分析。休闲农业的规划设计是进行旅游开发和管理的基础和依据，在休闲农业发展中占据有极为重要的地位。

第一节　休闲农业规划设计的理念与程序

一、休闲农业规划设计的理念

1. *开发与保护并重*　农业的规划设计要以生态经济理论和可持续发展理论为指导思想，以休闲农业的景观为中心，以生态伦理道德为主导，以功能为导向进行景观的生态调控，有选择性地满足游客的需求，进行有计划的空间拓展和适度的开发和建设。园区建设和农业生产经营、休闲体验活动等要与自然和谐共存，在保护、开发、培育资源和环境的过程中实现提高农业的开发利用，确保园区景观的完整性、原始性和生态性。

2. *大力推行社区经营*　当一个休闲农业项目成为业主，周围村民、政府与专家的集体共生时，往往取得经营成功的可能性较大。社区整体发展能更多地将当地文化、景观、生态等各方面的地方资源进行整合，产生一个地方整体发展的规划方案，使园区与当地社区关联，形成产业的丰富性与综合竞争力。台湾休闲农业的园区被赋予了具有地方意义的“社区”理念，社区经营的理念是整合农场、农园、民宿或所有景点，使其由点连成线，再扩大成面，最后以策略联盟方式构成带状休闲农业的园区。并适时开展以结合的

“社区”理念来推动各项工作，从而走在了休闲农业园区规划的前列。

3. 因地制宜，体现特色　因地制宜也可以强化产品的差异特色。休闲农业的规划设计应以当地自然生态农业景观为中心，突出自然野趣、民族气息、历史文化特色，因地制宜地开发旅游产品，科学合理地设计旅游线路。特色是休闲农业发展的生命之所在，越有特色其竞争力和发展潜力就会越强，因此，园区建设要与实际相结合，明确资源优势，保持其垄断性地位。

4. 以农业为本，“农游”结合，适度发展　休闲农业的特点是农业与旅游业相结合，农业资源的妥善应用，是休闲农园经营的基本生存条件。同时，休闲农业为旅游业的发展开拓了新领域，丰富了旅游的内涵，促进了现代旅游业的发展。休闲农业园区要通过两者之间的相互带动，注重“农游合一”。规划设计时要充分利用原有的基础设施和自然景观，开发建设要适度，要注重自然生态景观的原始性、文化的完整性和社区发展的可持续性，讲求经济、环境、社会三大效益的统一。

5. 以生态农业技术为支持　虽然休闲农业不排除现代化的设施种养殖技术，但不应成为主流。以传统精耕细作为基础的生态农业技术可以更好地将休闲农业的多个目标结合在一起，创造更大的综合效益。以生态农业技术为支持的生产体系能提供更丰富的生物景观，能够承载更多的农耕文化，能够让游客更多地参与体验，能够更好地保护与优化生态环境，能够更多地提供农民的就业机会，也能够更好地与农村劳动力的技术水平相适应。

6. 兼顾综合效益　综合效益，尤其是社会和环境效益是政府所追求的目标，也是政府制定扶持政策的依据。经济效益是项目经营业主的主要目标。但休闲农业与纯农业经营有所不同，生态环境质量是旅游吸引力和竞争力的主要基础，维护好经营场所和周边的生态环境质量是实现经济效益的前提。规划设计时要把经济生产融合到园区建设中来，尤其对于各类采摘园来说，采摘的经济效益很高，规划设计要能够使采摘进行得更好，同时注重在非采摘季节吸引游人，更好地提高经济效益。

7. 多样性　休闲农业的经营应以满足消费需求为导向，突出多样化的发展思路。要求在旅游产品开发、旅游线路、游览方式、时间选取、消费水平的确定上必须有多种方案以供选择，同时要求园区品种选择、景观资源配置突出丰富性、多样性的特点。

8. 整体规划、阶段发展　园区建设是一个长期的过程，按照整体布局方案，分步实施、滚动发展，最终实现园区的建设目标。要有计划地依照生态发展规律进行空间拓展，注重各景区、各景点的功能协调，进行统一布局、统筹安排、宏观调控、阶段发展。

二、休闲农业园区开发条件评价

（一）开发条件的构成因素及评价

休闲农业园区开发是一项综合性的社会活动和技术经济活动。它是与农业产业开发和旅游开发相关的众多要素的综合体。

1. 社会经济发展水平　休闲农业的开发必须对其所依托地区的社会、经济条件进行细致而深入的分析，这也是休闲农业进行宏观区位选择的一个参考。分析的内容主要包括 8 个方面：区域总体发展水平、开放意识与社会承受力、开发资金、区域城镇依托、区域水、电、能源、交通和通讯等基础设施情况、区域劳动力保证、物产和物质供应情况、建设用地条件。

2. 客源市场分析与定位　休闲农业的开发首先应该从客源市场分析开始，了解当前的市场需求，根据市场需求来规划设计休闲农业产品。任务主要包括：确定市场的特点及潜在市场的规模，对市场进行细分；从游客的需要和偏爱、最能满足市场需要的设施（规模、数量、质量）、当前消费的热点项目和未来开发引导性项目 3 个方面来对市场进行评估；从休闲农业季节因素、其他旅游点及周边休闲农业园区是否邻近、竞争性经营、互补性经营等诸多方面来分析客源市场的限制因素；根据逗留目的（娱乐、公务、保健等）、地理区位、社会经济水平、人们的旅游观光嗜好等确定休闲农业客源市场。

3. *区位分析与选择* 区位可分为宏观区位和微观区位。所谓宏观区位是指休闲农业园区所依托的城市的区位条件，微观区位是指休闲农业与所依托的城市的联系。微观区位一般有几种含义，一是与城市的距离；二是交通的通达性；三是所处区域的景观、环境、经济条件等。

休闲农业最好是选址在离城市或已形成的名胜旅游区较近，同时又具有十分便利的交通条件的地区，如机场附近、公路沿线、江河两岸的区域。一般的休闲农业与城市中心的距离随城市的大小、交通情况不同而有所不同，特大城市要相对远一些。

4. *自然资源条件分析* 自然条件对观光的影响主要表现在其所在区域的地貌、气候、水文、土壤等因素上。地貌因素决定休闲农业园区地表形态，从而影响到园区的可进入性和景观的丰富程度，气候因素影响休闲农业园区所在区域的生物种类和分布，从而在某种程度上决定了园区的景观及其季节演替。休闲农业园区所在地区的综合自然条件在一定程度上确立了其开发类型和方向。

5. *农业基础分析* 区域的农业基础对休闲农业开发的影响也很重要。农作物的种类、产量和商品率等对休闲农业的开发都呈正相关关系。此外，主要农副产品生产供应的种类、数量和保障程度对休闲农业开发也有较大的影响。因此，开发者在规划休闲农业项目之前，应对依托地区的农业基础进行仔细的分析和研究，结合自然资源条件，确定休闲农业开发的主要方向。

6. *旅游发展基础分析* 休闲农业的开发与本地区内旅游发展的基础密切相关。有良好旅游发展条件的地区，其旅游业的发展带来大量的游客，才会有较多的机会去发展休闲农业。在分析区域旅游发展基础时，应着重考虑农业旅游资源的类型、特色、资源组合、资源分布及其提供的旅游观光功能，同时注意外围旅游资源的状况。

7. 同业协作与竞争态势　在园区规划和项目设置时，要充分考虑本区域内同业项目的状况，展开合作生产和联合营销的可能性，以及竞争发生的可能性和避免措施。

8. 经营人才匹配条件　休闲观光农业要健康持续发展，人才的培养不容忽视。目前，发展休闲农业园区项目的区位条件较差，经济相对落后，经营人才普遍较为缺乏，应该在园区筹建时就开始进行人才筹备。可以一方面采取走出去、请进来的办法和长短结合、内外结合的方式，认真抓好员工培训，提高项目质量和服务水平。另一方面要利用高等院校教育的优势，加强休闲农业的相关研究和人才培养，为休闲农业发展提供持续动力。

9. 政策导向　相关产业政策对休闲农业的规划产生举足轻重的影响，形成开发的软环境。在规划时要很好地研究政府的政策文件，对政策研究的重点是分析与本规划区有关的政策倾向、解决措施以及投资引资的办法，包括会议纪要、指示、文件等，充分透析政府的决心和意图，并要很好地渗到规划中去。至少应分析以下几方面的政策：农业、旅游业、社会经济发展方面（优惠政策）、专门的指示、纪要、文件等。

10. 周边社区人文环境　周边社区人文环境条件主要包括政府及当地居民对旅游开发的态度、社会治安情况、开放程度、民俗风情等。要延续休闲农业园区的生命力就必须不断提升区域内的文化内涵。因此，在园区规划设计时要考虑周边社区的人文内涵，有效地利用人文环境。

（二）休闲农业的开发条件 SWOT 分析

SWOT 是优势（Strength）、劣势（Weakness）、机遇（Opportunity）和挑战（Threat）4 个英文单词的缩写。SWOT 分析法，是目前国际上通行的条件综合分析法，它通过对资源地发展旅游业所具备的优势、机遇及所面临的弱势和挑战等进行综合分析，来确定该地发展旅游业的战略措施和其他原则性问题。

科学地进行 SWOT 分析，将有助于制定科学的发展目标与发展规划。其中，优势、劣势是分析自身的条件，对休闲农业开发的资源条件、要素投入、市场份额、经营管理等方面进行分析，以明确和把握休闲农业开发的比较优势和存在不足；而机遇和威胁则是分析外部的条件，重点是对市场供求、竞争对手、环境变化、发展趋势等方面进行分析，以找出休闲农业产品开发的机遇和潜在市场，同时明确休闲农业产品开发面临的竞争和挑战。

把 SWOT 分析方法运用于休闲农业园区规划和制定旅游发展战略时，对于了解园区运行和发展的各项影响因素，是一种切实可行的研究方法。休闲农业园区的发展既具有自身的优势和劣势，又面临着外部环境所给予的机遇与挑战。

要开发的休闲农业园区项目，其优势一般有优越的自然环境、良好的区位条件、雄厚的经济基础、多元的投资体系、畅达的交通网络、完备的基础设施、发达的高新科技以及政府的大力支持、居民盼开发的高涨热情、休闲农业的区域布局已具雏形等等。但不同的园区项目，其优势条件的构成可能有一定的差异。

劣势一般有项目所在地人均耕地面积少，用地矛盾突出；自然灾害时有发生，休闲农业资源面临威胁；旅游大环境部分环节薄弱等等。这些情况在经济发达地区，也有不同程度的存在。

休闲农业园区建设和开发的机遇一般有产业政策等宏观环境为休闲农业园区的开发提供契机；休闲农业的发展适应了城市居民对自然生态旅游的偏好。

休闲农业园区的建设和开发也必须正视一些存在的挑战：来自本区域及周边地区的同业竞争和其他类型旅游产品之间的竞争。

通过 SWOT 分析，来确定休闲农业发展的方向、目标和为实现既定目标而采取的战略，这是在规划的战略选择阶段所要完成的任务。因此，发展战略主要是在 SWOT 分析的基础上解决 3 个关键性问题，即发展方向、发展目标、战略选择。

三、休闲农业规划设计的程序

休闲农业的规划设计与其他规划设计一样，是一项系统工程，需要旅游开发管理部门、环境保护部门和公众的参与和合作。

（一）立项与调查阶段

1. 论证与立项　该项工作主要由当地政府或其他主管部门提出，邀请有关专家学者进行科学的可行性论证，在开发项目上马之前，应进行科学的可行性论证，综合分析农业旅游资源条件、交通区位条件、居民收入消费水平和市场需求。考虑是否有作休闲农业规划设计的必要，如有必要，可制定休闲农业规划设计的工作方案。论证完成后，向有关部门提出报告和申请，进行休闲农业规划设计立项并落实经费。

2. 组织规划设计队伍　休闲农业规划设计队伍包括生态学、农业、园林、土地规划利用、环境保护、地理、旅游经营管理、社会学、人类学、建筑工程等方面的专家和政府官员，并积极吸收当地社区公众参与，通过分工，明确各自承担的任务和职责。

3. 提出规划设计任务书和大纲　主要内容包括：设计区的基本情况、所需技术资料和图件资料、专家系统、工作的主要内容，以及时间安排和经费预算等。

4. 资料收集与分析研究　首先商请相关部门（农业、林业、园林、城建、环保、交通、通讯、旅游等）提供所需的相关资料，然后进行二手资料的收集与分析研究，尽可能利用原有的旅游、生态、环境调查资料以及地方志和一些相关资料，从中发掘有价值的内容，找出一些存在的问题。

5. 实地调查研究　完成资料收集与分析研究后，设计组必须到设计区实地考察，特别是对有较大开发价值的景区、景点的资源、环境及社会、文化、经济等状况的考察，并进行记录、拍照和摄像。

（二）评价与规划阶段

1. 旅游地“文脉”分析 “文脉”指的是旅游地的自然地理基础、历史文化系统、社会心理沉淀、经济发展水平的四维时空组合，是一个地区旅游发展的基础，在休闲农业规划时，要认真把握其“文脉”特色，既考虑与“文脉”相顺应协调，也可突破“文脉”出奇制胜。

2. 旅游资料及可持续性评价 在对资源进行调查的基础上，根据休闲农业市场的需求特色，着重评价资源的特质、价值与功能、规模等级、地域组合特点及环境的容量等，明确资源的引向性及开发利用形式。

3. 确立旅游地的性质和发展方向 应根据规划设计区域的自然风光特色、农业基础、风土人情等，对休闲农业园区进行性质定位，以确立该区域的主要发展方向。

4. 旅游形象的策划 根据市场导向与资源导向相结合的原则，在维持其生物、景观、物种多样性和资源利用可持续性的前提下，确定休闲农业园区的功能地位和开发建设主题，构建整个休闲农业园区的旅游形象，围绕该主题形象进行旅游规划设计。

5. 拟定总体规划设计方案 主要包括规划设计思路、空间总体布局、功能分区、环境容量、生物多样性及环境保护等设计。在进行规划设计时，既要考虑总体空间布局的和谐统一与突出主题，更要考虑功能分区，避免旅游活动对资源和环境的破坏，同时为了分流游客，使资源能优化利用，还要对各功能区进行敏感性分析，测算其容量，以保护生物多样性和环境。

6. 对各功能区的开发建设和项目设置进行规划设计 各功能区的规划设计既要与整个区域的旅游形象相协调，并有助于主题形象的凸现，同时还要突出各功能区自身的优势与特色，发挥各功能区自己的功能与作用。

7. 对专题活动项目及特色的规划设计 休闲农业园区必须有与自己特色相适应的专题旅游活动项目，如××花节（会），观××节等，以造成一定的声势和影响，提高知名度和影响力，促进休闲农业的进一步发展。

8. 对分阶段实施项目及目标的规划设计　出于对休闲农业资源和环境保护的需要、开发建设筹措资金的需要，也为了旅游地能不断推出各种旅游产品，延长旅游地的生命周期，需要制定分阶段实施的项目及目标。

9. 提出可持续发展管理对策　如生态环境教育管理，有效的管理方式、方法与技术，政策上的引导、经济上的调控等。

10. 形成规划设计文本及图件　在规划设计中，可能会形成多种方案，应根据区际关系、内部关系、方案的可操作性、效益等方面进行对比，筛选出最佳方案，必要时召开专家咨询会，集思广益。

（三）实施与管理阶段

1. 规划设计文本及图件的修改与审定　对提供的规划设计文本及图件先在旅游地内部进行意见征询或初审，邀请主管领导、各相关部门及有关专业人员发表意见，根据意见对其进行修改，然后提交专家组评审，再根据专家组意见进行进一步修改、完善，形成最终文本及图件，报请相关部门批准后实施。

2. 资金筹集　由于受资金条件的限制，加上缺乏合理的规划和引导，不少休闲农业园区，功能设计简单、重复，缺乏特色和吸引力，活动内容相似，创新很少。多渠道地筹集发展资金是休闲农业开发的核心问题。

（1）增加政府导向性投入　当地政府应通过先期投入和引导投资，营造良好的客观环境，为多元化投资创造条件。

（2）开辟多元投融资渠道　社会化投入和多元融资是休闲农业纵深开发的重要途径和市场经济下旅游产业发展的必由之路。调动全社会的力量，走社会开发旅游、社会办旅游的路子；利用股份有限公司为载体，通过增资扩股等资本营运方式，吸纳各主要景点为战略伙伴，最终组建旅游开发股份有限公司，达到上市目的，筹集巨额资金，进行深层次的开发；采取“筑巢引凤”的方法，吸引国内大公司、大企业、大集团的投资。

（3）建立休闲农业发展基金　通过专业旅游投资基金管理公司的规范运作，为居民开辟新的投资渠道，扩大休闲农业开发项目的资金来源。从旅游企业的营业收入中收取一定比例的经费来建立旅游发展基金，所收经费在成本费用中列支。旅游发展基金征收的范畴、方式和数额根据各地情况而定。经费主要用于市场开发、促销及调研，旅游产品的开发和行业组织活动，资源开发导向以及旅游人力资源开发等。

3. 土地流转与使用

（1）严格控制休闲农业土地农转非的审批　目前各地在建设休闲农业项目时，对土地非正常利用的情况比较严重，主要表现是随意改变土地的使用方向，导致休闲农业土地的非农化倾向非常突出；大片土地被休闲娱乐用地、住房用地、停车场地、交通用地等非农设施占用，导致大量耕地被改变了使用方向，造成对农业可耕地的“蚕食”。

根据目前土地农转非审批上存在的问题，有必要采取以下措施：在宏观上对可耕地转为非耕地数量实行指令性的指标控制，用绝对指标进行遏止；在项目建设之初，进行可行性研究和规划设计时，土地管理部门就制定耕地与非耕地的比例范围，从源头上遏止可耕地数量的减少。

（2）建立健全耕地占用的补偿机制　对耕地占用数量进行直接对等补偿，即占用多少耕地就相应通过开垦和复垦取得同等同质的耕地作为补偿；如不具备直接对等补偿条件，可通过交纳土地作业税和土地补偿费等形成耕地占用的补偿占用基金，用于土地后备资源的开发与现有耕地的改良。积极推进农村社会保障体系的建设，为农民解除农用土地转让的后顾之忧；加快解决农村剩余劳动力的转移问题，促进农用土地的合理流转。

（3）积极探索实现土地流转的途径　采取动员、启发、开导、典型示范等方式，鼓励当地农民积极参与休闲农业开发。在景区开发和配套工程的建设中，可采取“土地入股”、“劳动入股”的方式来进行，将农民的土地和劳动投入转化为资金投入，在旅游业产生经济效益后，凭股份参加分红，从而提高农民参与旅游开发的积极性，并使他们在旅游开发中获得更大的收入份额。

4. 开发建设及宗旨　根据休闲农业规划设计方案，对旅游地进行开发建设，在开发建设中，应遵循下列宗旨：

①结合农业和新农村建设，实施农村经济结构战略性调整，以农民收入持续增长为指导，充分发挥地域优势。

②以提高经济效益为中心，要求项目不能办成城市事业型的园林公园，农业产品生产应占较大比重，应不断引进名、特、优、新、稀品种和先进的技术、管理。一方面提高农业产业结构的层次，另一方面满足城市及农村居民对名、特、优、新、稀品种的观赏、采摘、品尝和学习要求，进而能够产生较强的示范、辐射、带动等社会效益。

③按绿化美化思路从整体上精心设计，把城市园林绿化和公园的建设风格与农业生产、农家生活、社区文化娱乐活动等内容有机地结合起来，形成集农业生产、观光旅游休闲和文化娱乐于一体的现代休闲农业园。

④市场定位应以城市（镇）居民为主，农村居民为辅。据此进行项目内容的选择与合理搭配，突出农业活动的可观赏性、可参与性及文化、生态优势。

四、休闲农业线路的开发设计

休闲农业线路是旅游产业的重要组成部分，是休闲农业产品的主要表现形式。主要由吸引物、交通、住宿、娱乐、购物等设施及其服务要素组成。

（一）休闲农业线路的类型

目前对旅游线路的分类方法很多，根据游客的目的及旅游方式可将休闲农业线路分为以下两类：

1. 观光游览型线路　这种线路以观光游览为主，同一线路上串联的景点较多，景点类型多样，游客在每一景点的滞留时间相对较短，旅游活动安排较为紧凑，游客获得的是一种综合体验，体验程度一般不深。这种线路对涉及的时间、空间、旅游活动、设施搭配等方面要求十分严格，应科学设计、妥善安排。

2. 体验参与型线路　这种线路主要考虑的是游客在某些方面的体验效果，串联的景点（体验区）较少，旅游活动相对较为松散，耗费时间较长。游客自由活动余地大，很多甚至是间隔性的旅游，大多数休闲农业线路应设计为这种类型。

（二）休闲农业线路的设计原则

1. 主题突出原则　每一条线路应具有自己的特色，形成鲜明的主题，并在食、住、行、游、购、娱等方面选择相对应的表现形式。

2. 市场导向原则　在旅游允许的范围内，尽可能地满足游客的需求。针对市场需求，注意季节波动，保持客流平衡，合理搭配旅游热点、温点和冷点。

3. 注重游客行为分析原则　线路设计中，应充分考虑游客行为特征，设计出符合游客行为规律的线路。

4. 环境保护和环境教育原则　线路设计要用于环境保护和环境教育，这是最为基本的要求。

5. 用于展现景点风采和充分发挥景点功能原则　线路设计中在景点串联和时间安排上应充分利用最好最佳观赏时间和功能的最佳发挥时间。

6. 合理安排顺序和节奏原则　线路设计应考虑游客的心理、体力、精力状况，注意人体生物节奏对游览心理和体验效果的影响，并以此安排旅游的顺序和节奏。

（三）休闲农业线路的设计步骤

①确定目标市场的成本，这决定了线路的性质和类型，涉及开发导向的问题。

②根据游客的类型和期望，确定组成线路内容旅游资源的性

质、类型及空间分布格局。

③根据组成线路的资源环境保护目标，结合上述两个步骤的背景材料，对相关基础设施和专项设施进行分析，设计出若干可供选择的线路。

④根据专家咨询及试验分析，选择最优的线路。

⑤信息反馈及线路优化调整。

五、休闲农业设施的开发设计

休闲农业设施的开发设计体现在尽量利用自然能源，如太阳能、水能、风能；尽量利用本地材料，如石料、木料；鼓励采用步行、骑自行车等不污染和不破坏环境的交通方式。

（一）休闲农业基本设施的开发设计

休闲农业基本设施的开发设计是保证旅游活动得以进行的基本条件，主要包括道路、房屋、水电、通讯和卫生设施。

1. *道路*　休闲农业园区的道路设计首先考虑的是保护环境和游客的旅游效益，所以，一般主要设计为人行小道、栈道、马帮道，即便设计了公路，也主要使用无污染的电瓶车。道路是景观中的廊道，具有通道、屏障或过滤、生境、源和汇 5 个基本功能。在休闲农业景观的道路规划设计中，应充分考虑这些功能。

（1）车行道设计原则　为了使休闲农业园区内的人为影响减至最小，设计车行道时应考虑如下原则：

①道路不应很突出和显眼，应该尽可能使用原有斜坡、树木、小山等自然地形特征，与地形、地貌相一致，并有利于水土保持。

②为了不影响风景，游路不宜修在山脊上，应修在较低的山坡上，还要尽可能地远离旅游景区和生态脆弱区。

③最好修筑连续的单环线，路的一侧有停车设施，供一组建筑物共同使用，而不要修建双线。

④设计停车场时，应把那些影响修路的植物和土层分门别类地移走，等完工后应该原样恢复。

⑤尽量不要铺设清一色的沥青路、碎石路或水泥路，特别是绿色或红色路面。太亮的颜色或不自然的颜色组成的方块图案或大于60厘米的图案等都要避免。

⑥可沿游路悬挂标识牌，提示游人欣赏自然环境和美景，明确行为准则。

⑦路面宽度应降至最小。

⑧要配套设计交通枢纽中心和公共交通系统。

（2）人行小径的设计原则　人行小径是进入、环绕和穿越景区的路径。人行小径的功能除了可使游人进入景区外，更重要的是使游人和环境特征巧妙地融合在一起。在规划时要注意以下的原则：

①人行道可以选用板石、人造石或水泥板铺设，但不能大于60厘米，色彩应自然，最好是裸露的骨材或表面经向有裂线的材料。

②要对人行小径穿越的地区进行仔细的勘察，对景观、自然特征和人文特点进行分门别类的调查，列出脆弱的特征并估计游客的环境影响，要考虑到坡度的长度、水土流失和拟采取的控制措施，尽可能地沿用原有小径。

③人行小径的位置要有利于欣赏风景和该地风景特征，应该避开对自然背景的阻挡或遮蔽。选材、布线等应该既要考虑到土壤类型、基岩、挖掘、坡度、排水等技术标准，也要考虑到景色、与地形的一致和人们的兴趣特点等审美标准。步行区的所有障碍物要清除，悬吊的树枝要砍至2米高。但不要砍大树，不要让土壤裸露。

④尽可能使小径有弯道，不要使其笔直。最理想的是人行小径的起点和终点相近的单环线。设计人行小径时，要避免游客走回头路，如果一定要走回头路，必须要符合地形。要避免看得见的小转弯和看得见的环路（以免游人走捷径或踩出很多小路来），不要有陡峭的悬崖和泥泞之地。采用的坡度应在15°～17°的范围内（在这一坡度内修建小路时，挖掘量、水土冲刷量均最小，地质稳固、排

水容易)，小径排除的水不应沿着人行小径流。

⑤人行小径应有能让人舒适行走的宽度和平坦度，避免陡坡、泥泞和有形障碍物。

⑥休息处要有简易长凳，小溪交汇处或峡谷处要搭桥，在岩石上可凿台阶。

⑦人行小径要干净，维修良好。小径入口处和休息处可设垃圾桶，小径上的植被和杂物要定期清理。

2. *房屋* 休闲农业尽量少建房屋，更不允许城市化的宾馆饭店进入。必需的房屋可以建造，但建筑风格应与当地文化和环境协调；建筑体量不宜太大，以掩隐在树丛中为宜；建筑材料尽量就地取石料、倒木等；为体现保护，尽量少用和不用工业用漆。

3. *水电和通讯设施* 休闲农业园区的水源供应一般就地取材；电能尽量用自然能，因地制宜地搞小型水电站；通讯设施必不可少，但有一点必须注意，这些设施的管线要尽量埋于地下，掩于树丛中，避免视觉污染。

4. *废弃物的处理设施* 这里的废弃物主要是指固态和液态废弃物，因气态废弃物可通过其他措施，如限制燃油汽车、食宿设施的进入来解决。固态废弃物，即垃圾，其处理步骤是分类收集，在适当的位置安置有机物和无机物分开的垃圾筒，然后集中运到一个地方加以处理，杜绝就地堆放和深埋。液态废弃物主要指游人的大小便，主要通过修建生态厕所来解决，如国外流行的免冲干式卫生间等。

（二）休闲农业生态解释系统的开发设计

为了使游客在旅游活动中提高环境意识，旅游区需要设计一些特殊设施，如游客中心、标牌系统，同时各地根据其需要还可设计展览馆、陈列室、影视厅等，这种设施称作生态解释系统，又叫做环境教育特殊设施。

1. *游客中心* 游客中心应该是每个休闲农业园区必不可少的基本设施，一般设在入口处，主要是帮助游客了解景区内的基本情况，购买各种必需品和资料，为游客解决困难的一个咨询服务综合性设施。国外一些国家公园的游客中心往往配有多媒体演示设施，让游客在进入景区之前就对整个景区的概貌、景点和线路有形象的了解。游客必须的导游图、导游手册、必要的装备及纪念品均可在此买到。

2. 展览馆　将景区内的图片、实物展示出来，图文并茂地让游客了解景区内的自然科学知识，人与自然的关系，从而启迪游客的环境保护意识。有些地方的展览馆并入到游客中心。

3. 陈列馆　把景区的重点项目、详细资料及生产产品陈列介绍给游客的设施，不少地方与展览馆进行合并。

4. 影视厅　向游客放映介绍景区内的主要景点及保护自然的录像带、影片等。为达最佳效果，有的地方采用高科技、立体效果极好，使游客有身居其境惊心动魄的感觉。

5. 标牌系统　在景区内适当的位置设计标牌，图文并茂地向游客介绍景区内的自然现象、保护环境的宣传口号。

（三）休闲农业生产设施的开发设计

为了方便游客同时也向游客展示自然农业生态系统的能流物流规律及当地传统生产工艺，一般是休闲农业园区设一些生产小部门，如利用景区人畜粪便发展的生态农场，不用化肥和人工饲料的果园、菜地、鱼塘等，符合生态规律、清洁生产的要求。还可在景区内建设生产当地特色旅游商品的小作坊，游客在此可集参观和购买为一体。

第二节　休闲农业规划设计的模式

一、休闲农业的开发模式

休闲农业开发模式是多种多样的，不论用何种模式，都应充分利用现有资源，解决和处理好与村民的利益冲突，提高村民对旅游开发的积极性和长久支持力度。

1. 政府投资开发的公有模式　这种模式适合产业规模小、人口少的区域，它需要政府有大额资金投入，政府与村民集体的关系也需要处理好。

2. 政府协调，投资商独资模式　这是一种开发商出资金、村民出资源的合作方式，由政府协调开发商与当地村民的关系，同时成立管委会。

3. 村委会与投资商合作开发模式　这种开发模式没有充分发挥政府的主导和引导作用，弊端较多。开发商和当地村民所承担的风险都较大。没有政府作保障，开发商与广大村民心理部不踏实，缺乏稳定性。

多数国家把休闲农业作为政治任务或公益事业来发展，把社会效益（比如扶贫、增加就业等）放在经济效益之上。按照政府对休闲农业的干预程度，可分为三类：①高度干预：希腊、爱尔兰和葡萄牙等国，政府参与规划、经营、管理与推销；②少量干预：法国、意大利、比利时等，政府参与规划，提供制度保障与财政支持；③很少干预：英国、德国等，只对自然生态保护方面进行干预。

二、休闲农业发展的阶段模式

休闲农业作为一个新兴的旅游项目，首先起缘于大中城市周边地带。在发展过程上，可描述为3个阶段及相应模式（表7-1）。阶段是与特定的经济基础相对应的，开发式的休闲农业项目，最有可能的是在旅游业具有相当基础的大中城市周边出现。

表7-1　休闲农业发展的阶段模式

阶段模式	发展阶段	旅游主题	主导者	市　场	市场消费强度
自发式	早期萌芽阶段	不明确，仅作为休闲调剂	自发形成的个人或小群体	①供求关系模糊；②个人需求导向	<30元/（天·人）

（续）

阶段模式	发展阶段	旅游主题	主导者	市　场	市场消费强度
自主式	初级经营阶段	有一定的主题和活动安排	中、小旅行社主动参与经营	①以短期赢利为目的； ②产品导向	90±30元/(天·人)
开发式	成熟经营阶段	有明确的主题和系列活动策划	大型（旅游）企业集团开发与经营管理	①以长期投资收益为目的； ②项目投资导向	>120元/(天·人)

三、休闲农业的依托模式

不是所有的乡村地域都可以开发休闲农业的，它必须依托一定的地域和特殊资源进行发展。地域模式代表的是同一阶段休闲农业在不同地域空间上的表现。通过对我国现阶段休闲农业开发项目的对比，其主要的类型可归纳为两种地域模式（表7-2）、4种地域环境（表7-3）。

表7-2　休闲农业开发的两种地域模式

模式	区位及目标市场	特　点	管理形式
依托自然型	①距大中城市20千米以外，但交通便利； ②以多个大中城市为目标市场；	①农业基础较好，地貌类型齐全； ②以独立完整的农业自然景观单元为依托； ③范围广阔，6千米^{2}左右	①基本保留原有的农村各级组织； ②分散管理； ③接近原生自然
依托城市型	①距大中城市10千米以内； ②以一个大中城市为目标市场	①借助一定的农业基础； ②主要通过人工构造农业景观，以某一大中城市为依托； ③范围较小，<2千米^2	①独立封闭的行政组织； ②集中管理； ③更接近人工主题公园

表 7-3　休闲农业开发的 4 种地域环境

依托环境	区位条件	主要特点	客源市场	旅游目的
都市郊区	大都市郊区城市延绵带	一定产业化程度的观光农业和民族文化村	都市居民、长住都市的境外人士	休憩、度假、观光、购物
景区边缘区	风景区周边乡村	山水风景之中的田园风光和传统农耕活动	来风景区旅游的游客，境外自助游客	观光、体验、旅游
特色村寨	具有特色民俗文化的乡村	有特色建筑群和淳朴的民风民俗	以城市居民为主的游客，境外游客	观光、求知、体验、访问
特色农业基地	有特色农业的乡村地区	特色蔬菜、瓜果	以城市居民为主的游客	观光、购物、劳作

四、休闲农业的结构和功能模式

目前各类休闲农业园区的设计创意及表现形式各有不同，但功能分区主要体现“绿色生产、生态文化、农游合一”。

（一）功能分区的原则和依据

1. 提供乡村空间　即利用自然或人工营造的乡村环境空间，向游客提供逗留的场所。主要有 3 种尺度：大尺度为田园风景观光；中尺度为农业公园；小尺度为乡村休闲度假地。

2. 提供体验交流的场所　即通过具有参与性的乡村生活形式及特有的娱乐活动，实现城乡居民的广泛交流。形式有：乡村传统庆典和文娱活动、农业实习旅游、乡村会员制俱乐部。

3. 提供农产品交易的场所　即向游客提供当地绿色农副产品。主要形式有：产品销售（可采摘型果园、农产品直销点、乡村集市）和食宿服务。

（二）典型功能分区和布局模式

休闲农业典型的功能分区和布局模式如表 7-4 所示。

表 7-4　休闲农业的功能分区和布局模式

场所分区	所占面积	构成系统	功能导向
观赏区	50%～60%	①观赏型农田带、瓜果园、特菜园； ②珍稀动物饲养场； ③花卉苗圃	使游客身临其境感受真切的田园风光和自然生机
示范区	15%～25%	①农业科技示范； ②生态农业示范； ③科普示范	以浓缩的典型，传授系统的农业知识，增长效益
休闲区	10%～15%	①乡村民居； ②乡村活动场所； ③垂钓娱乐	营造游客能深入其中的乡村生活空间，参与体验并实现精神文化交流
产品区	5%～10%	①可采摘的直销果园； ②乡村工艺作坊； ③乡村集市	让旅客充分体验劳动过程，并以亲切的交易方式回报乡村经济

休闲农业的功能分区应突出主体，注意规划动态游览与静态游览线，保护农业环境。

（三）三区结构模式

休闲农业空间布局模式为自然风光布局，形成“三区结构模式”。核心（C）是严格保护的生产区，限制或禁止游客进入；中心（B）是观光娱乐区，生产结合参观、采摘、野营等活动，并设立服务设施；外层（A）为服务区，为游客提供各种服务，如饭店、餐厅、商店或娱乐设施（图 7-1）。

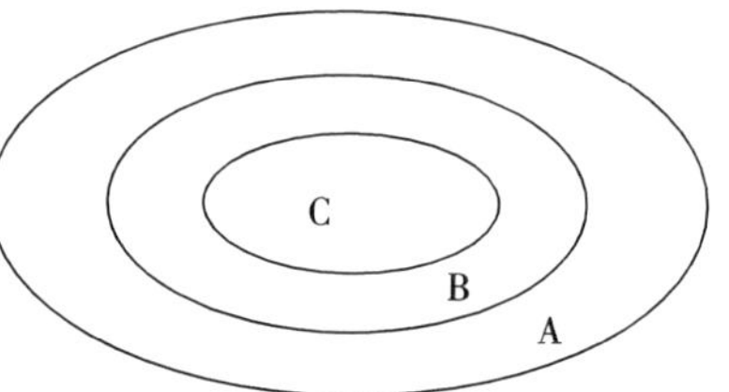

图 7-1　三区结构模式图
A. 旅游服务区　B. 农业观光娱乐区
C. 农业专业生产区

五、休闲农业的产业组织模式

（一）企业带动型

这种模式的特点是：以具有较强的资金、人才、技术实力和较高的生产、经营能力、管理水平并占领一定销售市场的企业为龙头，以乡村资源为基础，围绕休闲农业产品，一体化经营，一条龙服务，从而带动农户参与发展，这些旅游企业不仅是连接国内外市场和乡村以及休闲农业产品的中介，它们还推动了休闲农业的产业化发展。这种产业组织模式具体表现为以下几种：

1. “企业＋农户”　适当引入市场运作的机制，将农户统一纳入企业进行经营管理，农户作为企业的员工，经过专业、系统的培训后，一边进行正常农业劳作，一边经营规范的旅游接待业务。

2. “企业＋社区＋农户”　公司先与当地社区（如村委会）进行合作，通过村委会组织农户参与休闲农业开发。

3. “企业＋大户”　当前一些体制和政策，不能适应这种模式发展。其中最突出的是土地承包到户，阻碍了集中成片的规模化种植。

4. “政府＋公司＋农民旅游协会＋旅行社”　由政府负责休闲农业的规划和基础设施建设，优化发展环境；休闲农业公司负责经营管理和商业运作；农民旅游协会负责组织村民参与地方戏的表演、导游、工艺品的制作，提供住宿、餐饮等，并负责维护和修缮各自的传统民居，协调公司与农民的利益；旅行社负责开拓市场、组织客源。这一模式的特点是发挥旅游产业链中各环节的优势，通过合理分享利益，避免了休闲农业开发过度商业化，保护了本土文化，为旅游可持续发展奠定了基础。

（二）主导产业拉动型

这种模式的特点是：因地制宜，以当地乡村的传统产业和拳头产品为基础，加大投入，扩大生产规模，提高产品质量，并以此来拉动旅游企业和农户、农（林）场，注重发挥主导企业资产、人才、技术和市场占有的优势，构建产业群、加粗产业链，形成各具特色的小区域经济，从而优化产业和产品布局，加快产业结构升级，形成某种特色产品基地。

各乡村选择适合自己发展的主导产业，按照高标准、高科技、高效益和新机制的要求，综合规划，连片开发，建设优质农产品商品生产基地，实行专业化、规模化生产，体现“比较优势”，发挥特色示范区和示范带的辐射带动作用，并以此开展休闲农业活动项目。

（三）农庄经济聚合型

该模式是以规模农业个体户发展起来的，以“旅游个体户”的形式出现，通过对自己经营的农、牧、果场进行改造和旅游项目建设，使之成为一个完整意义的旅游景区（点），并能完成旅游接待和服务工作。

这种模式的特点是，以城乡的经济能人或外地客商为依托，以本地的土地资源为基础，以发展集种、养、加工、销售为一身，融合旅游与农林为一体的庄园经济为目标，通过庄园开展立体种养的示范、辐射作用，带动附近几户乃至数十户农户，逐步扩大种养规模，增加适销对路的种养新项目，形成松散型的利益共同体。

还有延伸的“示范农户＋农户”模式，在离市场有一定距离的乡村，农民对企业介人旅游开发有一定的顾虑，大多农户不愿把资金或土地交给公司来经营，他们更信任那些“示范户”。在他们的示范带动下，农户们纷纷加人旅游接待的行列，并从示范户学习经验和技术，在短暂的磨合后，就形成了“示范农户＋农户”的开发模式。

（四）生态经济型

该模式就是发展无污染的清洁农业，遵循生态学原理，按照生态规律全面规划、总体协调，建立一个高功能人工生态系统的高效益农业，进行良性生产，从而发展休闲农业。

1. “生态养殖”模式　该模式是以畜牧业和家禽养殖为主导，以此带动旅游以及其他相关农村经济产业的发展，形成环境与农村经济发展的良性循环，从生态学的角度来看，畜牧业、家禽养殖的发展才能完成植物—动物—人这样的生态链。从产业功能角度来说，畜牧业的产业链可以延伸得很长，可以促进和带动农村许多相关产业。

2. “环境经济”模式　该模式是以林业为先导，形成环境与经济发展的良性互动，在环境治理过程中开发农林业和旅游业。客观地认识和运用自然规律，科学地开发和利用自然资源，积极地保护和改善自然环境，是21世纪农业和农村经济可持续发展的“重中之重”。这种模式特别适宜于林区农村发展休闲农业。

3. “生态经济滚动”模式　该模式是以家庭为基础，以承包的土地为依托，以沼气为纽带，发展“养殖—沼气—种植”三位一体的乡村生态农业经济，从而开展休闲农业活动。广大农户通过优良的环境、优质的产品和诚实守信的吸引力，与外地包括国外的客商建立起比较稳定的供销关系，发展休闲农业活动，也相应地促进了本地农民供销队伍的发展。逐步增加生态农业经济投入，扩大种养规模，根据市场需求调整产品结构，形成农林产业化小单元。这种三位一体的生态农业经济模式，不仅改善了农村的生产条件和生活环境，提高了农户的经济收入和生活质量，而且能为当地的旅游业和旅游经济注入生机与活力。

（五）对内联合型

为了合理地开发旅游资源，保护休闲农业的生态环境，可以根据资源的产权将休闲农业资源界定为国家产权、乡村集体产权、村民小组产权和农户个人产权4种产权主体。在开发休闲农业时，可采取国家、集体和农户个体合作，把旅游资源、特殊技术、劳动量转化成股本，收益按股分红与按劳分红相结合，进行股份合作制经营。通过土地、技术、劳动等形式参与本社区休闲农业的开发。

第三节　休闲农业景观及规划设计

就景观生态学而言，任何形式的农业活动都必然落实在具体的地域空间上，构成各类农业景观，这种空间特征，是应用景观生态学原理和方法于休闲农业景观规划和设计实践中的基本前提。同时，休闲农业景观规划和设计的最终成果也必然表现为空间格局合理的具体农业景观。

一、休闲农业景观类型及特征

（一）休闲农业景观类型

以中小尺度来衡量，一般休闲农业的景观类型包括自然景观、农业景观和人文景观。

1. 自然景观　严格说，自然景观是未经人类干扰和开发的景观。事实上，纯粹意义上的自然景观已经变得越来越少。因此，这里说的自然景观是指基本维持自然状态、人类干扰较少的景观。

（1）山地景观　山地景观是休闲农业景观资源中的重要组成，包括高山、低山、丘陵、岩溶、峡谷景观等。

（2）水景观　以水流或水体作为主体的景观，包括河流、湖泊（包括人工水库）、溪水、瀑布、泉水等。

（3）植被景观　植被是流域生态系统的主体。

（4）特异自然景观　特异自然景观不一定以其美感吸引人，而主要是以奇异、罕见和特有的科学价值来吸引人。

2. 农业景观　总体上讲，农业景观是休闲农业景观的主体部分，是人类活动对自然的开发利用形成的自然—人文景观的综合体。农业景观主要有以下类型：

（1）农田景观　农田景观是流域内的最基本景观，通常由几种不同的作物群体生态系统形成的大小不一的斑块或廊道构成。

（2）防护系统景观　从事农业生产使得人们走向平原，在较小的选择范围内，人们除了充分利用天然屏障外，还有必要建立人工防护系统。防护林网可视为农田景观中的廊道网格系统。

（3）农林（牧渔）相结合的景观　农、林、牧、渔相结合的景观是比农田景观更高一级的系统景观。从结构上看，它通常是由人工草地、农田、放牧地、各种人工林、畜群围栏地、池塘等类型的斑块或廊道构成的，其尺度通常较农田景观大，因而一些灌溉渠系、小溪流和道路等廊道也是这类景观中不可缺少的部分。不同的自然条件和农业发展水平影响着这类景观的结构特征。

（4）村屯庭院景观　包括房屋、围墙、街道等斑块和廊道，还有畜（禽）舍、温室、塑料大棚、小型果园、零星果树和树木、草地、小池塘、绿篱、农副产品加工厂等构成的多种景观单元。

（5）农村景观　可以认为这是由农林相结合的景观和村屯庭院景观复合而成，依自然条件、土地利用状况和人口密度不同，一个农村景观的尺度也不同。它包括农田、种植园、人工林地、农场、牧场、鱼塘、村庄等生态类型，它以农业活动为特征，是人类在自然结构的基础上建立起来的自然与人为结构相结合的景观。

3. 人文景观　人文景观是古代和现代人类文明创造的具有一定文化特征的自然和文化的综合体。

（1）一般人文景观　包括皇家园林、文人园林、陵墓、庙宇、房屋建筑、村落布局乃至特殊的文化习俗都可以说是人文景观的范畴。人文景观主要集中于空间环境和文化功能上。文化泛指任何社会的总体生活方式，包括社会行为、知识、艺术、宗教信仰、道德、法律、传统、规范、风俗习惯，以及人作为社会成员所获得的任何其他能力；它既反映了一定历史时期人类所创造的经济价值，又反映了在历史过程中形成文化景观的那些精神、伦理和美学价值。文化可以改变和建造景观，同时又通过景观来表现。

（2）自然改造景观　自然改造景观主要有：

①水利工程景观。兴修水利在农业社会一开始就成为人类改造自然的一项最主要活动。水利工程本身既是流域管理的重要组成部分，同时高耸的大坝、碧绿的水面、笔直的河堤、纵横交错的灌溉网也是壮美的景观。

②交通系统景观。由利用天然河道运输和旅游，到设计并开凿运河来专门为交通运输服务，到纵横交错的公路、铁路，也是流域内不可缺少的景观。

（二）休闲农业景观特征

我国不同休闲农业景观模式营造了多样化农业景观生态系统，且对生态流控制迥然不同。运用景观生态学原理分析我国休闲农业景观主要有以下特征。

1. 景观异质性较高　休闲农业景观最明显的特征是斑块类型多样且差异性大，如我国煤矿塌陷区挖塘造林形成的林鱼型休闲农业景观模式、平原低洼地区采用挖大沟和填小沟方法营造水利廊道形成的农田排灌系统，传统农田间作、套种、混种模式和轮作休耕制度。

2. 斑块生态位互补　合理规划和人工调控休闲农业景观的不同斑块生态位，在空间和时间上趋向互补，充分利用景观生态系统中的不同资源，并利用共生原理加大要素之间生态循环，可发挥整体优势。如生物养地技术中养地作物和普通作物轮作、间作，在时间上改变斑块构成，能优化经济产出，增强系统稳定性，而立体种养技术在系统尺度上互补也是同理；基塘模式中鱼塘和基岸斑块之间物流和能流交换量很大，因而这两种斑块之间的空间关联性如基岸廊道的宽窄、鱼塘斑块的形状、面积和连续性面积比例以及空间结构均关系到基塘系统效率。

3. 景观环境服务功能较强　由于休闲农业景观多样性高且稳定性和持续性好，生态上更为协调，因而更近似于自然生态系统，如生态环境治理区域通过模拟自然顶级群落，山顶、陡坡建造林草景观，可对重力作用下水土流失起到遏制源头的作用。

4. 有限的人工调控　如低洼湿涝地区一般需建设排灌渠道以建立适合农业生产系统的水分循环，干旱地区采用喷灌有助于作物吸收和农田生态系统的平衡与维持。我国北方防护林网建设主要起防风固沙和增加湿度的作用，而南方的作用是参加系统物流交换和提供经济产出。我国农村通过建设薪炭林和沼气池有助于恢复区域生态环境。

二、休闲农业景观的规划与设计

休闲农业景观的规划与设计就是要最合理地、科学地利用农业风景资源，开展游憩活动，并使农业游憩与农田保护及多种效益的利用达到和谐统一，为游人提供最佳的视点和观赏方式，保证游人各种必需的服务需求。

休闲农业景观规划是指运用景观生态原理，结合考虑地域或地段综合生态特点以及具体目标要求，构建空间结构和谐、生态稳定和社会经济效益理想的区域农业景观系统。

农业景观空间格局对过程具有控制和影响的作用，景观生态学的格局—过程原理成为农业景观生态规划设计的理论基础。土地单元的空间格局制约着各种农业生态过程，包括生态系统的生物生产力、生物地球化学循环、生态控制及生态系统间的相互关系等方面。生态过程可归纳为垂直过程和水平过程。垂直过程发生在某一景观单元或生态系统的内部，是单元景观生态模式设计的基础；而水平过程发生在不同的景观单元或生态系统之间，成为格局调整的依据。与农业景观生态过程密切相关的空间格局主要参数如下。

1. 斑块大小　对于农业生态系统而言，过于分散的斑块导致劳动生产率降低，也不利于物种多样性的生存。大的自然植被斑块在景观中可以发挥多种生态功能，如涵养水源、维护林中物种的安全，有利于多样性的保护。小斑块则可以提高基质的异质性。大的游乐设施、饭店及住宿等粗粒斑块中，应当插入小的植被斑块，作为特殊生境为一些生物提供“脚踏石”，同时，让游客体验到生活在绿色中的乐趣。

2. 斑块形状　一个生态上理想的斑块形状通常具有一个大的核心区和一些有导流作用且能与外界发生相互作用的边缘触须和触角。圆形不利于与外界交流。

3. 斑块密度　影响着通过景观“流”的速率。户均土地规模小（平均斑块小），导致斑块密度大，在很大程度上影响着斑块间物种、营养物质和能量的交流。

4. 廊道连通性　廊道是具有通道或屏障功能的线状或带状的景观要素，是联系斑块的桥梁和纽带。农业景观中，廊道主要是河流廊道、防护林、树篱、农村道路、机耕路等，其中道路、机耕路的数量、构成、宽度、质量及连续性决定了斑块之间物质、能量流的运送效率。廊道不仅成为游客通行的通道，而且为生物多样性服务。廊道的设置应当在力求自然绿色的同时，通过人工绿雕等方式增添其自然情趣。廊道还应当成为自然、人工斑块间生物交流的通道。

三、农业景观的利用与规划设计

农业景观是以“大农业”为背景，展现以农作物、林木、植被和动物等生物景观为主体的自然景观美。在休闲农业的景观规划设计中，应充分利用当地特有农业所产生的景观，并利用景观规划设计的原理及方法加以改进和调整。

（一）种植业景观

多数休闲农业园是在原有农场的基础上发展起来的，而原有的农田以生产为主要目的，不能适应游憩的需要。因此，首先应从种植结构上做根本的调整，改变传统的以大田生产为主的格局，强化果树、蔬菜和花卉等观赏性强的产业，营造具有较高生态稳定性和多样性的景观。在具体设计中，应提高各类农业用地资源的利用率，发展精细化农业；综合利用生物资源，发展生态农业；有效利用时间资源，发展冬季农业；充分利用光、温、水等资源，发展立体种植；重视资源的加工转换与增值，发展加工农业。综合开发利用资源，达到高产、优质、高效，呈现健全的自然面貌和相对稳定协调平衡的生态环境。

1. 农田种植美化的季相构图　保持一定的乡土特色，增加植物种类以丰富景观。调整落叶、常绿植物的比例，增补针叶树、阔叶树及其他观赏植物。根据种植景观的特点，在全面考虑季相构图的同时，局部可突出一个季节的特色，形成鲜明的景观效果。

2. 农路、农田边缘的美化　农田、道路两侧或与其他景观交接的边缘地带，简称“田缘线”。田缘线是游人最直接的观赏部分，

对农业景观质量有显著影响。在游览的过程中，应加强空间的多样性，使游人既可感受到闭锁的近景，又有透视的远景。全部用多层的垂直郁闭景观布满道路或田缘，会使游人在视线上感受到闭塞、单调，易引起心理上的疲劳。因此，在道路的两侧及农田的边缘，一般应保持一定的水平郁闭度，为游人提供良好的庇荫条件，形成浓郁的乡村气氛。但注意垂直郁闭度应小一些，其中二层或三层可透视的结构占 2/3 左右，多层郁闭的结构占 1/3 以下，使游人的视线可通过林冠线下的空隙透视深远的景观，避免封闭游人的视线。观赏价值较高的花灌木、自然式的草本花丛及地被植物层的高度一般应在视线以下，使林下的空间深度在风景艺术上具有独特的价值。

3. *农田空地及荒地周围景观的营造*　农田空地及荒地是观赏周围景观的最佳位置，因此田缘线和田冠线（即植被顶面轮廓线）应多变。田缘线以自然式为主，避免僵硬的几何或直线条；田冠线高低起伏错落，才能形成良好的景观外貌。其次，空地的尺度适当是十分重要的，尺度过大会使景观质量受到损害，尺度过小景观的开朗性表现不出来。根据景观与视角的关系，当闭锁空间的仰角从 6°起，风景价值逐步提高，到 13°时为最佳，超过 13°以后风景价值降低。因此，设计田间空地时，植株的高度与草地或水面的直径比以 1∶3～1∶10 为宜。此外，还要考虑土壤特性、草本植物种类及覆盖能力、游憩活动的功能及生态特性。综合考虑诸因素，确定合理的面积。另外，在空地的边缘，应适当保留孤立木和树丛，使其自然向田野过渡。较大面积的草地上，可保留或栽种适量的遮阴树，为游人提供必要的遮阴。在重点地段，可栽种一些观赏性较高的花灌木或不同季节观赏的缀花草坪。其中荒地最好开发为文娱活动区、服务区或道路，以免减少可耕作土地，又有效利用了闲置的土地。

（二）林业景观

结合林业生产上的各个环节，使景观的人工设计做到功利和美的统一。这类森林景观创造的方法包括以下几个环节。

1. 道路、山脊和河流等带状景观　为了有利于林木生长发育，林区中多采用等株、行距规则式的栽植，但形式比较呆板。因此，可在靠近林道的两侧和交叉路口、随地形起伏、蜿蜒的山脊和河流等处，以自然的形式布置风景树群或孤植树，使游人视线所及的环境自然活泼。林中的道路在满足采伐运输功能要求的同时，道路应以自由流动大曲率的线型为好，随树群迂回曲折，并途经林区主要景点；铺装就地取材，与自然环境相协调。注意沿路应创造美的林相，风景应尽量有所变化。为丰富游人的审美感受，还应注意道路路面的光影变化。

2. 森林景观的营造　混交林比纯林具有材质好、生长快、适应性强、景观良好的特点。因此，大力营造混交林应根据不同树种的习性，使其互补、互助，形成良好景观，如松和山毛榉、松和枫或槭树、松和白桦等。而防护林的营造应结合农业景观的建设，在坚持适地适树、防护功能的原则外，注意林相的四季景观效果。为满足游人观赏的需要，重点需进行林缘线的美化，形成层次丰富、色彩绚丽、四季有景可观的森林彩带。除去路旁和拐角处有碍视线的树木外，应选择生长力强，花、果、叶、枝有较高观赏价值的树种。特别注意至少要构成老龄、中龄、幼龄 3 个龄级；树种上有针叶树、阔叶树、大乔木、小乔木、灌木、花卉、地被等。注意布局要自然，竖向上层次错落，平面疏密结合，避免规整种植。林中的草坪面积不能过大，一般不超过 1 公顷，草地宽 10～50 米，长度不限，向前延伸，形成风景透视线。草地不能呈规则的形状，边缘的树木呈自然布置小树群，树群的面积不应小于总面积的 50%。树群应结合林木更新，以小树群混交为好：每个树群面积以 5～20 公顷为宜，最大不能超过 30 公顷。在 1 公顷的面积上，布置小树群 4～5 个，中树群 2～3 个，大树群 1～2 个。小树群的间距 40～50 米，中树群的间距 60～70 米，大树群的间距 7～100 米。大小树群应交错配置，避免了小林分的形成、散生混交平均分配以及带状混交形成呆板景观，主调鲜明，形式自然活泼，风景效果好。

3. 森林和野生动物的保护　据调查，80%以上的人喜欢人工维持的森林美。因此，应创造适宜游览休息、舒适清洁的环境，使人们有良好的生理和心理环境。加强废弃物残枝、树叶、树上悬挂物等的处理，砍伐有序，伐根短小，及时清运，保护留存的林木，防治病虫害等。森林抚育和持续林业建设也应结合美的创造，如打枝不能太重，以免影响树行和树势，道路边上不能打枝，要使林木保持郁闭，而择伐、间伐、小林分采伐、补植、更新等应结合风景透视线的开辟，保存好的林分、树群，形成疏林草地或孤植树、草地和森林封闭与开敞的对比。森林中的动物景观吸引力极强，应禁止捕杀，保持相对稳定的物种数量，禁止乱砍滥伐，保持相对稳定的环境，为动物提供良好的庇护和活动场所，栽植和保存丰富的饲料植物，保证动物的正常生命活动。另外，应注意防止人为的破坏，减少对环境的干扰，一般不进行人工景观的建设，严禁乱砍滥伐和狩猎，保持原有的风貌。开展旅游的森林，应进行规划设计，严格控制游人的数量，有组织地开展旅游，防止环境污染和资源的破坏。

（三）牧业景观

草原和草地景观应与林地交错分布，一方面利于观赏，同时使牧草生长茂盛，为牧业的发展提供充足的饲料。在牧业景观中，动物是农业景观中的重要组成部分。在保证生产的前提下，对动物合理地利用，将会给休闲农业园游憩活动增添许多情趣。对动物的利用可分为两个方面：消费性利用指在游憩活动中，直接消耗动物资源，如打猎、垂钓等获取食物、毛皮或作为战利品的活动；非消费性利用通过观赏、摄影、研究获取乐趣和享受的活动。目前，对动物资源非消费性利用的趋势在逐步增加，以观赏、保护、研究为主要宗旨，加强保护动物的宣传和教育。在休闲农业园中，动物景观的最大特点是观赏位置的不定性，不像其他景观相对静止易于观赏。为提高动物的数量，增加其在游憩过程中被观赏到的几率，可以通过人工的方法，对动物的生境加以改善，使动物景观更好地被人们所观赏。如在林中开辟空地，适当开挖人工湖，保护水源并提供鱼类和动物的生存场所，并丰富自然景观；在道路两侧设立保护带，避免人为的干扰；林中保留不同树龄的植被；适当种植阔叶树、针叶树，在林中的空地边缘可增种一些浆果类的乔、灌木，如银杏、榛树、冬青、梅、桃、女贞等，保证动物的越冬和隐蔽的场所以及充足的食物来源；人工建立巢穴，人工喂养，引进动物。

（四）渔业景观

渔业景观包括海洋、滩涂、内陆水域和宜渔低洼荒地等和作为渔业生产对象的水生生物。观光渔业是结合生产、生活、生态的渔业，更是集合农业生产、加工制造业及生活服务业的产业。在以池塘养殖为主的地区，应提高集约化程度，调整产业结构，发展名、特、优、新品种。开展网箱养殖、网围养殖和网栏养殖，大力发展我国特色的水稻养殖，既可提高效益，又可提高生产能力，增加观赏性。人们对水景具有与生俱来的亲近感，因此渔业景观是农业景观中最具吸引力的景观。在积极开发渔业资源的同时，应大力进行景观建设。利用渔业的设备、空间、经营活动场所、生态、自然环境及人文环境资源，让人们认识渔业与体验渔村的生活，展现乡土特色，发挥观光功能，特别是可利用特殊的地形地貌——溪谷、山涧、海岸等，特殊的景致——晨曦、日落、云海等自然景象，以及特殊的动植物、生物资源，如鱼类、鸟类、蝴蝶、昆虫等。

四、农业技术设计

休闲农业是一种生活的农学，能够将生活、生产方式与空间融合在一起，继承农业社会的特征，并从维护地域的社会角度来重建农村及增进与城市的交流。休闲农业可以在传统农业与生态农业技术的基础上构建。主要有下面几种类型：

（一）农林立体结构生态系统类型

充分利用空间和土地资源的农林立体结构生态系统类型，是利用自然生态系统中各种生物的特点，通过合理组合，建立各种形式的立体结构，以达到充分利用空间，提高生态系统光能利用率和土地生产力，增加物质生产的目的。所以该类型在空间上是一个多层次和时间上多序列的产业结构。按照生态经济学原理使林木、农作物（粮、棉、油）、绿肥、鱼、药材、食用菌等处于不同的生态位，各得其所，相得益彰，既可充分利用太阳辐射能和土地资源，又为农作物形成了一个良好的生态环境。

（二）物质能量多层次分别利用系统类型

模拟不同种类生物群落的共生功能，包含分级利用和各取所需的生物结构。

（三）水陆交换的物质循环生态系统类型

食物链是生态系统的基本结构，通过初级生产、次级生产、加工、分解等完成代谢过程，完成物质在生态系统中的循环。桑基鱼塘是比较典型的水陆交换生态系统，是我国广东省、长三角地区农业生产中多年来行之有效的多目标生产体系。

（四）相互促进的生物物种共生生态系统类型

该模式是按生态经济学原理把两种或者3种相互促进的物种组合在一个系统内，使物质之间存在互惠互利关系，达到共向增产、改善生态环境、实现良性循环的目的。这种生物物种共生模式在我国主要有稻田养鱼，禽、鱼、蚌共生，稻、鱼、萍共生，苇、鱼、禽共生，稻、鸭共生等多种类型。

（五）农、渔、禽水生生态系统类型

该生态系统是充分利用水资源优势，根据鱼类等各种水生生物的生活规律和食性，以及在水体中所处的生态位，按照生态学的食物链原理进行组合，以水体立体养殖为主体结构，以充分利用农业废弃物和加工副产品为目的，实现农、渔、禽综合经营的生态农业类型。

（六）多功能的污水自净工程系统类型

这是由于系统本身就拥有自行解毒的“医生”（微生物）和解

毒的工艺（物理的、化学的）过程。即使由于某种物质过分积累，破坏了系统的原来结构，亦会出现适应新情况的生物更新。模拟此种复杂功能的工艺体系，应是今后解决废水污染的重要途径。

生态农业的设计与建设应重点发展的几种主要实用技术有：

①沼气发酵及综合利用技术。

②太阳能利用技术。

③病虫害的生物防治技术。

④农业有机废料的综合利用技术。

⑤大、中型畜禽养殖场粪便资源化、无害化处理技术。

五、丘陵区垂直生态景观模式设计

盆地浅丘地貌特征，可以按坡度和等高线布置山顶水保林带、山腰复合果树带、山底特色水域带的垂直景观模式。林冠线高低起伏错落，形成良好的景观外貌。在布局上突出‘春季赏花、夏季品果、秋冬游园’的旅游特色，产生鲜明的景观效果。

（一）山顶水保林木区

坡度大于25°的山坡顶，水土流失严重。为此，在禁止乱砍滥伐的同时，结合“退耕还林”和“天保林”工程，在山坡顶全部进行退耕还林和封山育林，尽快恢复植被，形成了稀树/中灌/密草结构型的水土保持林优化模式，还形成了丰富的生态景观，对开发旅游资源起到了很好的效果。

（二）山腰果园复合区

在山坡中下部，形成果园复合区。果树的配置应充分考虑与地形和土壤的适应性和品种多样化，形成四季赏花、四季品果的格局。在耕作措施上，实施多熟作物覆盖、间种套种，采用少耕、免耕。结合牧草种植，在试验区发展养殖业。

1. 坡上桃树带　坡度15°～25°的陡坡，土壤干旱瘠薄，进行适当改造后可以种植桃树。春季桃花盛开，红色的主调镶嵌在山顶水保林和坡中枇杷带的绿色基调之中，宛如一条红色的腰带，产生强烈的景观效果。

桃树为落叶果树，且春季先开花再长叶。桃树间作，在防止水土流失的同时，可以增加收入，并形成良好的地被和丰富的层次。当春季桃花盛开时，红红的桃花映在绿绿的地毯之上，产生强烈的景观效果。通过对桃树下中耕除草、自然生草，间作牧草、豆科作物、蔬菜等进行了比较试验。结果表明，桃树下秋季播种黑麦草、豌豆、胡豆，春季播种苦荬菜、紫花苜蓿效果较好。

2. 坡中枇杷带　坡度5°～15°的斜坡，土层较厚，适宜种植枇杷。枇杷为常绿果树，且花期很长，从上年的10月下旬，可开到次年的2月下旬，能形成四季如春的景观。成年枇杷树下因光照不好，间作模式主要考虑：枇杷—自然生草、枇杷—瓜类（南瓜、丝瓜）。

3. 坡下特种瓜果带　坡下小于5°的缓坡地带，以前主要是大田作物，项目实施后，新栽李、梨、樱桃、葡萄、无花果、柑橘、核桃、杏等特种果树，同时发展蔬菜、花卉等。项目还对幼年果树间作模式进行了研究。通过对幼年果树下间作牧草、豆类、瓜果、蔬菜以及自然生草、中耕除草、多熟作物覆盖（厚皮菜—红苕—玉米—胡豆—南瓜）的比较试验，对种植方式、株行距、光能利用、投入与产出比较效益等进行分析评价，得出以多熟作物覆盖效果最好。

（三）坡底特色水域区

坡底的农田和水域主要形成“稻—鱼”和“藕—鱼”格局，在开展农业生产的同时，形成赏花、垂钓等特色服务，集种植、养殖、旅游观光于一体的景观。

第四节　生态建筑与庭园生态工程设计

一、生态建筑设计

（一）生态建筑的特点及优势

生态建筑是自身良性循环的建筑物或绿色建筑物。生态建筑具有以下3个特点：

①地下设有沼气池，不是普通的沼气池，也不是普通的化粪池，是以净化为主要目的的沼气净化池，这是个核心问题。

②屋顶覆土种植或蓄水养殖，或设太阳能利用装置。

③墙体垂直绿化。

生态建筑具有两大优势：

1. 节土、节水、节能　节土是指生态建筑利用屋顶面积种植、养殖，建筑占地面积在屋顶开发上得以回收利用，土地回收率一般可达70%以上，有的高达128%；节水是指干净的水经人食用之后，变成污水排入沼气净化池经厌氧发酵后，沼液或净化水可以用泵打回屋顶施于植物或用于清洗，使水资源得到多级利用；节能是指屋顶设置太阳能热水器，可供热水，节约燃料；沼气净化池能产生一定的沼气，用于做饭、烧水等。

2. 经济效益、环境效益、社会效益的统一

（1）经济效益　包括：①节土、节水、节能就是经济效益；②节省造价，包括屋顶覆盖土20～25厘米种植，可取消架空隔热层，适当降低建筑层高，同时还能延长建筑物寿命等；③可获得种菜、种果、养鱼及供应热水的收入；④建成绿地的收益；⑤投入产出效果好。

（2）环境效益　包括：①冬暖夏凉，比普通建筑相差3℃左右，且夏天顶层比底层温度要低1℃；②空气清新；③生态公厕内明显无臭，且池顶、坑槽内无蛆蛹。

（3）社会效益　包括采用沼气净化池处理粪便和污水，外排水优于国家规定的Ⅲ级排放标准，接近或达到国家规定的Ⅱ级排放标准，为就地分散、无害化处理生活污水闯出了路子，有广阔的发展前景。

（二）生态建筑的类型与设计

按照生态建筑的布局、结构及功能的不同，可以将生态建筑分为以下五大主要类型：

1. 生态庭院　生态庭院的面积较大，建筑物周围有园地、农田、鱼塘等，以生态建筑为核心，按高、中、低各个层次对物质、能量进行综合利用。

2. 生态公厕　传统的公厕由于粪便不能发酵净化，存在脏、乱、臭等问题。生态公厕因设有沼气净化池，粪便能就地发酵净化，有效地解决了环境卫生问题。

3. 生态综合楼　生态综合楼的建筑面积大，或由几幢建筑构成建筑群，在综合楼里活动的人较多，形成了独立的供热、供水、供肥及绿化系统。

4. 独户式农民生态住宅　独户式农民生态住宅为农村生态建筑的典型代表，住宅内或附房内进行畜牧业生产，同时户内有厨房，是农民生活及生产的场所。独户式农民生态住宅充分体现了农民生活及生产的需求。

5. 生态建筑与休闲农业的综合体　生态建筑与休闲农业的综合体一般是指在休闲农业建设过程中将旅游设施与生态农业，通过能流、物流有机地结合起来，生态建筑内主要进行畜牧业生产及相关的生活、加工活动，把整个旅游区作为一个整体，合理地进行生产布局和物质、能量再利用。

二、庭院生态工程技术设计

（一）庭院生态工程的概念及特点

庭院生态工程是农户在房前屋后距离日常生活环境最近的那一部分空隙地上从事的生产活动。它是农户在传统副业生产基础上，以自己的庭院土地、庭院设施、院落内房屋或房屋四周的空坪隙地等为基本生产资料，以提高土地利用率、生产率和产品的商品率和发展生产力为宗旨，以技术密集和劳动密集结合为基本手段，以动植物、微生物或其他副产品为基本劳动对象，以经营“种、养、加”为主要形式，以较好的经济、社会、生态效益和“小、快、灵”为特点，起着农村生产要素进一步流动组合的一种小规模的新型农村商品生产形态。

在庭院这个很小的范围内，人类和生物高密度地共生，有限的土地上集中了动物、植物、微生物，集中了生产与生活所需的空间。生产者、游客、分解者形成了复杂的食物链关系，存在着生产、加工、贮存等经济活动中的多种功能。因此，农村庭院生态工程较之其他生态系统更加复杂多样。

庭院的自然环境受到人类的高度调控，使它的温度可以比旷野田间高 5～15℃，温差可以达到 10～20℃，光照可差几千勒克司，在这种环境中可以种植一些在农田中本来不生长的生物种群。而且庭院生态系统是物质、能量的汇集地，是物质、能量的生产更换的密集区，也是土地、资金、技术和劳动综合集约之地。对有机质而言，庭院生态系统是最丰富的地方，人类生态系统、畜牧业生态系统和农副产品加工系统产生的三废都是富含有机质的环境污染源。

（二）庭院生态工程的生态学原理

庭院生态工程必须遵循一定的生态学原则，以达到庭院生态工程的结构合理和功能最佳。

1. *生物与环境相适应原理* 一方面，生物要从自然环境中取得生活所必需的物质资源以建造自身，取得能量资源以进行生命活动，因而时刻受到自然环境的影响，并对环境产生各种反应。另一方面，生物群落对自然环境质量和自然资源状态产生很大影响。生物对自然环境的适应，产生了生物的不同生态型，如气候生态型、土壤生态型和生物生态型。

2. *生物群体结构原理* 同种生物的集合体组成种群，不同种群的集合构成群落。生物个体与个体之间、种群与种群之间是相互作用的，有负的相互作用和正的相互作用，在农业生产中要利用正的相互作用，避免负的相互作用。

3. *物质循环利用和能量多级转化原理* 各种化学元素包括生命有机体所必需的营养物质，在不同层次、不同大小的生态系统内，乃至生物圈里，沿着特定的途径从环境到生物体，从生物体再到环境，不断地进行着流动和循环，在生物循环的同时，食物能在生态系统中通过食物链和食物网，自一个营养级传递到另一个营养级，实现能量流动。

（三）庭院生态工程的模式与设计

1. 种养结合型模式　这种模式主要有以下两种类型：

（1）蔬菜—畜禽—鱼　特点是在房前屋后及自留地的菜园中采用间套作的方法种植多种蔬菜，为畜禽和养鱼提供青饲料，畜禽的粪便、废水喂鱼，作有机肥料，生产出的产品为加工业提供原料或直接进入市场。

（2）畜禽—果树—食用菌　在房前屋后栽种果树，树间套种蔬菜或露天栽培食用菌；畜禽的粪便＋培养料栽培食用菌后，为果树提供优质的有机肥料，促进加工业发展，多层次增值。

2. 立体栽培加工型模式　合理地利用地下、地上和空中的有效空间，最大限度地提高庭院的利用率，如利用地下挖池养鱼，池上搭棚种葡萄或瓜类，可以为鱼类遮阴，根叶可作部分饵料。

（1）畜禽—沼气—果树—食用菌　此种模式以庭院畜牧业为主，构成一种四位一体的立体生产加工模式。把畜禽的粪便作为沼气的原料，沼气作为照明加工的能源，沼渣用做果树的优质有机肥，还可以作为果树下套种食用菌的培养基原料。

（2）栽桑—养蚕—养猪—种果　利用庭院土地种植桑树，蚕粪喂鱼肥田，养猪种果提供肥料与商品。

（3）葡萄—中药材—养鱼—经济作物模式　利用空间实行高矮作物间作，在庭院空隙地和坡坎地种葡萄、中药材等经济作物。

3. 综合生产经营模式　把种植、养殖、加工、经营、服务综合考虑，形成完善的生产—加工—销售的完整系统，充分利用庭院生态系统的集约性、交互性的特点。

①种果—黄豆—加工（制食品、豆腐）—经商（小店）—养

猪。利用庭院生产果品，可以贮藏增值，可以做成果汁与饮料等。

②种蔬菜—养猪—加工—经营销售（农副产品与肉制品）。

4. “五个一”庭院生态工程　即一栋楼、一园果、一栏猪、一塘鱼、一个沼气池的高效庭院农业格局。该工程主要集中在中、远郊休闲农业园区。

第五节　休闲农业形象设计与建设

一、旅游形象的概念及内涵

（一）旅游形象的概念

休闲农业形象是休闲农业的内在素质和外在表现的综合体现，它是休闲农业通往成功之路的重要资源。休闲农业形象具有多种意义上的两重性，一是具体与抽象的统一，二是主观与客观的统一，三是内在素质与外在表现的统一。

休闲农业形象的一个本质特点是具有“附加值”。附加值是指那些产品的基本功能之外的被游客欣赏的东西。比如，当客人入住某家乡村酒店，这家乡村酒店提供的产品的基本功能是住宿以及餐饮，这是客人入住酒店最基本的需求，如果这家乡村酒店清洁卫生，服务周到，使人有一种“到家了”的感觉，这就是这家乡村酒店形象的附加值。休闲农业属于高重视度产品，这种附加值对游客的购买决策起着关键的作用。

（二）旅游形象的内涵

休闲农业形象是由三大部分组成的，即：理念识别、行为识别和视觉识别。这三者相互作用、相互影响，形成一个完整的识别系统，简称“CIS”。理念识别是休闲农业在发展过程中形成的具有独特个性的价值观念体系，行为识别是在这种理念指导下逐渐培育起来的休闲农业从业人员自觉遵守的工作方式和行为方法，视觉识别是休闲农业所特有的一套识别标志。理念识别是行为识别和视觉识别的基础，行为识别、视觉识别分别是理念识别的动态和静态的外在体现。

1. 理念识别系统 理念识别系统是旅游形象系统的支柱，由社会使命、经营观念、行为规程、活动领域四部分组成。

(1) 社会使命 社会使命是旅游经济活动的依据和出发点。随着可持续理论的广为传播，越来越多的休闲农业经营者不仅以市场利益为导向，以满足客人需要为最终目标，而且以社会的良性发展、资源的合理利用作为制定社会使命的前提条件。

(2) 经营观念 经营观念是旅游经营活动的指导思想，如企业精神、职业道德、质量意识、服务意识、企业凝聚力等等。它反映一种价值观和思想水平。

(3) 行为规程 行为规程是旅游经营观念指导下对旅游从业人员行为规范的具体要求，它体现在员工手册、岗位责任说明书、岗位操作规程以及劳动纪律中。

(4) 活动领域 活动领域是旅游服务活动的范围。如乡村“农家乐”饭店，主要为游客提供食宿设施与服务。活动领域为旅游经营理念提供具体的表现场所。

2. 行为识别系统 行为识别系统是理念识别系统的主要体现，通过服务行为和社会行为来传达。

(1) 服务行为 游客往往通过旅游经营者每个员工的一言一行来具体识别旅游形象。休闲农业经营者通过对员工的教育、培训以及为员工创造良好的工作环境，促使员工自觉地把自己的一言一行与旅游形象联系起来，提供优质产品和最佳服务。

(2) 社会行为 社会行为主要包括公共关系活动、社会公益活动、专题活动、形象广告活动等。良好的社会行为识别，可以使社会公众了解休闲农业经营者的信息，产生好感和信赖，从而在社会公众中树立良好的形象。

3. 视觉识别系统 视觉识别系统是指通过组织化、系统化的特有视觉设计物、车辆、制服、办公用品等来展示旅游形象。

二、休闲农业形象设计

（一）休闲农业形象设计系统

休闲农业形象塑造是一个系统工程，是以理念识别系统为基础和核心，行为识别系统为主导，视觉识别系统为表现的整合工程。在这一系统的整合工程中，所有的视觉表现以内在的经营理念为依托，只有对经营理念有了充分的理解，才能真正制作出能够反映经营理念的视觉识别系统，才能让消费者通过这种视觉识别体会到休闲农业的基本精神以及独特的个性。某些乡村“农家乐”饭店装修得富丽堂皇，但陈设杂乱无章，员工虽然身穿崭新的服装，却言行举止不文明，懒懒散散，粗话脏话不断，如此这般只能是绣花枕头一包草。休闲农业经营者必须注重内容，通过一系列有效的管理活动、社会活动和服务活动，来塑造良好的旅游形象。这些工作要依靠休闲农业全体从业人员来完成，绝非视觉设计者所能代替。

视觉识别有两个设计系统：一是基本设计系统，二是应用设计系统。

基本设计系统包括企业名称、标准标志、变形标志、标准字体、印刷字体、标准色彩、辅助色彩、商标品牌、吉祥物等，其中以标准标志、标准字体、标准色彩为核心，而标准标志又是这三大核心中的核心，它是促发和形成所有视觉要素的主导力量。

应用设计系统包括办公用品类、旗帜类、指示标识类、服装类、广告宣传类、资料类、环境与陈设类、运输工具及设备类、公关礼品类、产品与包装类等。

（二）休闲农业形象应用设计

1. 办公用品类设计　休闲农业的办公用品，主要包括名片、信封、信纸等事务用品以及发票、介绍信、合同书等。

2. 指示标识类设计　指示标识是对某一设施、部门位置的确认，也是对景区、功能区域分布的提示。在某些休闲农业园区，客人来自不同的地区，仅用文字来指示某一功能区域可能会出现不必要的麻烦，可以使用区域指示类标识。这类指示标识的设计要素以分布内容和企业标准色为主，企业标志、名称等要素通常安排在次要位置，让游客一眼看去就能立即明了指示的内容。休闲农业景点指路类标识，除了要和区域指示类标识一样考虑标志色彩、名称等外，还包括指路语言和方向标。如果设计空间较少，可以考虑省去企业标志、名称等要素，但标准色或辅助色一般不能省略。

3. 服装饰品类设计　员工统一着装，是使员工产生归属感的一种有效手段，同时也便于管理，带来整齐划一的效果。在社会上有良好正面形象的休闲农业企业的员工，也会以穿着统一的制服为荣。员工的服装应视其工作性质、工作岗位制定不同的样式，服装造型要符合员工身份，参考流行趋势，注意色彩协调搭配。

行政办公人员的服装通常采用流行的西服样式，面料以毛涤为主，色彩以黑灰、蓝灰等为主，显得端庄、稳重、成熟。"农家乐"饭店服务员和乡村景点服务人员，则要顾及穿着者是否便于工作，是否耐穿、耐磨。工装一般采用卡其布、牛仔布为材料。越来越多的休闲农业经营者开始注意服饰配件，但配件饰品还是尽量少佩戴，以朴实无华更显乡村特色。配件由于大小不一、材料各异，设计时要根据实际情况选用不同的视觉要素，如领带、领结、丝巾等，多以企业的象征纹样为主要表现对象，而扣子、领带夹、别针由于设计面积较小，则以单独的企业标志为主。雨披、雨伞等雨具也可以考虑使用企业的标志色和标志图案。

要特别注意的是，休闲农业园区的管理者尤其是第一线的服务员工，应尽可能穿戴富有当地乡村特色的服饰、民族服饰，那些服饰最易受游客的欢迎。

4. 环境陈设类设计　环境布置首先要讲究风格。例如饭店，通常有以下 3 种风格：

一是传统风格。建筑物一般不高大，多采用大屋顶、琉璃瓦、木结构的梁架，梁架上一般有雕花，形式上讲究对称。

二是现代风格。一般多为高层建筑加裙房的布局，高层建筑为饭店的主体部分，裙房则多为公共场所，前面一般有雕塑或喷水池。

三是民族风格。民族式建筑多采用当地的石头、竹子、砖头、木材和传统生活用品进行装饰和陈设，追求一种古朴的乡土风味，一般是越“土”越好。

乡村“农家乐”饭店，以简约朴素的民族风格和富于地方特色的传统风格最为适宜。

环境摆设设计时，要讲究装饰材料，不同的材料有不同的风格，选择装饰材料不能一味追求豪华。木料装饰古色古香，清新自然，钢铁、铝合金装饰坚实稳固，玻璃则可扩大空间，增强气派，乡村“农家乐”饭店可以根据地域特色，就地取材，既经济实惠又突出风格。竹乡的饭店，可以用竹墙、竹顶，家具可以用竹编，灯具可以用竹笼子出奇制胜、物尽其用。摆放绿色植物可以净化空气，增添生机。许多乡村“农家乐”饭店配以花坛、盆栽或地毯式草地来美化环境。还要考虑灯光照明，适当的用光可以使人身心愉悦。特别是在夜间，灯光对显示建筑外观起到主导作用，还可以烘托气氛，较弱的全盘照明和较强的局部照明相互结合，有时可以制造出意想不到的效果。

三、休闲农业品牌建设

（一）旅游品牌的识别

在营销学看来，品牌是用以识别一个或一群产品或服务的名称、术语、象征、记号的设计及其组合，以与其他竞争者的产品或服务相区别。

品牌是休闲农业的无形资源。市场日趋成熟，市场竞争的重点之一是从有形的产品转到无形的品牌。销售渠道也往往更乐意与知名品牌打交道，旅游产品的价格被作为质量的暗示，品牌所体现的品质支持更高的定价，游客在许多情况下乐意为购买品牌产品而支付更多的款项。品牌的存在使游客的购买决策更容易，也更满意。游客会根据旅游产品品牌的象征意义作出选择，从而节省评判旅游产品的时间。游客购买品牌产品，还能感觉到一种自我满足的荣耀。

（二）休闲农业品牌符号设计

旅游品牌符号的设计是对品牌识别系统的具体化。一个好的旅游品牌符号，能让旅游产品信息和品牌形象直达游客的心扉，产生不可估量的效力。

1. *旅游企业品牌的命名* 休闲农业要在一开始就确定一个有利于传达品牌发展方向和价值意义的名称。

（1）名实相符 名称应准确传达休闲农业的理念、经营领域和质量等级等实际情况。

（2）易于认读 名称应简洁、好读、好记，容易传播，过于复杂的名称不利于记忆。

（3）个性独特 名称应具备独特的个性，避免与其他企业或产品的名称相近或雷同。雷同的名称使旅游产品缺乏一种识别力，事实上也就等于没有名称。

（4）寓意深刻 名称能蕴涵旅游企业或旅游产品的理念和品质。

2. *旅游品牌标志的设计* 品牌标志能够创造品牌认知、品牌联想和游客的品牌偏好，进而影响品牌体现的品质与顾客的品牌忠诚度。品牌标志设计要选择特定的表现元素，运用新颖的创意和设计风格。典型的设计方法有两种：文字和名称的转化、图案的象征寓意，它们产生三类设计标志：文字型、图案型以及文图结合型。

休闲农业品牌标志既要反映旅游行业的特点，又要反映休闲农业的理念。标志所使用的图案和色彩要有特定的含义和代表性，要凝结休闲农业无法用文字和语言表达的意义和内容，使人能从中感受到休闲农业的形象特征。品牌标志要鲜明，简洁明快，富有个性。品牌标志要优美精致，符合美学原理，或造型优美，或幽默逗人，富有感染力。各种宣传促销物品要使用统一的标志字。标志字是经特殊设计和规范使用的文字造型，可以强化旅游品牌的可识别性和传达渗透力。标志字的设计也应富于联想，以便强化视觉效果。恰到好处的色彩能激起人们精神上的愉悦感，使人获得美的享受，从而成为展示品牌的独特手段。一个成功的品牌色彩，“秀色可餐”，可体现休闲农业的个性和形象。一般而言，标准色的色彩以 1～3 种为宜，一旦确定则广泛应用于本休闲农业的标志、广告宣传品、办公用品、陈列展示中。

3. *旅游品牌标识语创意*　休闲农业在建立品牌识别系统时，还要重视标识语的创意。品牌标识语既要展示品牌识别功能，又要为品牌提供额外的联想，强化名称和标志的意义。独特显著的标识语，可起到很强的差别化效果，有很强的可记性，对促销很有帮助。

四、休闲农业形象传播

休闲农业形象只有通过一定的传播才会发挥其效力。休闲农业形象传播是多维的，既包括内部员工，也包括外部公众，既包括上游的供应商，也包括下游的游客，同时也包括社区与当地政府。休闲农业形象的传播是双向性的，传播的同时还存在信息的反馈，从而产生一种互动感应以及双向沟通的传播环境。

传播包含主体、客体、媒介三方面的内容。传播的主体是人或组织，它包括传播者和接收信息的受传播者，传播者主要是休闲农业经营者，受传播者则包括休闲农业的员工、消费者、供应商、社区与当地政府等。休闲农业员工在旅游形象的内部传播时是受传播者，而在与游客接触时又成为旅游形象的传播者。客体是被传播的对象，即休闲农业形象。媒介是传播信息的载体，如报纸、杂志、广播、电视、信函、活动等，但也有的并不需要借助任何其他物体，如员工采用面对面形式向游客作口头介绍。

（一）员工与旅游形象传播

休闲农业园区的员工，包括全体工作人员和管理人员，他们是休闲农业社会使命、经营理念的贯彻执行者，全体成员的自身形象及和谐团结是旅游形象的第一要素。

1. 信息分享，缩短心理距离　休闲农业经营者可以通过设置公告板、出黑板报等形式，公布即时信息，介绍最新市场动态、最近举办的活动、获得的荣誉以及生产、经营、技术、财务等方面的动态，介绍优秀员工事迹，向过生日的员工致以祝福等。这种信息分享是唤起员工关心组织的基础，不仅能够引起员工对组织的关心，增进对组织的了解，还能够增强管理层与员工的凝聚力，他们就会自觉地参与到组织的各类活动中来，并且注意完善集体的形象以及自身的形象。

2. 员工参与决策，实现心理换位　让员工参与决策，这是休闲农业经营者对员工价值的一种认定，使员工对组织产生认同感。参与程度越深，员工与组织的联系越紧密，员工也就越把组织的事当作自己的事，也就越容易向员工传播旅游形象。当一个长期受命执行计划的员工有机会对经营方案提出自己的意见时，其重要意义并不仅仅在于他们所提出的意见本身的建设性，更为重要的是这种参与过程在他们心理上造成一个新的思考角度，这种心理上的换位，是在员工心目中树立旅游形象的决定性一步。

3. 普及教育，打破形象传播的障碍　旅游形象要靠普及教育。这是一项长期的根本性的“软件”基本建设，教育的对象是上至旅游经营者的最高主管，下至勤杂工人的所有员工，使组织的理念、经营方针等人人知晓。对于不同的员工，要进行各种不同类型的教育培训，这是克服旅游形象传播思想障碍、认识障碍最有效的途径。

（二）游客与旅游形象传播

游客是休闲农业面对的最主要公众，能否赢得游客是休闲农业能否获得成功的关键。在市场经济社会中，休闲农业要直接面对市场，面对游客，游客的重要性不言而喻。

向休闲农业游客传播旅游形象应重视以下几个环节：

1. *树立正确的经营思想* 休闲农业经营者必须认识到，休闲农业正在从卖方市场向买方市场转化，正确的经营思想已经成为市场竞争中吸引顾客的唯一法宝。

2. *扩展旅游形象差别化* 休闲农业市场已经成为一个高度竞争的市场，众多的同类型休闲农业园区使游客选择的空间非常大。在这种情况下，要树立本园区的独特形象，就要扩大形象的差别化。

3. *主动了解游客需求* 经营者要摆正与游客的关系，一切生产经营活动都应是为了满足游客的需要。经营者要特别注重发现顾客的需要，发现为他们服务的机会，及时改进产品和服务。

4. *认真处理游客意见* 任何休闲农业经营者提供的产品和服务都不可能令所有游客百分之百的满意，出现投诉、提意见的情况在所难免。如何把来自游客的意见从被动的负面信息转换成积极的正面信息，关键在于要把游客提意见视作是一种关心，这些意见诉求正是他们的消费需求。要把认真处理游客的意见当作经营活动的一件要事大事，把妥善处理顾客的抱怨作为提高企业形象的重要机会。

（三）政府部门与旅游形象传播

休闲农业园区与政府部门发生多种形式的联系，政府部门就成了休闲农业经营者重要的外部公众之一。休闲农业园区是否受到政府各级各类部门的欢迎，在某种程度上关系到休闲农业园区的命运。在政府公众中传播休闲农业形象，主要注重下列问题：

（1）增加直接交往 如借开业之际盛情邀请政府有关部门负责人参加，请他们剪彩、致贺词，经常请政府有关人员指导、督促和帮助，显示经营者的形象，增进了解。

（2）通过间接渠道影响政府态度 如通过为社会服务和提供赞助的方式，通过和新闻界保持密切联络，通过媒介向政府部门介绍相关情况和活动。还应同那些社会知名人士、专家、学者等保持密切联系，通过他们来影响政府态度，争取政府支持。

(3) 主动接受监督检查　向政府部门提供的信息必须以事实为基础。一方面要不断增强经济效益，另一方面要按时足额缴纳税款。一旦出现失误，要敢于承担责任，虽然可能会受到一些损失，但政府会对诚信经营者改正错误充满信心，并会及时给予适当的援助，把坏事变为好事。

(四) 社区公众与旅游形象传播

任何休闲农业经营者总是立足于特定的社区，与社区有着密切的关系。休闲农业经营者要特别重视和社区的关系，加强和社区居民之间的相互交流，在社区居民中建立良好的形象。

要在社区中传播良好形象，首先必须确定“与社区共存”的理念，并长期地、切实地履行。休闲农业经营者要用社区居民的语言说话，消除社区居民的不信任感。

在社区居民中传播形象的方法很多，如以下几种：

(1) 利用当地传媒　每个地方都有地方报纸、电视台等媒体，经营者要与当地媒体搞好关系。地方媒体的读者观众多数是当地人，利用当地传媒对于在当地社区居民中传播信息十分有效。为了充分发挥社区传媒的作用，还可以联合媒体举行“恳谈会”、“联合赞助”等活动。

(2) 参与社区活动　主办或参与作为文化活动的音乐会、美术展览会，作为传统活动的一些风俗节日，作为教育活动的有奖竞猜、知识竞赛，作为公益活动的志愿行动、环境保护、绿化活动等。休闲农业经营者通过这类活动，将一部分利润回报社会。一些大型的、有一定知名度的活动，还可以引起大众传媒的报道，获得更多的关注。

(3) 为社区作贡献　为社区作贡献是一种富有人情味的形象传播活动。休闲农业经营者还可参与贴近社区居民的日常生活。如向学校和图书馆赠送图书、教学用品，参加绿化等村容村貌建设，支持员工的志愿行动等。

（4）建立社区关系战略　与社区建立共同体关系，这是一种更好的宣传活动。如将员工作为社区居民的一部分，招聘员工时优先录用社区居民，优先购买当地商店的物品，将部分设施与当地居民共用。

3 经营管理篇

第八章 休闲农业游客及市场开拓

第一节 休闲农业旅客的形成及培养

休闲农业游客的形成，既取决于他们所具有的客观条件，又取决于本人的主观条件，而且对其培养也非常重要。

一、休闲农业游客形成的客观条件

休闲农业游客形成的客观条件涉及社会生活的各个方面，其中主要的是经济能力、休闲时间、社会经济环境、身体状况 4 个方面。

（一）经济能力

经济条件是产生一切需求的基础，没有丰富的物质基础和良好的经济条件，一个人便不能实现其休闲农业活动。

1. *可自由支配收入* 可自由支配收入指的是居民在一定时期内的全部收入，在扣除社会花费（个人所得税、健康和人寿保险、老年退休的预支、失业补贴的预支等）和日常生活必需消费（衣、食、住、行等），以及预防意外开支的储蓄（突发事故所需费用）之后，剩下的收入部分。这一收入的消费一般有两种选择：一种是高档耐用消费品的消费；另一种是旅游（包含休闲农业）消费。这两种消费往往是同步进行的，但当电冰箱、洗衣机、汽车之类的高档耐用消费品达到饱和状态时，人们就主要把这部分款项用于旅游消费了。

2. *旅游消费* 旅游经济人士分析国际旅游消费统计资料后发现这样一种规律：当一个国家或地区人均国民生产总值达到 300 美

元时，居民将普遍产生国内旅游的动机；达到 1 000 美元时，将产生跨国旅游的动机；超过 3 000 美元时，将产生洲际旅游的动机。

（二）休闲时间

据社会学家分析，人的生活可以分为休闲时间和约束性时间，约束性时间又分为生物本能时间（如睡眠、饮食等）、谋生活动时间（也就是大多数人的“上班时间”）和家务与社会活动时间。

休闲时间是可自由支配的时间，主要包括每日闲暇时间、周末、公共节假日、带薪假期等，它是决定人们能否参加休闲农业的必要条件。没有闲暇时间，就没有休闲农业活动。

1985 年，国际劳工组织确认每天工作 8 小时，每周 40 小时。至 1995 年 5 月 1 日，全世界 175 个国家中，已有 145 个国家实行了 5 天工作制，各国带薪年休假期为 5～32 天不等。到了现在，人类文明不断进步，休闲时间的拥有量不断增加，这为休闲农业活动提供了更为充裕的时间条件。

现代人不满于日益增加的噪音、拥挤、水泥沙漠等城市病，休闲农业成为一种生活时尚，成为一种人们周末、节假日休闲度假的新的方式。

（三）社会经济环境

这里的社会经济环境是指一个国家的社会政治与经济现状。

1. 直接影响　一个地区的政治地位和声誉、社会治安及人民的社会道德水平以及旅游政策、经济发达程度等，会对休闲农业游客的形成产生举足轻重的作用，这是因为游客有一个共同的心理需求：即追求安全、舒适和友善的旅游社会环境，他们愿意选择社会环境安定的地方去旅行。

2. 间接影响　社会政治经济发达程度影响到交通运输业与旅游住宿业的发展以及都市化进程，而这些因素对休闲农业游客的产生也有一定的作用，先进的交通运输工具，如性能良好的越野车、航空事业的发达，能够让休闲农业游客安全、迅捷、舒适地到达休闲农业目的地，有效利用闲暇时间。

（四）身体状况

一个人的身体能力和健康状况如何，直接影响着他能否成为一名休闲农业游客。由于休闲农业是在大自然中进行，对体力的要求比较高，对体能的消耗较大，身体状况成了能否出游的重要生理性因素。

二、休闲农业游客形成的主观条件

人们要参加休闲农业活动，还需要有强烈的主观的旅游愿望，这就是旅游动机。

（一）旅游动机

1. *旅游动机的产生*　有了旅游动机进而要选择或寻找旅游目的地，目的地确定后，随之就为满足需求而进行旅游活动，过了一定时期又会重新产生旅游需求，又有新的旅游动机产生。因此，旅游动机的产生和满足过程是动态的、循环往复的。

总之，有什么样的需求，便会有什么样的动机，要了解人们的旅游动机如何，必须充分理解人们的愿望、意向、兴趣及理想。

2. *旅游动机的分类*　我国学者把旅游动机分为一般动机与具体动机。一般动机，指的是人们出去旅游的根本原因，包括健康和娱乐的动机，乐趣和冒险的动机，民族和家庭的动机，文化的动机，社会和自我表现的动机。具体动机，指的是人们选择某个旅游目的地、某种旅游方式、某项旅游服务的原因，其受到个人知识与经验、别人的介绍和广告的强烈影响。

有的将旅游动机归结为十类：求实、求新、既求实又求新、求名、求美、好胜、兴趣爱好、求知、访古寻友、追宗归祖等心理动机。

有的则把旅游动机划分为 6 种类型：健康或娱乐、猎奇或冒险、民族或家庭、文化、社会和自我表现、经济等动机。

一个人一旦要做出反映一个或几个旅游动机的旅游决定时，他将选择他认为最符合于其动机的主要旅游目的地，并将内心所形成的不同旅游目的地的各种形象跟相关动机进行对照，经过反复的强化意识和排除意识，对一系列目的地进行比较筛选，直到最终把那些符合他基本动机的旅游目的地挑选出来。

（二）休闲农业游客的旅游动机

休闲农业游客旅游动机的研究与一般旅游动机相类似，主要是分析其产生的原因及种类特点。

休闲农业游客参加休闲农业的动机是为了满足其“回归大自然”的心理需求。由于人类原本起源于自然，脱胎于自然，故把人类这种重返自然的行为称为“回归大自然”。人们之所以想回归大自然，是外因与内因共同作用的结果。

外因主要是生存环境的恶化，于是企望返璞归真，回归大自然，寻找环境质量好的“世外桃源”。

内因主要是精神上对自然的母亲情结与身体需要恢复精力，人类属于自然，人类对自然这个母亲有本能的依恋之情，有天然的亲和力，到大自然中去能找回原始的、混沌的精神家园。同时，喧嚣拥挤的城市、单调和公式化的生活、高节奏和重复的工作，给现代人带来压抑感、烦闷、疲劳，而到宁静而又祥和的大自然中去，会唤起人们对美好事物向往的天性，去捕捉美、欣赏美和热爱美，将一切烦恼抛掷脑后，得到彻底地放松。此外，随着科技水平的提高，人们的求知欲越来越强，大自然的神奇奥妙，大自然的博大精深，都激发人们去认识、去探索。

三、休闲农业游客的培养

具备了休闲农业游客形成的主客观条件，休闲农业游客就可能产生到大自然中去的旅游行为，但作为一名合格的休闲农业游客，还应具有较强的环境意识，这种意识不是与生俱有的，需要教育和培养。

一个人通过环境教育，从而成为向往大自然、自觉保护大自然的休闲农业游客的过程就是休闲农业游客的培养过程。

（一）培养的意义

1. 有助于休闲农业目标的实现　对休闲农业游客的培养，可以使旅游的负面影响减少到容许的范围内，提高游客的环境保护意识，促进休闲农业的可持续发展目标的实现。

2. 有助于休闲农业客源的扩大　休闲农业游客通过培养，能够激发对大自然中环境复杂多样性、生态系统特征、生态平衡原理、生物多样性及其价值等知识的兴趣，这样就不断有游客反复多次参加休闲农业活动，也不断有经过培养的传统大众游客成为新的休闲农业游客。

3. 有助于全民环保意识的提高　休闲农业游客的培养是社会环境教育大系统中的一个重要环节，有助于提高全民环保意识，使人们树立持续发展的环境观。

（二）培养的内容

1. 自然知识　自然知识是提高环境意识的基础，通过理解自然达到欣赏自然，通过欣赏自然达到保护自然。自然知识包含地质地貌、江河湖海、气象气候、动物植物、宇宙繁星等丰富内容，涉及这些组分的起源、构成、规律、特点及价值等各个方面，对某个休闲农业园区而言，主要是深入洞察和切身体验所在社区的自然生态资源、农业资源、风俗习惯与社会文化。

2. 农业知识　休闲农业是以独具特色的田园风光和原汁原味的生活方式、文化风俗来吸引游客。农业知识的培训内容相当广泛，不仅包括农业景观、农作物、饲养的动物、传统农具的培训和欣赏，也包括最新的农业科技成果和农业科学技术介绍，如农业新品种、现代农业技术、农产品加工、贮运保鲜、特殊的乡村民俗、乡土文化活动、乡村传统劳作和乡村民居建筑介绍等。

3. 环境意识　人们的环境意识包括两个方面的内容：一是人们对生态环境的认知水平，即环境价值观念；二是人们参与保护生态环境行为的自觉程度。环境价值观念的树立是环境保护行为的前提，而环境保护行为是环境价值观念的反映。

（三）培养的措施

休闲农业游客的培养是一个系统的综合过程，需要社会和个人的共同努力，有效途径主要有游客平时的自我学习、社会教育和休闲农业园区的现场教育。学习是指人不断获得知识、经验和技能，形成新习惯，改变自己行为的过程。通过直接的书本内容学习与间接的实践活动学习，提高环境意识，改变破坏环境的行为，养成爱护环境的好习惯。生态环境恶化是全球性的问题之一，应该从社会教育的途径，促进人们去了解、认识并关心环境及有关问题，成为潜在的休闲农业游客。如在大、中、小学校、幼儿园开设自然保护课程和在已有课程中渗透自然保护的内容，把生物多样性作为重点，举行绿色夏令营、科普活动周，寓教于乐，出版教科书和其他各种读物，并且利用广播、电视、报章杂志等媒体，调动新闻、宣传多方面的社会力量，采取丰富多样、生动活泼的教育形式，造成强大的社会舆论。

第二节　休闲农业客源市场分析

一、休闲农业市场的构成和特点

从我国目前的情况来看，休闲农业市场主要是：

1. *青少年乡村修学旅游市场*　这一客源市场主要特点是认识学习型，以学校或家长等安排的特殊旅游与考察、写生、实习等为主要内容，以学生远足、夏令营等为主要形式。通过有别于城市生活场景的农业旅游，扩大视野，开阔眼界，以及培养吃苦耐劳的精神等。针对这一市场，可以开发参与农事的采摘务农活动、高科技农业技术参观活动等，增进青少年对农村、农事和大自然的了解。

2. *青年休闲农业市场*　现代青年人大多追求生态环保潮流，渴望体验多彩人生。休闲农业对于这类人群来说更多的是一种体验式旅游。对于青年休闲农业市场，适合开发田园自然观光的生态休闲农业、参与性和娱乐性比重较高的“农家乐”休闲农业产品。另外，以特色风光、农事活动或村落名胜等观光旅游为主的旅游产品也能激发青年人的兴趣。

3. *中老年休闲农业市场*　中老年旅游市场的本质特征为寻根怀旧、回归自然。他们喜欢有独特乡村氛围和景色的休闲农业。那些有过上山下乡插队经历的中老年人，有着十分强烈的“知青情结”和“寻根情绪”。对于受教育程度较高、对建筑及历史文化有兴趣的中老年游客，也可以开发以民居建筑游为主的休闲农业产品。

4. *都市居民休闲农业市场*　都市居民往往向往乡村宁静、安稳、健康的生活环境，喜好绿色健康食品，偏好休闲的旅游方式。乡村特色的餐饮美食，以及以采摘垂钓等为特色的休闲农业产品较为适合城市人群。以自然生态观光旅游、农户家庭接待的“农家乐”，以及新鲜瓜果采摘等休闲农业产品，能吸引邻近城市的居民市场。

5. *城市文化者休闲农业市场*　对于城市中文化水平和受教育程度较高的都市知识阶层，他们的主要旅游动机是体验城乡文化差异。他们更愿意选择对村寨历史地理的未知探索、乡村独特风土人情、土特产品的旅游产品，体验自己不熟悉的乡村生活以达到心理享受。其中包括现代农村观光、科技农业考察、古村落民居体验等具有文化内涵和人文精神的休闲农业产品。

6. *乡村度假旅游市场*　乡村度假旅游产品的目标客源市场主要是城市收入较高者及其家庭，如企业高级雇员、机关干部、事业单位高级职员以及部分企业老板等。山野及水体运动，以及以乡村自然环境疗养健身为主的乡村度假活动较能符合这一市场的需求，如温泉疗养、中草药浴、名贵药材采摘等。

二、休闲农业游客的行为特征

休闲农业游客离开都市来到乡村，在心理和行为上具有不同寻常的表现和特征。

1. 家庭　家庭是社会生活的基本自然单位，也是一个单独的、最重要的休闲农业消费群体，家庭对休闲农业游客旅游动机的影响主要表现为家庭结构和家庭生活周期对旅游动机的影响。

家庭结构是指家庭成员的组合形式，可分为核心家庭、夫妻式家庭、主干家庭和扩展家庭。家庭结构不同，对休闲农业消费需求也不同，如夫妻式家庭，由于没有小孩，只有一对夫妇，经济条件宽裕，闲暇时间较多，旅游需求相对容易满足，而其他类型的家庭，由于抚养子女、赡养老人等因素，旅游需求相对不易满足。

家庭生活周期是指家庭从组建到消亡的整个过程，大致可分为单身阶段、新婚阶段、初为父母阶段、空巢阶段、分解阶段，不同发展阶段的家庭，具有不同的消费特点，进而对旅游动机产生不同影响。

单身阶段的人们，逐步脱离家庭独立生活，消费比较自由，用于娱乐和旅游消费的时间与金钱相对较多，他们对环境问题很关心，体力、精力又充沛，愿意参加去原野之地的休闲农业活动。

新婚阶段是从结婚到生第一个孩子的时期，这一阶段的男女没有其他经济负担，闲暇时间也比较多，又是新婚，夫妻俩乐于寻求快乐的生活方式，如旅行结婚、度蜜月等外出旅行的机会较多，但由于夫妻外出比较讲究旅行条件，选择休闲农业活动的比例相对要小。

初为父母阶段是从第一个孩子出世直到子女独立生活的时期，这个时期家庭人口增多，开支增加，家庭的消费行为主要从家庭的实际需要出发，在发展中国家，这个阶段的人们很少自费出游。

空巢阶段是指子女都已经济自立，离开父母，成家立业，家中只剩老夫妻，这阶段的夫妻大多已退休，闲暇时间较多，收入也不错，在健康状况允许的前提下，经常外出旅游，他们对传统的旅游逐渐厌倦，趋向于追寻原始、自然的休闲农业。

分解阶段是指从丧失配偶后一个人尚存的阶段，这个尚存的人在情感、生活习惯、经济条件上都会有一定的变化，有些人可以适应这种变化健康地生活下去，对娱乐、外出旅游表现为极大的热情，也有的人不适应这种变化，难以调整自己的生活习惯，甚致严重地影响了健康和生活。

2. *社会阶层*　不同社会阶层的休闲农业游客行为特征也有不同。社会阶层理论认为，任何个人或家庭所属的社会阶层，主要是取决于教育与职业两个因素。

一般来说，受教育程度较高、社会阶层较高的人更加开放和自信，愿意接受外界新鲜事物，对休闲农业这种方式抱有积极的态度，乐于参与奢侈豪华的休闲农业项目。社会层次较低的人参加休闲农业活动讲究经济实惠，追求物有所值，对价格较为敏感。另外，中等以上阶层的人更愿意将休闲农业活动作为子女受教育和长知识的机会。

休闲农业游客的职业构成中，以工人、干部、学生和教师为主，这 4 种职业的游客除受教育程度较高外，时间、经济等客观条件也较有优势。

3. *性别*　从性别上看，男性和女性游客在感官功能如视觉、听觉及触觉等方面有差异，因此对休闲农业的营销刺激反应也有差别。女性休闲农业游客往往容易受促销的诱惑，消费时感性思维占主导，自制力比较弱，而男性游客考虑问题比较实际，不大会在细小的事情上斤斤计较。由于体力的差异，男女在选择休闲农业项目上也往往有所不同。

4. *年龄*　从年龄上看，青年游客情感不稳定，遇事不够冷静，喜欢时尚的、刺激性和冒险性较强的、体力消耗较大的休闲农业活动；而中老年游客行事表态较为谨慎，比较务实，对行程的考虑更多地在于住宿、用餐等，容易思古怀旧，对故地重游、文物古迹均有浓厚的兴趣，倾向于选择节奏慢、舒适并且体力消耗较少的休闲农业产品，而且重视养生保健。一部分中老年游客由于有较丰裕的积蓄，他们会倾向于选择较豪华的旅游产品。

5. 休闲农业类型 从旅游目的来看，休息娱乐型的休闲农业游客重视娱乐活动的参与，讲求心理体验和心理需求的满足；乡村观光型游客喜欢游览独具特色的村落，购买乡村土特产品，每个景点都会拍照留念；探索考察型游客对乡村自然人文环境感兴趣，喜欢独自考察，一般不会购买旅游纪念品，对休闲农业设施和服务要求不高；休闲养生型游客对价格相对不敏感，但对居住环境、餐饮设施以及综合服务有较高的要求。

休闲农业游客由于民族、社会阶层、职业、年龄各异，又有不同的旅游目的，并且在运动着的旅游环境中生活，他们的行为特征复杂多变，休闲农业经营者必须区别对待，开发适应各类游客的旅游产品。

三、休闲农业游客的消费决策

旅游消费决策是游客做出的关于购买某种旅游产品进行消费的决定。人们的旅游消费决策五花八门，决定进行休闲农业消费也是其中的一种决策。

（一）消费决策面临的问题

休闲农业游客在做出决策时面临的问题，可以归纳为 6 个 W。

一是 Why，即为什么消费。休闲农业游客的消费动机不同，产生消费行为的原因也多种多样。

二是 What，即消费什么。决定消费什么是休闲农业消费决策的核心，具体内容包括休闲农业产品的类型、品牌、新颖度、等级、规格和价格等。

三是 How many，即消费多少。休闲农业游客消费数量的多少，通常取决于其实际需求、支付能力及市场供求状况。

四是 Where，即到哪里去消费。一般休闲农业游客都会选择相对较近的目的地消费，但对一些服务良好、信誉可靠的休闲农业园区，休闲农业游客也会“舍近求远”。

五是 When，即什么时候消费。一般取决于休闲农业游客需求的紧迫性及休闲农业市场行情的变化状况。

六是 Which，即怎样消费。如是否选择预订，是选择书面预订、口头预订、电话预订，还是网上预订。

（二）消费决策的过程

通常情况下休闲农业游客购买决策的全过程，分为问题认识、信息调查和信息评价等阶段。

1. 问题认识　休闲农业游客消费决策的第一步是对问题的认识，这种认识是由于休闲农业游客的期望状况和现有状况之间存在着一定的差距所产生的。只要发生期望的状况大于或小于现有状况，就会产生对问题的认识，而在期望的状况与现有状况基本吻合时，不会产生问题的认识，因而也就无须做出休闲农业消费决策。

2. 信息调查　如果游客认为有必要进行休闲农业消费，就会有意无意地寻找有关休闲农业产品的信息。

休闲农业游客获得信息的来源大致可以分为内部和外部两种。

内部信息是指休闲农业游客的过去经验与知识留在头脑中的记忆。当他们认为自己过去有关的休闲农业经验和知识对当前问题的认识有帮助时，就会回忆出那些与这一问题有关的信息。当休闲农业游客感到自己存储的信息不能或根本无法解决问题时，就会产生从外界寻找更多信息的愿望。

外界信息包括家庭成员、亲戚、朋友、邻居的意见和态度，政府部门提供的信息，新闻媒体和专家学者提供的信息，企业公关活动如广告、展销、陈列及销售员的推销指导所提供的信息。其中家庭成员、亲戚、朋友和邻居的口传信息和政府、新闻媒体、专家学者提供的中立信息，特别是前一种口传信息，往往对休闲农业游客的消费决策起着决定性的作用。

3. 信息评价　收集信息后，休闲农业游客就开始对信息进行评价和选择。由于评价和选择本身需要外部信息的支持，这个过程往往和外部信息调查同步进行。作为支持的信息可分为三类：解决问题所需的各种评估标准、各种可行的解决方案以及实现的难易程度。

休闲农业游客在信息采集和决策制定时，首先会从产品的类型和品牌等方面确定一个范围，如果范围内的信息和产品能提供满足，他们就会进行消费选择，如果得不到满足，就会再次扩大选择的范围，直到选定满意的旅游产品。在选择过程中，休闲农业游客也会列出那些认为不喜欢或因为价格等原因而不能接受的产品，这类旅游产品会被排除。

第三节　休闲农业的市场开拓

一、休闲农业市场供求关系

1. *旅游市场需求规律*　旅游市场的需求是指在某一特定时期内，对应于旅游市场上某一产品的各种价格，游客愿意而且能够购买的旅游产品的数量。

普通经济学理论认为，在其他因素不变的情况下，人们对某一商品愿意并且有能力购买的数量会随着该商品价格的变化而变化。旅游产品价格的不同变化会导致人们对旅游产品需求量的变化。由于人们的收入毕竟是有限的，所以当旅游产品的价格上升时，往往会减少人们对外出旅游的需求。

除价格外，游客可自由支配收入的多少对旅游市场的需求也有很大的影响。一般而言，收入和旅游市场的需求呈正相关关系，即其他条件不变的情况下，可支配收入越多，对旅游的需求越多。较高的收入水平代表了较高的购买能力和支付能力，只有当社会生产力不断发展，人们生活水平不断提高，手中拥有大量闲置资金，才有能力进行旅游活动。

余暇时间本身不属于经济学范畴，但在旅游活动中，它对旅游市场需求起着与可自由支配收入同样的作用。我国实行每周 5 天工作制后，双休日市民外出旅游的数量大增，可见余暇时间增加了，即使市场价格不变，旅游市场需求量也会增加。

2. *旅游市场供给规律*　旅游市场的供给是指旅游接待地区在一定时期和一定价格水平下愿意而且能够提供的旅游产品的数量。

依照旅游目的地总体旅游产品的构成情况，旅游供给可划分成基本旅游供给和辅助性旅游供给。前者是指针对来访游客的需求而开发和提供的旅游供给部分，主要包括借以吸引游客来访的旅游资源、为保证其旅游活动顺利开展而专门提供的各种旅游设施以及旅游服务。后者是指旅游目的地的旅游基础设施，主要包括当地的公用事业设施和满足现代社会生活所需要的基本服务设施。这些基础设施虽然主要是满足当地居民工作、生活的需要，但同时也为旅游活动的顺利进行提供必要的保障。

旅游供给量同旅游产品价格之间存在一定的关系。旅游业是以盈利为主要目的的经济性产业，市场上旅游产品价格的波动和变化趋势对一个国家或地区的旅游供给量会产生一定的影响。一般情况下，如果市场上旅游产品价格出现下跌趋势，旅游供给量便会因之减小；如果旅游产品市场价格呈上涨趋势，旅游供给量则随之增加，这就是旅游市场供给规律。

3. *旅游市场供求关系*　旅游市场的供求关系，是指旅游市场的供应者和游客之间的关系。游客通过购买旅游产品使其自身需求得到满足，而旅游经营者则通过提供游客所需要的旅游产品来取得经济效益。

旅游供求平衡总是相对的，而不平衡是绝对的。旅游供求之间在某个时期实现的平衡常为某些影响因素的变化所打破，市场活动的必然性继而又促使双方在新的水平上实现新的平衡。这种“不平衡—平衡—不平衡”的循环往复变化过程，称之为旅游供求矛盾运动规律。

旅游供求矛盾在市场上的具体表现，主要有以下几个方面：

第一，旅游接待能力同游客总人次之间的矛盾。由于一定时期内旅游供给通常为一个常量，而旅游需求量则随着各种影响因素发生变化，旅游需求的这种不确定性随时可能造成旅游接待能力同旅游需求量不适应。

第二，旅游供求在地域上的矛盾。这一矛盾是指旅游产品的供求在同一旅游目的地内不同地区中出现的不相适应。对一个旅游接待地来说，尽管旅游供求总量可能基本平衡，但就某个地区吸引游客的数量不同，可能带来地域上的结构性失衡。

第三，旅游供求在季节上的矛盾。旅游目的地全年的旅游供求总量可能基本平衡，但旅游旺季中可能发生供给短缺，旅游淡季则难免会出现供给过剩。

第四，旅游供求在各自构成比例上的矛盾。旅游目的地在设计旅游供给时一般都依据游客消费层次的调查和预测，按高、中、低档次的比例，建设相应数量的旅游设施和提供相应层次的旅游服务，但由于其他影响因素导致的游客层次比例的变动，可能会打破这一平衡。

旅游市场供求平衡对任何一个国家或地区的旅游业发展都很重要。在商品经济条件下，旅游市场的供需平衡主要靠价值规律的作用，即通过旅游市场价格的变化来实现调节旅游经济活动。在供大于求的情况下，存在着超供给，此时如果价格继续上涨，将会使供给越来越多而需求越来越少，供需矛盾无法解决。要想供需平衡，只有通过降低价格，从而使旅游市场供给量减少，旅游市场需求量增加，才能达到旅游市场的供需平衡。而在供不应求的情况下，存在着超额需求，此时只有通过适当提价，才能达到供需平衡。

价值规律是调节旅游市场平衡的一个重型杠杆，每一个休闲农业经营者都要遵循旅游价值规律。

二、休闲农业的市场开拓

休闲农业市场的开拓，要在明确市场战略目标的前提下，进行休闲农业市场调研和预测，了解市场需求和竞争对手；要分析休闲农业经营者所处市场的宏观和微观环境，使经营活动适应市场环境的变化；要进行市场细分，准确选择目标市场；要针对目标市场，确定合适的市场营销组合，最终实现休闲农业市场开拓的战略目标。

（一）休闲农业市场调查

1. 休闲农业市场调查类型 休闲农业市场调查，可分为宏观市场调查和微观市场调查。

（1）宏观市场调查 主要包括休闲农业市场总需求、总供给的调查、市场环境调查等内容。休闲农业宏观环境是指影响市场供求变化的经济、政治、社会、文化教育等状况。

（2）微观市场调查 是指休闲农业经营者根据营销活动的需要而进行的特定调查，包括游客需求调查、市场营销状况调查和市场竞争调查。

休闲农业游客需求调查，主要包括旅游动机、旅游客源结构和游客费用支出状况调查。

市场营销状况调查，包括休闲农业游客对新老旅游产品质量、产品生命周期各个阶段的要求、意见和建议的调查。

市场竞争调查主要是调查竞争对手的状况，如有哪些竞争对手，哪些是现实的竞争对手，哪些是潜在的竞争对手，竞争对手的资金实力、休闲农业产品项目设计、服务质量、价格水平等状况。

2. 休闲农业市场调查阶段及资料类型 休闲农业市场调查通常分为 3 个阶段，即调查准备阶段、实地调查阶段和结果处理阶段。

经过必要的调查准备之后，着手实地调查，收集资料。收集的资料可分为二手资料和一手资料。

二手资料是他人收集并经过整理的资料，这些资料比较容易取得。二手资料可从企业内部的资料、政府机关的统计资料、公开出版的报刊和研究报告、区域旅游组织和专业旅游市场调研机构的年报等途径获得。二手资料的搜集比较简单，而且节省费用。

一手资料又称原始资料，是调查人员通过现场实地调查所收集的资料，收集的方法有调查法、观察法、实验法和会议法。

（二）休闲农业市场预测

休闲农业市场预测，是指运用各种定性和定量的方法，对休闲农业市场未来发展变化做出分析和推断。科学的市场预测需要综合运用定量分析和定性分析方法。

1. 定性分析　是对预测目标的性质以及可能的发展趋势做出分析，包括游客意见法、营销人员估计法、经理人员判断法和专家预测法。

游客意见法，是通过当面询问、电话、信函和调查表等，对休闲农业游客进行调查或征询，从而预测休闲农业市场。

营销人员估计法，是由休闲农业的营销人员对市场做出预测。

经理人员判断法，是由休闲农业主管部门根据经验，对预测期的营业收入作分析和估计，然后取平均数作为预测估计数，此法简单易行，节约费用，是休闲农业经营者常用的预测方法。

专家意见法，是聘请社会上的专家进行休闲农业市场预测。

2. 定量分析　是用数学计算的方法来研究、推测未来事件的变化及发展趋势。用定量分析法预测休闲农业市场需求，一般要使用多种统计方法和计量经济学方法。常用的方法有时间序列分析法和回归分析法。

时间序列分析法包括简单平均法、移动平均法、指数平均法和变动趋势预测法。

回归分析法包括一元线形回归分析法和二元线形回归分析法等。

（三）休闲农业目标市场选择及策略

任何一种休闲农业产品的供给者，都没有足够的实力面对整个休闲农业市场，满足所有游客的需要，因此，必须对休闲农业市场进行细分，以确定市场目标。休闲农业市场细分，就是根据休闲农业游客之间需求的差异性，把一个整体旅游市场划分为若干个休闲农业游客群体，从而确定目标市场。休闲农业市场细分不是休闲农业产品的分类，而是根据旅游需求的差异划分不同的细分市场。

休闲农业目标市场的选择是在市场细分化的基础上进行的。休闲农业经营者选择目标市场的策略一般有 3 种，即无差异性市场策略、差异性市场策略和密集型市场策略。

1. 无差异性市场策略　是把整个休闲农业市场看成是一个无差别的整体，认为所有游客对其休闲农业产品和服务的需求是一样的，将整体市场作为自己的目标市场。无差异性市场策略主要适应于一般的大众观光类的休闲农业产品。

2. 差异性市场策略　是在市场细分的基础上选择几个细分市场作为自己的目标市场，针对每一个细分市场的需求特点，设计和组合不同的休闲农业产品，并采取不同的旅游促销方式分别进行促销，以差别性产品和促销方式满足差异性的休闲农业目标市场需求。

3. 密集型市场策略　是在市场细分基础上只选择一个细分市场作为目标市场。这种策略追求的不是在整体市场上占有极小的份额，而是在较小的细分市场上占有较大的份额，适用于资源能力有限的中、小型休闲农业经营者。

以上 3 种策略各有其优缺点，休闲农业经营者在选择目标市场策略时要考虑自己的实力、产品特点、市场特点、产品生命周期和竞争者市场策略等因素，灵活地确定自己的目标市场。目前，我国休闲农业经营者大多采用差异性市场策略。

（四）休闲农业的市场开拓策略

1. 培养素质高、责任感强的休闲农业游客群体　在开展休闲农业时必须进行有效的宣传，宣传休闲农业的实质、特点及需要注意的事项，加强培养符合休闲农业条件、具有高素质和高责任感的游客群体。

2. 培养既懂旅游开发经营，又懂环境保护的高素质开发商

休闲农业的发展需要真正落实“在保护的前提下开发、在利用中保护”的原则。培养一支既懂旅游开发经营，又懂环境保护的高素质

开发商队伍，是建设休闲农业市场的重要条件之一。

3. 培养对环境保护有诚意的经销商　休闲农业产品的经销商不仅应该是懂经济的行家，而且应当是自然保护主义者。目前，一些专门经营休闲农业和生态旅游的旅行社在组团出发时，非常注重对游客进行环境教育，他们向游客讲解注意事项，分发自己编印的休闲农业“行为规范”和“行动指南”。

4. 建立健全休闲农业管理机制　休闲农业管理机制包括由各部门组成的协调管理机构、能够在各个环节行使监督和检查职能的高素质人员，以及规范企业和个人行为的管理条例和法规等。所有国际组织制定的开展休闲农业和生态旅游的相关标准、条件以及一些行业组织制定的行为规范都应纳入本行业的管理机制中，并以通告的形式向社会公布。

5. 取得休闲农业目的地的农民的理解和支持　休闲农业除了保护环境的目的外，还应该使当地居民在经济上真正受益，让旅游地的居民参与休闲农业园区的管理和服务，为他们创造更多的就业机会，使他们的生产和生活得以改善，“农家乐”型休闲农业就是如此。受益后的休闲农业，会直接或间接地引起他们对环境保护工作的重视，激发他们环境保护的积极性。当然，旅游地的居民参与管理和服务必须经过严格的培训，要教育和开导“农家乐”经营户不应有急功近利的思想，一旦经济利益和眼前利益与环境保护之间出现矛盾和冲突时，应把保护环境放在第一位。

第九章 休闲农业的市场营销

休闲农业市场营销首先是制定营销的目标和战略。市场营销的目标分为长期目标、中期目标和短期目标 3 种，市场营销战略是以此目标为依据制定的。市场营销组合是经营者在一段时间内为更好地满足旅客需求，对自己可控制的各种营销因素的优化组合和综合利用，使之协调配合，发挥优势，以便更好地实现营销目标。市场营销组合由产品策略、价格策略、渠道策略和促销策略四部分组成，这四部分不仅可以单独调节，又可以相互配合进行综合调节。

第一节 休闲农业产品开发与营销策略

一、旅游产品的构成及其特征

（一）旅游产品的构成要素

对旅游目的地而言，旅游产品是指旅游经营者凭借旅游吸引物、交通和旅游设施，向游客提供的以满足其旅游活动需求的全部服务。对游客而言，旅游产品是指游客花费一定的时间、费用和精力所换取的一段经历。

作为一个整体概念，旅游产品的构成要素包括 6 个方面，即满足游客吃、住、行、游、购、娱等精神需求和物质需求的实物和服务。

1. *旅游景观* 旅游景观是指能激发游客旅游动机的旅游吸引物，包括生态环境、自然风光、文物古迹、人文内涵、历史渊源、风俗民情等。旅游产品的开发和设计一般都以旅游景观为主体。

2. *旅游交通* 旅游交通是指将游客从出发地运送到目的地，以及在目的地之间实现景点间位移转换的交通服务。快捷、安全、舒适的交通服务决定了旅游产品的可进入性和便捷性。

3. *旅游住宿* 旅游住宿是指在旅游过程中为游客提供的住宿设施和其他综合性商业服务。一个旅游产品的质量与市场定位的高低，很大程度上受到旅游住宿因素的影响，甚至可以说旅游住宿的档次决定了旅游产品的档次。

4. *旅游购物* 在旅游过程中购物，是受游客欢迎的消费体验活动之一。通过购买那些文化品位比较高，富有地方特色的旅游纪念品和其他相关物品，如工艺品、土特产、食品药材等，游客可以增加对旅游目的地文化历史、民俗风情的了解，满足物质和精神的双重需求，旅游目的地则可以增加收入，活跃商业，推动经济发展，还可以有非常好的宣传效果。

5. *旅游娱乐* 旅游娱乐项目是旅游产品的基本构成要素，也是现代旅游活动的重要内容。旅游娱乐活动包括以当地民俗为特色的集会游乐活动、现代游园活动、旅游节事娱乐活动、冒险刺激的挑战活动等等。通过富于参与性的娱乐活动，可以丰富旅游目的地的产品内容，丰富游客的行程安排，满足游客的各种精神需求。

6. *旅游餐饮* 旅游餐饮不仅满足游客的餐饮需求，而且能在更深层次上增加游客对当地文化与生活的理解。开发旅游餐饮产品是提高目的地旅游吸引力、增加旅游收入、提升旅游形象的重要举措。

以上 6 个方面，既可以各自单独成为一项旅游产品，也可以某些方面组合而成为综合性产品统一销售给游客。

（二）旅游产品的特征

与其他物质产品相比，旅游产品具有以下不同的特点。

1. *旅游产品的多样性* 旅游产品的种类繁多，覆盖面广，包括旅游景区景点、旅游服务设施、信息服务、旅游商品等等各种各样的产品和服务。

2. *旅游产品的综合性*　作为一种综合产品，旅游产品既包括有形的物质产品，也包括无形的服务，有形的物质产品是无形服务的基础，无形的服务与有形产品密切联系、不可分割。

3. *旅游产品的复杂性*　纵观游客的旅游活动过程，旅游产品涉及各个行业，如交通、娱乐、商业、住宿、景区等等环节，任何一个环节的失误与变动都会影响整个旅游产品的正常供应与消费。旅游产品的提供者必须对产品的细节或要素进行差异化控制，从而满足不同消费群体的不同要求。

4. *旅游产品的再生产性*　旅游企业提供的旅游产品需要一定的再加工过程，即对有形产品进行一定的加工才能投入使用，才能实现旅游产品的可消费性。正是基于这种特性，很多旅游产品的提供需要专业的设施和人员才能实现，简单地对有形产品的采购和储存并不能真正满足游客的需求。

二、休闲农业产品类型

休闲农业的目标顾客是城市居民，针对这个顾客群体的休闲农业产品，除了必要的旅游元素，如娱乐性、知识性、参与性等以外，还必须具备另一个特定要素，即乡村特质，如乡村特有的地理环境、地方特有的景物、地方民俗等等。休闲农业产品设计，要充分展现城乡差距和乡土特色，用异域性和乡土性来吸引游客，展现原生态的乡村风格。

休闲农业的产品类型，可以从资源类型和游客需求两个角度来划分。

（一）从资源类型角度来分

1. *自然风光*　这种休闲农业产品主要依托乡村的自然地理环境，如田野、草原、海洋、山脉、湖泊等。那些著名风景区周边地区或者风景区内部地区，可以凭借景区的知名度和旅游设施来发展休闲农业，增加景区的产品特色，丰富产品类型和层次，从而增加旅游景区的吸引力。

2. 农业景观　随着我国新农村建设的步伐加快，很多乡村的农业生产形成了自己独具的特色，如现代农业果园、温室大棚、梯田、林地等。很多农业观光园、蔬菜高科技示范园、特殊品种的采摘园等农业旅游资源，都可以开发成为特殊的休闲农业产品。

3. 乡村民俗和民族村寨　民俗旅游如今已经成为一种重要的旅游产品，很多与田园风光、传统文化和村寨风情相结合的休闲农业产品尤其受到市场追捧。游客通过一系列民俗文化产品，可以从建筑、饮食、服饰、节日、生产、娱乐、礼仪、道德、信仰等各个方面获得丰富的体验，深入领略社会文化的独特意蕴。这种旅游产品的市场辐射半径比较大，强烈的文化独特性可以对远程的游客产生巨大的吸引力。

（二）从游客需求角度来分

1. 体闲娱乐产品　这种产品是目前休闲农业产品的主要类型，目的是满足城市居民在乡村环境中的休闲娱乐活动，其主要产品形式是“农家乐”、“渔家乐”、“山里人家”等。

2. 收获品尝产品　产品形式主要以特色餐饮美食、采摘垂钓、参与酿制等为主，如“采摘游”、“垂钓世界”、“美食村”等，依托乡村农业设施，提供农产品的收获体验活动。这种产品强调游客的体验和参与，市场覆盖面比较大，从老年人到青年、儿童都可以找到适合自己的项目。

3. 运动养生产品　依托乡村自然地理环境，进行山野及水体运动、乡村疗养健身等，例如温泉、攀岩、爬山、漂流等，主要代表是“乡村运动俱乐部”、“温泉疗养”等。

4. 文化观光产品　主要依托乡村的特色风光、农事活动或村落名胜、历史遗迹、特色文化节事、风俗习惯等，开展观光旅游，内容包括现代乡村观光、科技农业观光、古村落民居观光、参与民俗节事等。

5. 认知学习产品　产品形式主要是由学校或家长等安排的有目的的旅游与考察、写生、实习等，以学生远足、夏令营等为代表，让学生通过休闲农业获得相关的知识和技能。这种产品在学生市场受到广泛的欢迎。

6. 复合产品　这种类型的产品糅合了上述各种产品的要素，兼有几种类型的产品特性。很多资源丰富的地区往往采取这种方式来全面开发资源，提供多种产品组合，满足不同市场群体的消费需求。

7. 其他非典型产品　许多乡村地区基于其独特或罕见的旅游资源，或者根据邻近市场的特殊需求，开发出一些特有的休闲农业产品。例如，黄土高坡上的土窑洞是当地特有的建筑形式，相应的文化和民俗，如信天游、剪纸、面食等也富有独特性，通过对这些独特资源的开发形成的陕北休闲农业产品，是其他地区比较少见的，甚至是全国唯一的。

三、休闲农业产品体系

1. 核心产品　休闲农业核心资源是农业景观和乡村文化，休闲农业的核心产品包括乡村景观和乡村文化以及接待和度假服务，它是休闲农业与其他旅游的本质区别。游客通过对核心产品的消费，能够在乡村环境中与本土居民共享乡村文化和乡村生活。

2. 辅助产品　这是在核心产品的基础上构筑的延伸产品，由本土的各种直接或间接旅游从业人员提供，如餐饮、娱乐活动、土特产、工艺品、集市庙会等，超越了农业核心产品的范畴。辅助产品不仅扩大了核心产品的层次和内容，而且可以增加核心产品的市场吸引力。辅助产品是休闲农业不可缺少的重要产品层次，是旅游体验的主要载体之一。

3. 扩张产品　扩张产品是休闲农业发展到一定规模和阶段后生长出来的增值服务。它为核心产品和辅助产品提供服务营销和服务网络。由政府、企业、行业协会等组织提供的营销或网络服务，可以解决因产品分散性而带来的营销和管理困难，通过休闲农业网络，政府、行业协会可以为当地休闲农业产品提供统一的促销渠道，为游客提供信息沟通平台和预订服务。

核心产品、辅助产品和扩张产品构成完整的休闲农业产品体系。我国现阶段主要还是核心产品，有部分的辅助产品，基本上没有扩张产品。因此，要注意对核心产品的深度开发、辅助产品的多样化开发和扩张产品的统一化开发。

四、休闲农业产品开发原则

长期以来，我国休闲农业处于一种自发的运作状态，没有形成完整的产品体系和市场环境，远远跟不上游客的需求。休闲农业产品的开发，应该遵循下列几个原则：

1. 市场导向原则　休闲农业要紧紧围绕主要目标市场的需求进行产品的要素设计。休闲农业管理者应当加强市场调查，把握真实的市场需求，从而根据市场的需求设计出适销对路的产品。

2. 质量控制原则　质量是旅游产品的要素，如果缺乏有效的质量控制机制，可能对休闲农业产品带来毁灭性的打击。由于休闲农业产品的提供者一般都是分散的农户，受资源影响和服务水平的限制，很多地方的休闲农业产品质量有待提高。在进行产品开发时，必须从一开始就讲究产品质量控制，以保证休闲农业的健康发展。

3. 可持续发展原则　休闲农业产品的开发不能以牺牲当地资源为代价，必须紧扣可持续发展这一主题，重视旅游资源的开发与生态环境的协调发展，防止出现掠取性开发。还要把握好资源类型，对当地的旅游资源进行正确的评估，在此基础上设计的产品才能比较符合当地的实际情况，体现当地的资源价值和核心竞争力。

4. 科学营销原则　旅游市场营销是产品推广和销售的重要保障。通过科学的旅游营销管理与协调，可以扩大销售额，提高休闲农业产品的知名度。在进行产品开发设计时，要根据各自的资源优势，因地制宜考虑和制定产品的营销战略，重视旅游整体形象的宣传促销，进行旅游品牌建设。

五、休闲农业产品营销策略

1. 打破分散经营状态，进行联合开发促销　分散经营不利于休闲农业产品的发展，也很难进行统一的管理和促销。因此，休闲农业经营者必须联合起来开发旅游产品，联合起来推销旅游产品。这种联合，以互惠互利、共同受益为原则，集中人力、物力、财力，进行统一的营销管理，并且通过各种促销方式加大宣传力度，提高休闲农业的知名度。

2. 发挥行业组织的作用　联合开发和促销需要通过政府推动和企业联动，行业协会在这里应该扮演重要角色。首先，对本地的休闲农业资源进行细致的调研和划分，在此基础上进行产品的初步规划。其次，对目标市场的消费特性和市场需求进行深入调查和分析，从而根据市场需求，结合资源特性，进行产品设计与规划。再次，对旅游产品的促销渠道进行开发和沟通。通过旅行社、旅游俱乐部、网站、散客集散中心、主要交通枢纽进行销售渠道的建设，从而有计划、有重点地在主要客源市场建立营销网络。最后，加强广告促销的力度，扩大产品的市场辐射半径，吸引更多的人前来旅游。通过城市旅游营销网络和销售渠道，利用一些崭新的促销方式来加大宣传力度，塑造整体旅游形象，强化休闲农业的产品品牌。

3. 深入开拓市场潜力，开发休闲农业特色产品和服务　经营者和管理者在进行休闲农业产品开发时，应该充分考虑市场的群体需求差异，借助周边地区的客源市场基础，借助风景名胜的吸引力，实现客源和设施共享。注重对观光旅游主体产品的开发，各种特色和辅助旅游产品的建设，在核心产品的基础上建设商品购物、交通设施和文化产品，建立营销网络服务平台，从而形成多层次立体的旅游产品。

大城市周边的休闲农业开发，应该注重对市场需求和游客的调查，结合乡村特色资源，开发富有乡村特色的观光产品，开发具有传统特色的手工艺品和特色农产品，举办农产品的节庆活动，组织各种参与性的活动项目，提高服务质量，增加服务项目，从而树立良好的旅游品牌。

4. 目标市场层次化　休闲农业产品类型丰富，可适应多种顾客群，但市场仍应分层次，根据市场定位锁定主要的几个细分市场作为目标市场进行重点推介，如大众休闲度假旅游、青少年素质教育、商务会议等。

5. 促销形式多样化　要强调多样化的促销手段，应对目标市场顾客综合运用广告、营业推广、公共关系、人员推销等各种方式，或与主要客源市场的旅行社、旅游企业或本地区传统景区积极开展合作。尤其可结合各季节农作物的采收期和当地的乡风民俗，推出若干有特色的节事活动。

对本地市场，不仅要依靠政府及相关部门的指导与扶持，结合本地新闻媒体进行宣传，还应主动上门向机关团体、社会机构派发宣传册、挂历等资料，并给予优惠政策，逐渐形成一批回头率高、消费稳定的团体。

对外地市场，依托中心城市设立办事处拓展业务，并多渠道参加中心城市及邻近城市举办的旅游交易会、展销会，或运用合作方式把各地较大型的旅游工作年会吸引到本园召开，乘机为自己大做宣传。

无论是本地市场或外地市场，对阶段性宣传时机要较好地把握，如利用中国传统的节假日、各类会议的高发期、各应节水果的最佳采摘期、旅游黄金周、学生假期等等，针对不同的消费对象有的放矢地采取传真、寄卡片、派发卡片等方式促销服务。

6. 市场营销品牌化　随着市场经济的发展，价格竞争将逐渐过渡到以文化为内涵的品牌化竞争。在激烈的旅游市场竞争中，休闲农业的经营者应摆脱小农意识，树立长远的战略眼光，通过园区建设的精品化、旅游服务的优质化以及旅游形象的鲜明化，逐渐在市场上确立自身良好的品牌。

第二节　休闲农业价格策略

一、旅游价格的类型

1. *基本旅游价格和非基本旅游价格*　基本旅游价格是指旅游活动中满足游客基本需求的旅游产品价格，包括住宿餐饮、交通运输、景点游览价格等。由于游客基本需求是旅游活动中必不可少的，因此基本旅游价格对旅游活动具有十分重要的影响。

非基本旅游价格是指以满足游客个性需求为主的旅游产品价格，如旅游纪念品、通讯服务、医疗服务、娱乐服务价格等。非基本旅游价格具有较高的需求价格弹性，其变化往往对游客消费具有强烈的影响力。

2. *一般旅游价格和特种旅游价格*　一般旅游价格是指以旅游产品价值为基础来确定的旅游产品价格，如餐饮、住宿、交通运输、日用生活品价格等。

特种旅游价格是指旅游产品价格与旅游产品价值背离较大的旅游价格，如古玩、名画等旅游艺术品的价格，名人故居或名人住过的宾馆客房的价格，具有唯一性或垄断性的旅游景点的价格等，这些旅游产品由于在一定的时间和空间内具有独占性，因此其价格通常是一种垄断价格，制定价格时不受成本高低的影响，而主要取决于游客的需求状况。

3. *全包旅游价格、零包旅游价格和单项旅游价格*　旅游产品全包价格也称为统包价格，是为满足游客的需要所提供的旅游产品基本价格和服务费的价格。它由三部分组成：旅游出发地与旅游目的地之间的往返交通费，旅游目的地向游客提供的旅游产品的价格，旅行服务管理费用和盈利。旅游全包价格是游客购买旅游品而一次性支付的旅游价格。

零包旅游价格是指游客一次性购买旅游产品的旅游价格，同时也是以零星购买方式而购买其他多种单项旅游产品的价格，如参加某次旅游活动而购买的某项节庆票和某种娱乐产品的价格，或以某个特殊地方为目标的参观游览产品和服务的价格。随着散客的增多，旅游产品的零包价格将逐渐增多。

单项旅游价格是指游客按零星购买方式所购买的某一种单项旅游产品的价格，也是在一定时期内旅游经营者所规定的各种单项旅游产品的价格，如客房价格、餐饮价格、交通价格、门票价格等，它体现了休闲农业组织经营单项旅游产品的收费标准。旅游单项价格比较方便游客的选择，但一般比全包旅游价格和零星旅游价格要高得多。

4. 现实旅游价格、预期旅游价格和心理旅游价格　现实旅游价格又称为市场交易价格，是指游客在购买旅游产品时实际支付的旅游价格，即在一定条件下游客购买旅游产品时愿意支付而旅游经营者也愿意出售的旅游价格。

预期旅游价格是指游客对未来旅游市场供求变化所预期的，与旅游经营者现实报出的价格不相一致的旅游价格。由于旅游市场的季节性变化和区域性不同，因此旅游价格也往往在不同时间或不同旅游目的地之间存在着差异性，正是这种差异性导致游客的预期旅游价格，成为旅游产品交易中讨价还价的重要依据。

心理旅游价格是指游客认为旅游价格与旅游产品价值相符的主观价格。由于各种条件的限制，游客只能凭借自己的想象来认识旅游产品的价值，按照自己的感受和心理价位来认定旅游产品的价格。

二、休闲农业定价目标

1. 以体现休闲农业产品质量为主的定价目标　休闲农业产品价格必须反映休闲农业产品质量，做到质价相符，才能吸引休闲农业游客。通常有以下3种情况：

（1）垄断性休闲农业产品的定价目标　某些旅游资源不仅有较

强的吸引力，而且具有一定的稀缺性，从而形成垄断价格，在休闲农业市场上有很强的竞争能力，其定价目标就可以是高于其他同类旅游产品的垄断价格。

（2）特色性休闲农业产品的定价目标　休闲农业产品特色鲜明，能激发游客的消费动机，使游客获得良好的体验和身心的满足。这些休闲农业产品的定价要高于其他同类产品。

（3）个性化休闲农业产品的定价目标　为了提高休闲农业游客的满意度，休闲农业经营者必须针对不同游客的需求提供个性化的旅游产品和服务，并按照不同的个性化休闲农业产品而制定不同的旅游价格。

2. *以提高休闲农业市场占有率为主的定价目标*　休闲农业市场占有率是指休闲农业经营者提供的旅游产品销量或旅游收入在同类产品的市场销售总量或旅游总收入中所占的比重。通常有以下 3 种情况：

（1）主导休闲农业市场的定价目标　拥有较高市场占有率的休闲农业经营者往往利用自己的竞争优势选择稳定的定价目标，通过制定大多数游客和其他旅游企业所能接受的休闲农业价格来主导整个休闲农业市场的价格水平，而小企业要确保自身的利益也愿意追随大企业的定价，从而使休闲农业市场价格不致发生大的波动。

（2）渗透休闲农业市场的定价目标　为了不断提高市场占有率，休闲农业经营者往往利用低于竞争对手的旅游价格，配合各种分销渠道和销售促进策略，广泛渗透和占领各类旅游市场。采用这种定价目标，要具有一定的营销实力，有效整合营销组合，推动休闲农业产品的大量销售。

（3）稳定休闲农业市场的定价目标　这是一种随市就市的定价目标，即休闲农业产品的价格制定以符合旅游市场行情为前提，当市场供不应求时制定较高的价格，当市场供过于求时制定较低的价格，以保证具有相对稳定的市场占有率。

3. *以追求利润合理化为主的定价目标*　休闲农业经营活动的

主要目标是追求利润最大化，通常有3种情况：

(1) 追求利润最大化的定价目标　当休闲农业产品和服务在短期内居于市场领先地位，具有一定垄断性并受到休闲农业游客的欢迎，同时又处于供不应求的状况时，可以通过制定垄断价格和高价较快地获取最大利润。

(2) 追求平均利润率的定价目标　如果休闲农业产品已经进入成熟期，或者属于普通型产品，没有垄断性或特色性，可以在总成本基础上加上市场平均利润率而确定休闲农业价格。

(3) 追求盈亏平衡的定价目标　当休闲农业产品处于生命周期的衰退期，市场竞争力下降，或者经营环境和条件出现不利的变化时，为了维持稳定和创造新的发展条件，可以采取以追求盈亏平衡为主的定价目标，即以最低的休闲农业价格维持市场占有率，保证产品成本的补偿，同时尽快开发新的休闲农业产品，寻求新的获取较高利润的机会和条件。

三、影响休闲农业价格的因素

一般来说，休闲农业价格是由休闲农业产品的价值所决定的，但在市场经济条件下，休闲农业市场供给、市场竞争以及宏观经济政策也会对休闲农业价格产生直接的影响。

1. 休闲农业产品价值决定供给价格　按照经济学的价值理论，旅游产品的价格是由旅游产品的价值所决定的。如乡村度假旅游产品与体验民风民俗和风土人情的休闲农业产品所提供的设施和服务、舒适程度会有较大差距，前者所花费的社会必要劳动时间明显较多，因而其价值较大并决定了价格相应较高。

虽然休闲农业产品价值决定其旅游产品的价格，但在实际的旅游经济运行中，其产品的价格并不完全与价值相一致，而是不断围绕价值而上下波动。但在一个较长时期内，休闲农业产品的价格和价值应该是基本一致的。

2. 休闲农业市场供求关系决定需求价格　根据旅游供给规律

和旅游需求规律，当旅游产品价格提高时，旅游需求量减少而供给量增多；反之，则旅游需求量增多而供给量减少。休闲农业产品价格决定着休闲农业市场的供给和需求的均衡交易量，而休闲农业市场的供给和需求的共同作用，又形成了休闲农业产品的均衡价格，因此，休闲农业产品价格是休闲农业需求和供给共同决定的市场价格。

3. 休闲农业市场竞争状况决定市场成交价格　休闲农业市场通过休闲农业产品的供给者之间、需求者之间、供给者和需求者之间的竞争而决定市场成交价格。通常情况下，休闲农业供给者之间竞争的结果会使市场成交价格在较低的价值上运行，而休闲农业需求者之间竞争的结果会使市场成交价格在较高的价位上运行。因此，当休闲农业产品供过于求时，产品价格只能体现休闲农业经营者的生存目标即较低的供给价格；当休闲农业产品供不应求时，产品价格可以体现旅游经营者的利润最大化目标，从而实现较高的交易价格。

四、休闲农业的定价策略

1. 差别定价　同一休闲农业产品，可以根据不同的休闲农业游客或不同的消费量、休闲农业园区淡旺季以及市场需求制定不同的价格。

（1）价格歧视　休闲农业产品价格歧视是以游客为对象的差别定价，其中也包含以旅游产品消费量为基础的定价。休闲农业经营者对每一单位休闲农业产品制定不同的价格，如 6 瓶 1 升的啤酒和一瓶 6 升的啤酒价格肯定是有差别的，休闲农业纪念品往往不以单个定价而是以包装数量定总价。同时对休闲农业产品每一单位确定不同的价格，如在旅游淡季，住宿费可能会是第一天 80 元，第二天 60 元，第三天 40 元，而不是每天 80 元或 40 元。休闲农业线路每多增加一个景点，收费标准也会打折扣。

（2）时间差别定价　休闲农业产品需求具有季节性，因而大多数休闲农业产品在一年中存在明显的淡旺季并且淡旺季价格不同。在淡季，可以用低价来吸引游客；在旺季，高价应对高需求，获得最大收益。旺季高价，可以调节游客的时间分布，使得游客在一年内相对均匀。

（3）地点差别定价　不同等级的休闲农业对游客的吸引力和辐射范围是不同的，反映在休闲农业景点上，有热点景区、温点景区、冷点景区之分。不同线路，不同需求，同样可以实行差别定价。如需求量大的热点景区价格可以高一些，而温点景区需求较低，价格可以偏低些。

2. 转移定价　转移定价也叫做隐藏定价，通常是将一种休闲农业产品价格定得较低，通过产品之间的连带效应，使游客在其他休闲农业产品消费中，补偿前一种产品的损失。在门槛值较高的旅游产品中，常采用此类定价方法。如乡村度假区的餐厅，可以推出某些特价菜吸引游客，而在酒水、菜品中适当提价以赚取利润。旅游线路综合性较强的休闲农业产品，可用较低的交通费作为引诱产品。

第三节　休闲农业销售渠道策略

一、休闲农业销售渠道的类型

旅游产品必须通过一定的流通方式，才能将旅游产品送到游客手中，这就是销售渠道。

销售渠道的长度，通常是指旅游产品从休闲农业经营者送到游客手中的过程中中间环节的数量，所经过的代理环节越多，销售渠道就越长；反之，销售渠道就越短。

销售渠道的宽度，一般是指一个时期内销售网点的数量，通常所说的多设销售网点，就是指加宽销售渠道。

旅游产品的销售渠道，主要有直接销售渠道和间接销售渠道。

直接销售渠道，是旅游经营者直接面对最终游客进行销售，没有任何中间环节，如游客直接到“农家乐”消费。

间接销售渠道，就是旅游产品从旅游经营者转移到游客手中，要经过一些中间环节，如零售商、批发商、代理商等，这些中间环节统称为中间商。

目前，我国休闲农业经营者规模一般都比较小，大多采用直接销售渠道，但随着休闲农业的发展，各种类型的间接销售渠道必将被广泛地采用。

二、休闲农业销售渠道的成员

休闲农业销售渠道的成员，是指专门帮助休闲农业经营者进行营销的中介组织和个人，包括休闲农业代理商、批发商、零售商和专业旅游媒介等。

1. 休闲农业代理商　休闲农业代理商是指与休闲农业组织签订合同接受委托，在某一特定区域内代理其销售旅游产品的旅游中间商。如代理乡村度假村接受预订、宣传乡村饭店的产品、向休闲农业游客提供旅游目的地的信息等，其主要收入来自被代理的休闲农业经营者支付的手续费或佣金。当休闲农业经营者需要在某一地区开拓市场或在客源集中地区无法直接进行营销活动时，可以借助休闲农业代理商的营销资源优势寻找市场机会，扩大销售。休闲农业代理商在游客选择某一项休闲农业产品的决策中起着很大的作用，休闲农业产品生产者要为旅游代理商提供相应的支持性服务，如邀请代理商考察熟悉被代理的休闲农业经营项目，开展以旅游代理商为目标的推广活动，提供免费预订电话，快速处理佣金支付问题等。

2. 休闲农业批发商　休闲农业批发商通常是一些实力雄厚的大型旅游公司或旅行社，具备较强的管理、宣传和销售能力。休闲农业批发商通过与交通部门、休闲农业园区以及其他餐饮娱乐服务机构等直接谈判签订合同，购买一定数量的座位、门票和房间等，将这些单项旅游产品组合成包价旅游线路批发给休闲农业零售商。

休闲农业批发商大多拥有较强的人、财、物及采购优势，采用集团化经营，也拥有自己的零售网络，抗风险能力强，其收入主要来源于交通部门支付的代理佣金、乡村度假饭店订房差价和休闲农业园区的门票差价等。随着休闲农业的不断发展，休闲农业批发商在休闲农业产品销售渠道中的作用越来越大。由于单项休闲农业产品越来越多，游客对休闲农业产品缺乏全面的了解，为节省时间和精力，往往更倾向于参阅休闲农业批发商提供的休闲农业产品目录，从中选择价格、时间搭配比较合理的包价旅游，休闲农业批发商对于将谁纳入其包价旅游的目录并进行促销有最终决定权，而没有列入其中的其他休闲农业经营者就失去了被游客选择的机会。

3. 休闲农业零售商　休闲农业零售商是指直接向游客提供休闲农业产品的旅游中间商，主要是指旅行社。旅行社在休闲农业产品销售中的作用甚为突出。为适应游客的多种需求，旅行社要熟悉各种休闲农业产品及其价格，要充分了解休闲农业游客的偏好、经济支付水平、生活消费方式等情况，帮助休闲农业游客恰当地安排合适的休闲农业线路，向游客提供咨询服务，代为预订车船票，还要与休闲农业园区的旅馆、餐馆、景点以及车船公司等保持良好的沟通和联系，不断反馈休闲农业市场和游客的需求变化信息，其收入主要来源于相关旅馆、餐饮、车船公司等所支付的佣金或折扣。

4. 专业旅游媒介　专业旅游媒介包括旅游促销机构、旅游经纪人、旅游信息中心等，主要从事旅游宣传，向游客提供信息服务、预订服务及旅游线路的推荐服务。这也是休闲农业销售渠道中不可缺少的成员之一。通过提供服务，在每次预订中收取一定的费用作为报酬。

旅游促销机构既可以是完全独立的组织，也可以是政府所属的部门，或者是旅游行业协会。

旅游经纪人是一种特殊的休闲农业中间商。他们不拥有休闲农业产品所有权，不控制休闲农业产品的价格及销售条件，只是为交易的双方牵线搭桥，促成双方交易，成交后向休闲农业经营者收取一定的佣金，所以不承担任何风险。

旅游信息中心把不同类型、特点的休闲农业经营者的有关资料输入电脑，形成自动预订中心，游客可通过电话、电脑等获取休闲农业信息。

三、选择销售渠道的影响因素

休闲农业经营者在选择和设计销售渠道时，往往会受到多种因素的影响和制约。

1. 休闲农业市场特点　休闲农业市场复杂多变，休闲农业市场的容量，各目标市场的地理分布、购买频率，游客对不同销售方式的反应，竞争者的销售渠道分布等，都直接影响销售渠道的选择。如果目标市场的规模很大，地理分布很广，应该选择较宽、较长的销售渠道；反之，应该选择直接渠道或者较窄的销售渠道。如果购买频率很高，一次购买量少，造成交易次数增加，就有必要选择多个中间商以降低交易成本；反之，如果购买频率低，每次购买量大，就可以用一些中间商，而采取较短的渠道来进行销售。

2. 休闲农业产品特点　休闲农业产品具有多样化、综合性的特点，不同的旅游产品组合需要选择不同的销售渠道。一般而言，价值较高、旅游容量较小、产品内容较单一、产品更新换代快的休闲农业产品，适合短渠道策略；价位较低、旅游容量较大、产品内涵丰富、产品生命周期长的则适合长渠道策略。如果休闲农业产品组合面太窄，产品单一，就不能适应零售商和游客的要求，而必须通过批发商进行分销；如果产品组合面较广、较深，花色品种较多，就容易适应零售商和游客的需要，采取的销售渠道可以短一些。休闲农业度假饭店产品覆盖面广，宜采用间接销售渠道。高档的、有特色的休闲农业产品大多直接面对游客进行销售，而大众化的休闲农业产品通过间接渠道能够获得更多的客源。

3. 休闲农业经营者实力　资金雄厚、社会声誉好的休闲农业经营者，选择销售渠道的灵活性较大，一般可以随意挑选和利用各种有利的销售渠道。如果实力较弱，社会影响较小，又缺乏管理经验和营销能力，则宜依靠旅游中间商介绍客源。

4. 休闲农业经营规模　经营规模决定休闲农业经营者的接待能力和目标市场，而所选择的目标市场的规模又影响销售渠道的选择。经营规模较大、范围较广的休闲农业经营者需要选择长而宽的销售渠道；反之，则需选择窄而短的销售渠道。

5. 销售人员素质　休闲农业经营者销售人员素质高，专业能力强，可以直接进行销售；反之，则需更多依靠间接销售渠道。

四、休闲农业销售渠道的控制

由于销售渠道的成员都是独立的企业，都有自己的经营目标，因此对他们的管理难度很大。休闲农业经营者如何调动中间商的积极性，减少各渠道成员之间的冲突，是休闲农业销售渠道控制的主要内容。

1. 加强与旅游中间商的合作，调动他们的积极性　休闲农业中间商为了自己的经营目标，往往会同时推销多家休闲农业经营者甚至其他类型旅游企业的产品。这些旅游产品既可以组合成综合旅游产品，又可以是相互竞争的产品，旅游中间商选择什么旅游产品取决于与休闲农业经营者的合作程度。因此，休闲农业经营者应尊重中间商的利益，加强与中间商的沟通，以达到双赢的目的。同时，根据中间商的营销能力、资信状况，给不同的中间商以不同的价格优惠，采用灵活的优惠形式，如减收或免收预订金等。

2. 根据市场的变化、产品特点以及现有中间商的表现，制定一套切实可行的办法　定期对中间商进行业绩考核，对销售不力、效率低下、不能适应市场变化、对销售渠道整体运作有严重影响的渠道成员予以裁减。必要时应当重新设计销售渠道。

3. 调节中间商之间的冲突　一般情况下，休闲农业经营者会选择多个中间商，旅游中间商之间会因竞争而发生冲突。冲突一旦发生，会对整个销售渠道产生不利的影响，因此必须对冲突进行有效合理的控制。解决冲突最有效的办法是加强与各渠道成员之间的联系，定期举办各种座谈会，把销售渠道成员聚在一起，相互沟通，消除分歧。

第四节　休闲农业促销策略

一、旅游促销的原理

旅游促销即促进旅游产品销售，是指通过一定的传播媒介向游客进行宣传、吸引、说服等工作，以达到促使游客了解、信赖直至购买旅游产品的目的，这是一种非价格竞争手段。

旅游促销是旅游营销组合的一个要素。对游客来说，旅游市场上提供的旅游服务有两种不同的类型，一种是经验品，一种是搜寻品。所谓经验品是指游客在购买之前无法知道这种旅游服务的效用情况，只有通过自己的亲身体验才能了解这种旅游服务的质量和效用。所谓搜寻品是指游客在购买服务之前就能了解和识别这种服务的质量和效用。除非游客经常消费某种旅游服务，大多数旅游服务都属于一种经验品性质的产品。旅游服务的经验品性质决定了它的后效性，无形服务又决定了其有形化展示的缺乏，因此，旅游促销对于旅游产品的销售活动具有重要作用。

1. 提供信息，促进沟通　当旅游产品进入市场时，需要提供旅游企业及产品的相关信息，并根据旅游消费者的具体特点采取不同的方式进行沟通，了解游客的需求，确定旅游产品提供的最佳时间、地点和方式。

2. 突出特点，强化优势　为了避免与竞争者的产品类似，旅游产品在销售过程中要寻找企业和产品的特点，强化自身的优势，使游客认识到本企业和产品所带来的特殊利益。如果和竞争者的产品之间没有本质的区别，可以通过促销突出企业的经营理念、企业文化或者赋予产品新的概念，使游客认清品牌，形成偏好。

3. 树立形象，巩固市场　旅游是一种高层次的消费和审美活动，通过长期的旅游促销活动，可以塑造与众不同、更具亲和力的市场形象，巩固市场地位，提高市场占有率。

4. 刺激需求，引导消费　旅游产品属于高附加值的非生活必需品，受各种因素影响，其需求弹性很大。通过促销可以使游客提高对旅游的认识，唤起旅游消费需求，并积极倡导新的休闲生活方式。

二、休闲农业促销方式

旅游促销的方式很多，休闲农业经营者应对各种促销方式进行分析，选择最有效的促销方式。

1. 旅游广告　广告是一种高度大众化的信息传播方式。其优点是辐射面广，信息传播速度快；可多次重复宣传，提高产品的知名度；形式多样，艺术表现力强，可树立休闲农业产品的整体形象。其缺点是传递信息量有限，信息停留时间短，购买行为具有滞后性，特别是成本较高。

2. 公共关系　公共关系的主要目的是为了和公众达成良好的关系。其优点是借助于第三者传递信息，可信度较高；容易赢得公众信任；信息传递方式多样，影响力大，有利于建立休闲农业形象。缺点是不能直接达到销售效果；活动设计有难度，组织工作量较大。休闲农业在公众中建立起知名度和美誉度，必然增加产品的销量。

3. 营业推广　旅游营业推广是指休闲农业经营者在某一特定时间和空间范围内进行刺激销售的促销方式。其优点是刺激性强，对顾客的吸引力大；迅速激发顾客需求，能在短期内改变顾客的购买习惯。缺点是注重短期销售利益，使用不当可能导致顾客的不信任。休闲农业产品在萌芽期往往尚未得到游客的关注，采用营业推广能加快新产品进入市场的速度，产生立竿见影的强烈效果。

4. 人员推销　人员推销是指与顾客面对面进行宣传，是最直接的促销方式。其优点是与游客面对面沟通，针对性强，可直接促成交易；易培养与游客的感情，建立长期稳定的联系。缺点是覆盖面小，平均销售成本较高；对销售人员的要求较高，需要经过专业培训。对休闲农业而言，人员促销策略主要适用于目标市场和旅游中间商。

三、休闲农业促销方式的选择

1. 不同的旅游市场　不同的市场状况包括市场的范围、竞争的程度以及供求变化等。例如对于规模小而相对集中的休闲农业市场，可采取人员销售和营业推广；如果市场范围大而分散，可利用广告和公共关系。市场竞争激烈时应该采用多种促销方式组合，竞争缓和时采用广告和人员推销等方式。

2. 不同的旅游产品　休闲农业产品的性质不同、生命周期不同，促销方式也应有所不同。

在产品的投入期，游客对休闲农业产品不了解，促销的重点是增加信息量，提高游客的认知率，宜选择广告和新闻报道方式。

在产品的成长期，游客对产品产生兴趣，促销的重点是诱导游客购买和树立形象，宜采用广告、人员推销和公共关系。

在产品的成熟期，游客已经形成消费偏好，促销的重点是竞争，宜采取营业推广、公共关系和广告等方式，提醒、刺激消费者购买。

在产品的衰退期，游客兴趣发生转移，促销的重点应该是刺激消费，宜采用短期效果较好的营业推广等方式。

3. 不同的促销对象　促销对象有的是面向中间商，有的是面向最终游客即消费者。面向中间商的促销，沿着销售渠道进行信息传递，通过休闲农业中间商再传递给最终游客，因而主要依靠人员推销传递信息。促销对象直接针对最终游客，促使其产生需求，从而向休闲农业中间商或者休闲农业经营者进行预订，一般采用广告、营业推广和公共关系等促销方式。

4. 不同的促销预算　休闲农业经营者制定具体的促销策略时，

还要受到促销预算的制约。在预算较小的情况下很难制定出满意的促销策略，只能采取简单的促销方式。预算充足，促销方式的选择余地较大，可以有较多的资金进行充分的市场调查。

四、休闲农业促销方式的应用

从目前的情况来看，大多数休闲农业经营者营销意识较为薄弱，促销手段较为单一，促销效果普遍不甚理想，甚至有等客上门的状况。休闲农业经营者应采取合理的休闲农业促销组合策略，逐步完善营销体系。

1. *面向城市周末、节假日休闲度假的产品* 由于其客源市场地域集中，可以采取广告促销和人员推销双层推进的促销策略。在城市的主要市场干道悬挂路牌广告以吸引尽可能多的潜在游客的关注；针对家庭短途出游计划决策者主要是家庭女主人的特点，选择在女性观众数量多的电视节目、广播节目、报刊等大众媒体上进行广告宣传，在互联网主页上链接开展网上宣传，在居民社区、大型购物场所、大型活动会场等地进行人员推销等。

2. *依托风景名胜区的产品* 主要采取非人员促销形式。在所依托景区的出入口以及旅游集散地使用醒目的广告牌吸引游客的注意，引发游览兴趣；针对互联网受众群对商业广告厌烦的心理特点，在知名度较高的旅游网站或综合网站上开展以本旅游产品命名的游记征文大赛，设立旅游专栏等，进行潜移默化式的宣传等。

3. *以重塑旅游形象为主要目的的高端产品* 促销策略的目的在于广泛而有效的信息传播，可采取在知名度和美誉度较高的综合性大众媒体进行广告宣传、参加大型旅游博览会等方法。以高档市场补缺者形象出现，追求产品销售额与市场占有率的休闲农业经营者，则不宜过于依赖综合性大众媒体，而应以具有高度针对性的媒体宣传和直接销售为主，并高度重视口碑对销售的影响。

第十章　休闲农业的管理

第一节　休闲农业管理概述

休闲农业管理是指旅游管理主体（包括政府、行业主管部门、旅游中介组织、旅游专业组织等）以可持续发展思想为指导，充分运用各种管理手段（包括行政、经济、法律、科学、市场等），对休闲农业管理客体（包括休闲农业环境、企业、游客、社区、市场等），实行以生态农业系统保护为目标的旅游管理与决策活动的过程。

一、休闲农业管理的特征

1. 休闲农业管理对象是休闲农业经济系统　休闲农业管理包括对生态系统和旅游经济系统的管理，形成了具有独立结构和功能的休闲农业经济复合体。

2. 休闲农业管理主体是广泛的社会群体　旅游经济系统包括吃、住、行、游、娱、购等各个旅游行为和环节。因此，休闲农业管理主体是社会各种管理机构和每一个人，但主要包括政府、行业管理部门、旅游中介组织、旅游专业组织、旅游企业等。

3. 休闲农业管理更强调人类的责任和义务　休闲农业复合管理系统，更突出自然生态环境的可持续发展，更注重人类的责任和义务。这里人们应注重三点认识：第一，人类的一切旅游活动都应考虑自然生态系统提供条件的可能性和旅游活动对自然生态系统可能产生的负面影响；第二，休闲农业经济系统运转所需要的物质和能量最终都取自于自然生态系统，自然生态系统的可持续发展直接关系到旅游经济系统的发展和前途；第三，旅游开发商和游客是旅游经济系统的主体，通过他们的活动调节社会经济和自然生态的关系使之保持平衡，和谐发展。

二、休闲农业管理的主体与手段

（一）休闲农业管理的主体

1. 政府管理部门　政府的基本职能是行政功能，从所作用的领域来看，行政功能可划分为政治功能、经济功能、文化功能、社会功能等。行业管理是政府经济功能的体现之一。

休闲农业由旅游行政管理部门来管理。在我国，国家旅游局是国务院主管全国旅游业行政管理的直属机构，各省、市、地县相应成立地方旅游行政管理组织，管理着全国各级包括休闲农业在内的旅游业。

2. 行业管理组织　行业组织有多种，如行业服务性组织、行业信息性组织及行业销售性组织等。行业管理组织是其中之一，它是最高权威性的自律组织。行业管理组织既是政府管理职能的延伸，又是整个行业利益的代表，其实质是介于政府和企业之间的市场中介性组织。我国的中国旅游协会中国旅游饭店协会、中国旅游车船协会都能为生态旅游的发展和行业管理起到一定的作用，尤其是 2009 年 10 月，中国旅游协会成立了休闲农业与乡村旅游分会，旨在促进休闲农业的健康发展。

（二）休闲农业行业管理的手段

为了实现对生态环境和旅游经济双重目标的优化管理，通常采用经济、教育、行政、法律和科技等手段。

1. 经济管理手段　经济管理手段是指运用价格、工资、利润、税收、奖金、罚款等经济杠杆和价值工具以及经济合同、经济责任制等进行休闲农业管理。经济管理的核心与实质在于物质利益原则，即从物质利益方面调节国家、集体、个体等与休闲农业开发经营者之间的分配关系。经济管理手段是我国现阶段必不可少的一种手段。

2. 教育管理手段　生态环境保护与旅游经济发展的不协调，主要是由于人们缺乏环保意识，受不正确的经济思想和经济行为支配所造成的，所以，要对全民特别是游客和旅游业人员进行不间断的环境教育。环境教育手段是实现休闲农业管理目标的重要基础手段。

3. 行政管理手段　所谓行政管理手段就是依靠行政组织，运用行政力量，采用各种行政方式和手段（如下命令、发指示、定指标等）来管理休闲农业的方法。行政手段是政府行业主管部门管理休闲农业的基本手段和主要手段。行业主管部门管理行政手段还表现在组织对外宣传、进行经营指导、开展人才培训、提供信息资料等服务性管理方面。

4. 法律管理手段　所谓法律管理手段，就是利用各种法律、法规约束开发者和游客，其基本特征是权威性、强制性、规范性和综合性，基本要求是有法可依、有法必依、执法必严、违法必究。法律、法规是通过各级立法机构制定和颁布的，是休闲农业重要的管理工具。目前我国制定了一些与休闲农业相关的法律、法规，为休闲农业的环境保护活动提供了法律管理的基础。

5. 科学技术管理手段　科学技术管理手段是指行业主管部门运用电脑网络、管理软件等现代科学的机器设备和方法，对管理对象实施计划、组织、协调、控制、监督等职能的管理方法。是休闲农业迈向国际化、科学化的重要标志。它主要包括利用数据库软件进行客源增减、客源结构等方面的数据处理，通过互联网设置网站发布旅游信息、实施投诉监督、进行客人住宿调配、实施行业企业资料档案管理等。

三、休闲农业管理的工作思路

1. 形成一个体系　这就是在管理的各个方面，要努力形成一个涉及旅游运行全过程的动态管理体系。比如在旅游涉外饭店的评定方面，从制订星级饭店标准开始，确定星级饭店评定程序，到饭店正式评定，加上检查、验收到反馈，这一套管理体系，既是全过程的，又是动态的，在实践中可操作性强，效果很好。

2. 营造两个环境　这两个环境就是旅游环境和经营环境，休闲农业管理的根本目标就是创造良好的旅游环境和经营环境。

(1) 旅游环境　广大游客来到旅游目的地，都希望有良好的旅游环境，这个旅游环境不仅指生态环境质量，还指旅游服务质量。旅游目的地有了好的旅游环境就能够吸引更多的生态游客，增强竞争力，保持旅游业的可持续发展。

(2) 经营环境　对于旅游企业经营者而言，他们需要一个良好的经营环境，这样才能够在相对公平的条件下努力开展良性竞争，形成好的运行机制，获得更好的经济效益。它与旅游环境是互相包容、互相补充、互相促进的。

3. 三个符合　休闲农业管理的出发点、管理政策的设计和管理手段的推行，都要努力符合市场经济的内在规律，符合休闲农业市场长远的发展，符合国际惯例。

(1) 符合市场经济的内在规律　在市场经济条件下，发挥调节作用的经济机制主要有市场机制和计划机制，前者是内在调节器，是价格、供求和竞争等要素互相制约、互为因果所形成的运转形式；后者是外在调节器，是政府从外部对市场的干预，包括财政补贴、税收调节、财政货币控制、法律手段、投资导向、政府支出等。

(2) 符合市场长远的发展　休闲农业本身是旅游业可持续发展的最佳选择，一个在全球可持续发展战略中具有天然优势的产业，必然会有更加广阔的前景，管理的目标、策略和手段更要借助这个优势促进休闲农业市场的长远发展。

(3) 符合国际惯例　我国的旅游业是改革的先导和开放的窗口，是直接面向国际市场的，因此必须努力与国际旅游市场接轨，进入世界经济的大循环之中。

4. 四个依靠　管理工作的把握上需要区分重点，形成以下4个前后递进的关系：

（1）依靠标准化工作开拓行业管理范围　开展标准化工作，是规范休闲农业市场秩序，维护行业声誉，树立行业形象，保护生产者、经营者和游客的有效手段，也是旅游服务质量管理的基础。要加大休闲农业监督管理的力度和深度，促进旅游服务朝规范化、标准化方向发展，并同国际接轨。

（2）依靠法规建设巩固行业管理成果　休闲农业是一个综合性的经济行业，涉及国民经济的各个部门，除行政、经济手段外，还得依靠强有力的法律、法规手段来加强对行业的控制，在管理的各个环节有法可依，有章可循，从而有效巩固管理的成果。

（3）依靠执法力度规范市场秩序　旅游市场秩序的监督和管理，仅制定法律法规是不够的，还有赖于执法的力度，及时对违反旅游法律法规的行为进行处罚。这就要求建立健全执法机构，配备执法人员，明确执法责任，从而使得旅游法律法规能够真正遵守和执行，执法工作合法有效，保证旅游市场秩序的正常运行。

（4）依靠服务质量促进企业发展　“为顾客提供尽善尽美的服务”是市场经济下每一个企业成功的信条，1994年世界旅游组织也提出了“高质量的员工，高质量的服务，高质量的旅游”的口号。只有重视了服务质量的提高，休闲农业才能持续发展。

第二节　休闲农业管理的内容

休闲农业管理内容，既包括休闲农业环境、旅游企业、游客，也包括旅游目的地社区、旅游市场等。休闲农业管理过程就是对上述内容进行系统的规范、协调、控制。

一、休闲农业环境管理

所谓休闲农业环境管理是指运用法律、经济、规划、行政、科技、教育等手段和方法，对一切可能损害旅游环境的行为和活动实施控制，维护休闲农业环境的高质量，协调休闲农业活动和保护之间的关系，实现生态、社会、经济三大效益的统一。

1. 休闲农业环境的监控及管理　休闲农业环境监控首先对环境管理做出参数系数的设定，建立影响休闲农业环境质量因素，如旅游环境容量（包括容车量、容客量、单位时间容客密度等指标）、周围旅游交通状况、建筑状况、经济状况、植被丰度、主要物种生长周期、游客游览线路和频率等的参数体系，并使之成为当地休闲农业市场规模和经营运作方式的主要依据。

对休闲农业环境进行监控管理，主要从以下三方面考虑：①管理由休闲农业活动所引起的环境污染，包括垃圾、噪声、视觉、社会文化、大气、水体、土壤等污染的防治；②管理由不合理生产、破坏性开发等引起的环境质量下降。③管理休闲农业环境中有特殊价值的资源。

2. 休闲农业环境管理制度　根据我国环保部门和旅游部门的实际情况，休闲农业可以考虑建立以下管理制度。

（1）宏观规划制度　即把旅游环境保护纳入国家和地方国民经济发展计划和旅游发展战略等宏观规划中。

（2）景区（点）开发专项规划制度　凡是县级以上的旅游规划都应包含环境影响评价的专项内容。

（3）专家评审制度　在休闲农业园区规划评审时，邀请生态学和环境保护方面的专家，对规划中的生态环境保护问题进行评议，把好环境保护质量关。

（4）定期监测制度　生态环境管理部门或休闲农业管理机构应借鉴和使用科学、先进的技术设备，定期（半年或一年）对管理辖区的休闲农业环境质量进行监测和分析评价，这是最直观和科学的方法。

3. 休闲农业环境管理措施　就我国目前休闲农业发展的实际情况来看，强化旅游环境管理的主要措施有：

（1）建立健全环境管理体制　由于休闲农业环境管理涉及范围较广，仅靠旅游部门和环境部门难以实现管理目标，必须建立一套行之有效的环境管理体制，在相应一级政府的统一管理下，各部门、各单位合理分工、密切协作，为环境管理提供组织保证。

（2）建立健全环境政策法规系统　强化旅游环境管理，需要加强旅游环境政策、法规的制定出台，形成严密合理的系统，为环境管理提供法律和政策依据，同时还要重视并监督执行。

（3）建立环境管理科学技术手段　通过大力推广和采用先进的科学管理技术手段，可以提高管理效率，强化管理可监控性。如建立环境管理信息系统资料调查数据、环境质量监测数据、游人数量与需求变化情况和资料开发情况等，并通过对系统信息的分析处理，对环境质量做出客观、科学、准确的评价和预测，为环境管理决策提供依据。同时还综合运用生物、化学、物理、工程等技术手段，防止旅游环境的污染破坏，为环境管理提供技术上的支持。

（4）发展旅游环境保护科研系统　为了改善休闲农业环境问题，必须依靠科研、尊重科学、尊重人才，把旅游环境管理纳入科学研究、管理的轨道，使旅游环境健康、持续地发展。

（5）广泛开展宣传活动　提高民众环保意识　改变和提升人们的环保意识，是提高环境保护管理质量的关键。可广泛地运用广播、电视、报纸等大众媒体和旅游区标牌系统，多形式、多方面地营造环保氛围，倡导绿色环保休闲农业。

（6）组织开展以“户洁、街净、村美”为标准的村容村貌和环境治理整顿工作　对入村道路要进行整治、绿化和美化，要加强基础设施建设。

（7）必须建有符合国家环境保护和卫生防病法律法规的生活排污设施　在合理位置设置足够数量的公共厕所和垃圾容器，厕所应配有洗手设施，垃圾桶应及时清理。

二、休闲农业生态管理

（一）休闲农业游客的生态管理

游客的旅游活动对环境影响相当大，为了保护生态环境，有必要对游客的行为进行规范性管理。这种管理的基本内容是科学区划分流和疏导游人，合理制定与控制生态容量和经济容量，避免休闲农业园区超负荷接待游人。

对游客实行生态管理的另一方面就是环境意识教育。环境意识又称生态意识，其核心是具有生态意识成分和特征的环境污染伦理。生态意识教育的主要内容包括基本的生态知识、生态规律、生态科学的研究方法，以及环境伦理、生态文化理论及审美知识等。

为了规范游客的旅行活动，世界各国都制定了详细的规章制度，游客不仅要模范遵守这些法规和准则，而且要全力支持可持续旅游发展行动计划。

（二）休闲农业社区的生态管理

休闲农业目的地社区管理是指行业主管部门和社区所在地有关部门通过政策优惠、行政引导、经济支持、技术引进等手段和方法，对旅游社区居民生活、社区环境等方面进行规范、引导、治理和美化。社区管理包括环境管理和经营服务管理两部分。

1. 社区环境管理　社区环境管理主要有以下几个方面：

（1）展现社区自然环境　让游客充分领略到社区的自然景观和人文环境，并对有特殊价值的自然资源进行监管和保护。

（2）保护社区人文环境　管理社区人文环境的关键是“保护”，只有保持社区居民生活方式的独特性，才能吸引游客。

（3）整治社区卫生环境　生活垃圾、人畜粪便、废物残渣、农作物秸秆等有碍观赏，影响社区的环境质量和旅游形象，因而要定期整治社区环境，对社区环境进行美化。

（4）营造社区旅游环境　在社区原有面貌基础上，适度进行景观规划设计，营造出一种既引人入胜，又亲切温馨的旅游意境。

2. 社区经营服务管理　社区经营服务管理是专门针对社区居民为休闲农业活动提供服务和产品的行为进行规范和引导。

（1）产品管理　主要针对社区生产、加工并向游客出售的旅游产品、餐饮产品的质量及住宿、交通等方面的产品和服务的质量管理。包括抽查产品质量、价格，检查餐饮和住宿卫生状况等。

（2）人力资源管理　针对社区参与旅游服务的人员进行管理。包括定期培训（服务、技能、科学文化知识、休闲农业知识）、定期考核、持证上岗、建档等。

（3）市场秩序管理　针对社区旅游服务和产品市场以及劳动力市场秩序的协调、规范和引导。管理内容包括协调劳动力配额、规范产品价值等方面，避免宰客现象发生，营造良好的市场氛围，促进旅游的可持续发展。

三、休闲农业设施管理

（一）休闲农业住宿设施管理

1. 主题农院　接待农户应建设不同的主题农院，减小接待农户间的重复建设和隐藏的矛盾竞争。

主题农院的建设主要通过接待农户房屋内外的乡土化装修，体现乡土气息而实现。依托现有的乡村村舍及其各自分布特点，进行不同主题的选择与营造，如“红椒院”、“金葵园”、“秋收里”等，使农舍摆脱“××号”的生硬编制，成为具有主题内涵的新景点，同时也方便游客按需选择。

尽量保持乡村农舍原有的风格特点，在装饰点缀方面，除了种植观赏性的乔本、藤本、草本植物外，鼓励大量使用玉米棒、辣椒串、大南瓜等色彩明快的农产品，以及草盖、草墩、锄耙、磨盘、石坎等乡间农用具作为院落点缀，以增加农院的乡土气息。

要在建筑风格及周围环境的基础上确定客房的装修风格，在装饰内容和形式的统一中体现出艺术特色。可以体现文化气息、地方特点、风土人情，也可反映优美的青山绿水、宾至如归的温馨家庭、世外桃源的宁静幽雅。

2. 星级农庄　建议乡村住宿的内部设施应按照中华人民共和国国家标准《旅游星级饭店的划分与评定》（GB/T14308—2003）中一、二星级的标准建设，其标准不难达到。这样可增加住宿功能的使用率，留住客人。针对休闲农业接待的特点，通常客房设施设备的配置应打破常规。如将写字台或小茶几变为正方形，以便喜欢打牌的客人可以随时起牌局，客房休息区的地毯换成硬质地面等。

（二）休闲农业其他设施管理

1. 休闲农业交通设施　休闲农业交通设施解决可进入性问题，是休闲农业取得跨越式发展的制约性因素。休闲农业社区道路交通设施、道路交通标志实行标准化，确保游客旅途的安全快捷。

2. 休闲农业社区服务设施　对乡村社区医疗卫生、通讯、教育、治安保障等设施提出基本要求，以适应休闲农业的发展。

四、休闲农业卫生管理

休闲农业以乡村社区为主要活动场所，所处环境卫生条件相对较差，这对休闲农业卫生工作提出了很高要求。食用卫生、公共卫生以及各种生活用品的清洁卫生都直接关系到游客的身心健康，各级旅游部门要引导和教育休闲农业从业人员自觉养成讲卫生、爱卫生的良好生活习惯，并购置一些必要的卫生消毒设施，抓好各项卫生防范措施，为游客创造出一个洁净健康卫生的旅游和生活环境。

1. 休闲农业住宿卫生标准　新建住宿设施选址要选择地势高、干燥、通风、水源充足、交通方便的地点，应远离垃圾、养殖场、采石场、机械加工和金属冶炼等场所，防止各种工业性污染。在客房设计时，必须考虑采光、取暖、通风、防噪、排污、紧急疏散等与人体健康和生命安全有关的卫生要求，做到科学合理。

2. 休闲农业餐饮卫生标准　休闲农业餐饮设施的新建、改建、扩建工程，必须严格按照国家《饮食建筑设计规范》选址和设计，经过公共卫生监督部门的预防性卫生检查。

对于休闲农业从业人员应定期进行身体检查和卫生检查，以防止有传染病者上岗，保证休闲农业的饮食卫生。

建立休闲农业餐饮卫生培训制度，定期对从业人员进行卫生知识培训，使他们了解工作岗位的卫生管理制度，懂得国家餐饮卫生法规，并且纠正休闲农业餐饮卫生存在的问题，完善餐具消毒制度。休闲农业餐饮设施的餐具可以采用集中消毒的办法降低消毒成本，保证用餐卫生。

3. 休闲农业饮用水卫生标准　在休闲农业发展过程中需根据国家饮用水标准的有关规定选择水源，建设安全卫生的供水系统。水源选择要考虑历年水质、水文、水文地质情况和取水点附近地区的卫生状况，应从卫生、经济、技术和水资源等多方面进行评价，选择在水质良好、水量充沛、便于防护的地下取水。

做好乡村内部的垃圾清运工作，使果皮纸屑、建筑垃圾与游客彻底绝缘。

五、休闲农业市场管理

1. 培育市场机制　根据国际惯例和国内外旅游管理体制发展现状，培育市场机制体现在行业管理的“准入壁垒”和设置上。

(1) 资产规模壁垒　行业管理部门对企业从申请注册开始，对其最低资产规模作出规定和限制。这些具体规定，如我国的《旅行社管理条例》中第七条，明确了申请企业资产规模的最低值壁垒。

(2) 人员资格壁垒　我国的《旅行社管理条例》对导游准入设置了资格证壁垒，对经营管理人员任职资格也有较为严格的要求。

(3) 经营与技术规模壁垒　这是对旅游企业进一步“升级”准入所做的限制性规定。

(4) 其他壁垒　主要指设立旅游企业所具备的一些基础性条件，如办公地点、必要的设施、设备和活动经费等。

2. 建立市场规则　主要包括以下几方面：

(1) 进入规则　我国《旅行社管理条例》中对申请设立国际旅

行社和国内旅行社的程序作了规定。

（2）经营范围规则　我国《旅行社管理条例》中对国际旅行社、国内旅行社的经营范围作了规定。

（3）服务质量规则　我国对旅游企业服务质量的规则主要有两个方面，一是企业保证金制度，二是由旅游质量监督单位对企业服务质量、经营行为等方面进行监督和查处。

（4）价格规则　政府主管部门及行会等中介组织在遵循市场规律和原则的基础上，通过政府指令或行会内部约定，对经营项目的价格水平根据市场行情做出相应的限制和规定。

3. 维护市场秩序　为了维护市场秩序，休闲农业管理主体应对市场上的旅游企业和服务人员进行以下方面的监督：

（1）经营行为监督　监督旅游企业和服务人员有无违反相关政策法规或行业规定。

（2）企业形象监督　监督旅游企业形象是否达到要求标准。

（3）资格证书监督　监督旅游企业和服务人员是否有相关的资格证书或是否持证上岗。

4. 营造市场氛围　行业管理主体应充分发挥其服务和协调职能，为休闲农业营造市场氛围，其主要措施有：

①组织商品博览会，促进旅游项目的招商引资。

②组织学术交流、参观活动，借鉴国内外的先进经验。

③组织行业内部的技术培训、技术完善、从业人员培训等活动。

④面向大众，组织休闲农业知识讲座。

⑤建立休闲农业信息中心。

⑥加大宣传促销力度，树立市场上的休闲农业整体形象。

⑦在媒体上开辟“休闲农业大家谈”等大众性栏目，吸引民众参与，扩大市场影响。

六、休闲农业服务质量管理

休闲农业的发展，需要加强软件服务的建设，尽快建立健全休闲农业规范的服务体系，进一步提高休闲农业服务质量。

休闲农业由于游客数不多，农户和游客之间通常采取一对一的服务模式，这样还可以营造小家庭式的温馨氛围，也更容易实现“个性化服务”。从某种程度上讲，休闲农业比其他的旅游能更好地满足现代旅游者的心理需求，但休闲农业的特殊性决定了旅游接待地服务人员主要以农村青年为主，由于受文化素质的限制及缺乏规范的服务培训，整体接待服务水平较低。休闲农业服务应该努力达到：

1. 职业道德与乡村氛围　服务人员对自己从事的职业有肯定的认识，对客人的心理有深切的理解，为了加强休闲农业服务的乡土气息，可规定服务人员在服务提供过程中穿着本社区的传统服装。

2. 主动热情，耐心细致　有良好的仪容仪表，自然得体的语言，落落大方的气质，微笑服务贯穿始终。

主动服务要服务在客人开口之前，热情服务则是发自内心的满腔热情地向客人提供服务。休闲农业服务的家庭氛围主要体现在主客关系和服务内容上。休闲农业服务者应力求以亲人般的亲切态度对待旅游者，应当将一些有乡村生活情趣的内容纳入休闲农业服务之中，真正让旅游者有家一般的亲切感受，并从细处着手体现服务品质。

3. 注重旅游者权益的保护　规定休闲农业游客享有的权利，保护休闲农业游客个人隐私。经营者要保证其经营的商品和服务的质量；应当按照有关规定实行明码标价；必须持有合法的卫生许可证、健康证，定点亮证经营，保持摊位及周围卫生清洁；旅游经营者按照行业标准和旅游合同约定提供服务，导游、讲解人员不得刁难游客和索要小费。

4. 健全旅游服务体系　在乡村集散中心设立为游客提供旅游信息和咨询服务的咨询台和咨询电话，要求经营农户要热情地为游客提供活动咨询服务，在大型演出场所外要设专人提供信息咨询服务。

七、休闲农业的标准化管理

近十年来，随着旅游业的发展，我国的旅游标准化工作取得了长足的进步。1995 年国家旅游局建立了世界上第一个国家级的旅游标准化专业委员会——全国旅游标准化技术委员会，积极推进旅游标准化工作。

（一）我国的标准体系

目前，我国的标准主要分为国家标准、行业标准、地方标准和企业标准。

1. 国家标准　国家标准是指由国家标准化机构或国家政府授权的有关机构批准、发布并在全国范围内统一适用的标准。国家标准的代号用“GB”表示。目前我国旅游方面的标准有 11 项，另有 17 项国家标准已经立项。我国旅游国家标准主要是由国家旅游局制定和颁布实施，由全国旅游标准化技术委员会归口管理。

2. 行业标准　行业标准并非是由行业协会制定，而是由我国各主管部、委（局）批准发布，在该行业范围内统一使用的标准。我国旅游业的行业标准同国家标准一样，主要由国家旅游局颁布，用代号“LB”表示。

3. 地方标准　我国旅游行业的地方标准由当地旅游标准化行政主管部门负责制订颁布。随着服务业的迅速发展，各地发布的旅游方面的地方标准也越来越多。目前我国有关休闲农业的标准基本上都是属于地方标准，地方标准的代号用“DB”加上省、自治区、直辖市行政区划分代码前两位数，再加上斜线、顺序号和年号，共四部分组成。

4. 企业标准　企业产品没有国家标准和行业标准的应当制定企业标准，作为组织生产的依据。已有国家标准和行业标准的，国家鼓励企业制定严于国家或行业标准的企业标准，在企业内部适用。企业标准由企业自行制定，由企业的法人代表或法人代表授权的主管领导批准发布，由企业法人代表授权的部门统一管理。企业标准是标准体系的重要组成部分，应该积极鼓励休闲农业经营者制定相关的企业标准。

（二）休闲农业组织的标准化工作

休闲农业组织要想提供超越竞争对手的服务，需要制订较高的企业标准。那些具有一定实力和规模较大的休闲农业服务组织应当在这方面有所作为，而一般的休闲农业经营户，主要还是贯彻执行国家标准、行业标准和地方标推。

实行标准化管理的目的在于提高服务质量，令广大旅游者满意。休闲农业经营者服务质量的最终评判者是旅游者，只有旅游者认可的质量才是高质量，休闲农业经营者必须进行市场分析研究，以深入了解休闲农业旅客的需求和所追求的服务质量。

休闲农业服务标准的执行者是广大员工，如果企业员工对这些标准有抵触情绪，即使强制实行也未必能取得好的效果，甚至被束之高阁。休闲农业经营者标准的制定，一定要听取各个部门与广大员工的意见，制定的标准要具有科学性和可操作性。

休闲农业服务质量包括方方面面的内容，服务标准应该具有系统性。标准与标准之间应该相互配套、协调统一。这种配套协调性体现在两方面，一是休闲农业经营者内部的各个标准应该配套协调，不能相互抵触，否则标准的执行者将不知所从，影响标准的效果；二是内部标准与外部标准之间应该配套协调，内部标准应该高于外部的国家标准、行业标准和地方标准的要求。

（三）标准化与人性化服务

由于标准具有普遍适用性，而且相当一部分的标准主要是侧重于对硬件设施设备的要求，因此标准的实施相对而言应该是一件容易的事。在实施标准化服务的过程中，应当大力提倡个性化、人性化的服务，这比执行标准要困难得多，却是提高旅游服务质量的黄金宝典。

提供个性化和人性化的服务，村、户更具优势。村民们主要是在各自家中提供服务，主客关系少了一分疏远，多了一分热情洋溢的家庭气氛。几碟家庭小菜，几句冷暖寒暄，大家一下子就拉近了，服务过程中也许会出现一些失误，可能就在谈笑之间过去了。以家庭为主体的服务单位，服务者的自主性非常强，比较容易从旅游者的需求出发，提供更加个性化和人性化的服务，旅游者与村民之间也比较容易交流，于是村民与旅游者之间培养了感情，而一旦有了感情，服务质量就不再成为问题。

八、休闲农业安全管理

安全是旅游业发展的“生命线”，任何时候都不能忽视和松懈。休闲农业处在城郊结合部和农村的特殊地理位置，给安全管理工作带来了一定难度。

（一）旅游安全事故的表现形式

1. 园区犯罪　园区犯罪使旅游者的旅游兴趣受到影响，对旅游者的伤害和打击特别大。在园区内，各种犯罪形式有盗窃、抢劫和人身攻击。

2. 自然灾害　自然灾害在园区的旅游安全事故中是相当常见的。因为它破坏园区里的旅游设施，严重威胁游客的生命安全。自然灾害基本上是由气象灾害、地质地貌灾害和其他灾害三部分组成。

3. 园区设施事故　园区设施事故是指在园区的空中、地面、水面上的交通游览、服务设施引发的安全事故。最常见的发生在园区里的事故有：空中缆车索道事故，皮划艇、竹筏等漂流事故，围栏护栏失控事故以及其他事故。

4. 疾病与食物不适应　乡村的地理环境和自然条件容易使城市居民水土不服，引发疾病。暴食农家美食也容易引发疾病。

5. 意外伤害　发生在园区内由其他不可控制、不可预期的意外因素引起的旅游安全事故，如溺水、动物伤害及其他外伤。

（二）园区旅游安全事故的预警方案

1. 园区旅游安全预警系统　园区旅游安全预警系统的主要任务是制定发布本园区安全事故预防管理的规章、条例。教育培养本园区从业人员、旅游者、园区内居民的安全意识和安全知识。提高旅游者的安全事故防范能力，具体工作有以下内容：

（1）设置安全宣传栏，发放安全宣传手册　在事故频发的偏僻园区地段设置安全橱窗，在有危险的地段设置告示牌、警示牌，提醒旅游者在旅游过程中应该注意的事项和事故发生后应当采取的紧急措施。在导游图上，介绍园区的安全保障情况和游览注意事项。

（2）对园区内的居民进行普法教育、法治宣传教育，提高他们的法治观念和守法意识　特别是让他们了解园区安全的旅游环境与他们切身利益的密切关系，以便使他们能自觉维护园区的安全环境。

（3）在园区旅游旺季到来之前，科学地进行针对性的反营销宣传活动，降低园区旺季的高峰流量　将游客数量在旺季时控制在能承受的饱和范围之内，以减轻园区巨大的安全保障压力。

2. 园区旅游安全控制系统　园区旅游安全控制系统是由安全管理队伍以及旅游安全防控管理的一系列工作组成，具体工作有以下内容：

①各种经营活动进行日常监督与管理，防止、杜绝业主欺客、宰客现象的发生。

②设置园区专业保安，进行内部的治安管理。防止在园区内部出现盗窃、酗酒、闹事、聚众斗殴等违法事件的发生，保证游客在园区内的人身财产安全。

③对本园区内的旅游活动应进行防控和管理，要制定旅游旺季疏导游客的具体方案。有防范有计划地组织游客在园区内安全地进行旅游活动。

④对本园区内的旅游设施设备（如索道、缆车、竹筏、橡皮船等）进行日常安全预防检查和管理。

⑤对本园区内的住宿安全、饮食安全进行防控、监督和管理。

3. 园区旅游安全保障系统　园区旅游安全保障系统由本园区安全管理的规章制度、园区的安全救援机构、园区旅游安全资料、旅游安全保险四部分组成。

（1）规章制度　园区应根据国家、本地方颁布的相关法规条例结合本地具体情况来制定各项制度和条例。同时应由园区安全管理机构统一和本园区内的文化、公安、环保、旅游、工商、交通、农业各相关部门相互协调，一并落实实施。

（2）安全救援　本园区安全救援由园区和当地的医院、消防、公安和当地政府职能部门共同负责承担，对火灾、交通等重大旅游安全事故进行快速有效救援。要设有专门的救援车、救援小组人员，要配备相关的救援设施和设备；要经常设计和演练各种救援方案，以提高安全救援的能力和效果。

（3）园区安全资料和档案　依靠园区安全资料和档案对园区进行防控与管理，对园区设施设备进行维护保养和检查记录，以保证设施安全运作。对园区的地貌、路线、水文、气象记录要进行跟踪，可以用作防控的依据和操作救援的参考。

（4）旅游安全保险　在本园区内，建立完善的旅游者人身保险和财产保险制度。加强旅游保险宣传，引导和提倡旅游者购买旅游意外保险，提高安全防范和自身旅游安全保险的意识。

（三）安全管理措施

1. 村落治安　要加强社会治安管理，加大警力和巡查力度，保证旅游者、经营者的人身、财产安全。

加强对从业者的安全教育，强化安全意识，做好安全检查，狠抓各项旅游安全工作的落实，确保不出任何事故。

成立“村落治安小组”或“治安员”，负责维持村落社会秩序、保障游客人身安全。

2. 住宿安全　乡村住宿的客房安全包括防火、防电、防碰撞、防滑等方面。

防火是指客房的装修材料、家具用品应有防火阻燃性，客房顶部应安装有烟火报警器、灭火装置及其他灭火器材，要求接待农户必须配备灭火器、消防水管等消防设施以备不时之需。

防电是指客房中所有电器应有自动断电保护装置，防止客人触电，电器的安装使用应按国家有关标准执行并有必要的使用说明和安全标志。

防碰撞是指门、通道各个地方的高度和宽度应适合人体工程学，使用时人和行李与室内设施不会发今碰撞而受伤和破坏。

防滑主要是指地面使用的材料在客人走动时能防止产生滑倒。客房地面如果使用石材或地砖应有防滑性能，卫生间一般均应使用防滑地砖，浴缸底部也应有防滑功能。

3. *游览安全*　要求旅游园区在游路岔口、危险地段设置游览指示牌和安全指示牌，同时，选派园区巡逻员，负责园区内游路指引以及游人安全救助等工作，为游客提供安全保障。

九、休闲农业法制化管理

休闲农业的经营活动，必须以法律法规为准绳，规范经营服务，保障旅游者和经营者的合法权益，维护旅游市场秩序，促进休闲农业的健康发展。

（一）休闲农业合同管理

1. *休闲农业合同的履行*　休闲农业合同的履行，是当事人各方按照合同规定的条款，全面履行各自承担的义务，实现签订的协议。

（1）合同履行的原则

①一是实际履行原则。当事人必须按合同规定去履行义务，获取权利，一方违约时也不能以偿付违约金、赔偿金的方式代替履行，对方要求继续履行合同的仍应继续履行。

②二是全面履行原则。当事人必须全面履行合同规定的标的以及标的的数量、质量、履行期限、地点和方式等条款。

（2）合同履行的担保　休闲农业合同履行的担保，是指签订合同的各方当事人为保证合同的切实履行而采取的一种促使一方履行合同义务，满足他方权利实现的具有法律效力的保证措施。休闲农业合同的担保形式主要有如下几种：

一是定金。定金是合同当事人之间为证明合同的成立和保证履行，由一方预先付给对方的货币。合同履行后，定金收回或抵作价款。给付定金的一方不履行合同的无权请求返还定金，接受定金的一方不履行合同的应当双倍返还定金。

二是保证。保证是由保证单位以自己的名义向另一方作出的履行合同的担保。保证是由不属于原合同当事人的第三方作担保。被保证的当事人不履行合同的，由保证人履行或者承担连带责任，以确保权利当事人实现权利。

三是抵押。抵押是指合同当事人一方或者第三方用自己特定的财产向对方当事人保证履行合同义务的一种担保形式。抵押担保是一种物的担保形式，当作为抵押人的一方当事人不履行合同时，抵押权人有权依法以抵押物抵价或者以变卖抵押物的价款优先得到偿还。

四是留置。留置是指合同当事人一方在对方不履行合同义务时，对自己按照合同占有的对方财产依法采取扣留措施的一种担保形式。财产被留置后，义务人仍不履行合同义务的，权利人有权依法变卖留置的财产，并从变卖的价款中优先得到清偿。

2. 休闲农业合同的变更和解除　休闲农业合同依法成立后具有法律约束力，任何一方都不得擅自变更或解除合同。但在某些情况下，当事人的主观或客观条件发生了重大变化，为减少不必要的损失，或为取得更好的旅游效益，也需要对合同作出变更或解除。合同的变更或解除，必须符合法律规定的条件和按照法律规定的程序进行。

在休闲农业合同正式变更或解除之前，原来签订的合同仍然有效，任何一方当事人不得借口合同将要变更或解除而拒绝履行，因变更或解除合同而使一方当事人的利益受到损失时，应承担相应的责任。

3. 无效合同的处理　休闲农业合同被确认无效后，合同规定的当事人之间的权利义务关系即属无效，尚未履行的不得履行，正在履行的立即终止履行。无效合同的处理，包括无效合同引起的财产后果的处理和无效合同中的违法行为的处理两个方面。

无效合同引起的财产争议，应区别不同情况，采用不同方法予以处理。

一是返还财产。合同确认无效后，当事人有权要求对方返还已交付的财产。如果标的物已不存在或者已被第三方合法取得不能返还时，可用赔偿损失的方法抵偿。

二是赔偿损失。过错方当事人应当赔偿对方所受的损失，过错方的损失自负。如果无效合同的产生是由各方当事人的过错造成的，则按照其过错主次和大小，分别承担相应的责任。

三是追缴财产。对违反国家利益和社会公共利益的无效合同，因其性质严重、后果恶劣、社会危害性大，如双方当事人都是故意的，应追缴双方已经取得或者约定取得的财产。如果只有一方是故意的，故意的一方应将从对方取得的财产返还对方；非故意的一方已经从对方取得或约定取得的财产，应予追缴。

四是自己负责。凡代理人违反法律要求代订的各种合同，都属无效代理行为，对被代理人无法律约束力。因无效代理行为在代理人与第三方之间形成的旅游法律关系由代理人自行负责，承担相应的法律后果。

4. 可撤销的休闲农业合同　可撤销的休闲农业合同，是指合同订立后其法律效力处于不确定状态人有权要求人民法院或仲裁机构予以撤销的合同。

可撤销的旅游合同与无效的旅游合同是有区别的。无效的合同是违反法律和行政法规、采取欺诈胁迫等手段签订的、违反法律要求代订的和有损国家利益或社会公共利益的合同，而可撤销的合同只限重大误解或显失公平的合同。

所谓重大误解的合同，是指当事人对合同的性质、对方当事人及标的等重大问题缺乏了解或了解得不正确，发生了错误认识而签订的合同。重大误解的合同由于违反了当事人的真实意愿，当事人提出异议，应予撤销。

显失公平的合同，是指一方当事人利用优势或利用对方急需或无经验，致使双方的权利义务关系明显违反平等互利、等价交换原则的合同。由于显失公平的合同对一方当事人有重大不利，而且并非出于真正自愿，一经争议，应予撤销。

对于有重大误解和显失公平的合同，当事人有权请求人民法院或仲裁机构酌情予以变更或撤销。可撤销的合同被撤销后，当事人基于重大误解、显失公平的合同所取得的财产应返还给对方。

5. 休闲农业合同的管理　加强休闲农业合同的管理，对于保护休闲农业经营者和游客的合法权益，稳定旅游市场秩序具有十分重要的意义。

加强休闲农业合同管理，就要坚持以国家的法律法规为依据，以监督为主，依法办事，坚持维护当事人各方的合法权益。在合同订立时，尊重当事人的意志自由确保所订合同的合法有效；在合同履行过程中，按约履行合同规定的各项义务，保障休闲农业经营者和旅游者的应有权利；当发生纠纷时，及时公正地处理，尽力减少损失。作为休闲农业经营者，要自觉运用合同开展经济合作，增强自我约束的法律意识，不断改善经营管理。

我国休闲农业合同的管理机关是各级工商行政管理机构，负责统一管理和监督检查合同的订立和履行，调解合同纠纷，查处履行合同的违法行为，做好合同的签证工作。各级旅游行政管理部门指导休闲农业合同的订立和履行，协调旅游业各单位之间的合同关系，妥善处理合同纠纷。金融机构从金融业务领域如信贷、结算管理，对休闲农业合同进行监督管理。

（二）休闲农业违约责任的处罚

1. 承担违约责任的原则　违约责任主要是一种财产性质的责

任，它是由旅游合同法律关系的性质和原则决定的。承担违约责任必须坚持以下几项原则：

（1）过错责任原则　过错是承担违约责任的前提。谁有过错就由谁承担违约责任，没有过错就不承担违约责任。

（2）等价补偿原则　凡是已经给对方当事人造成财产损失的，必须承担补偿责任。这种补偿责任，一般以不超过因不履行合同使对方当事人所遭受的实际损失为限。当事人一方违反合同，应向对方支付违约金。如果违约给对方造成的损失已超过违约金的，还应进行赔偿，补偿违约金不足的部分。

（3）风险责任原则　风险责任原则是指如果旅游合同标的物毁坏和灭失，不是由于双方当事人的故意或过失，而是由于不可抗力和意外事件造成时，需确定由谁来承担风险责任。除法律另有规定或者当事人另有约定的以外，风险责任的认定，主要看财产所有权何时转移。风险责任原则上随标的交付而转移，标的交付前，风险责任由交付方当事人承担，标的交付后，财产所有权已经发生转移，风险责任由接受方当事人承担。因一方当事人的过错致使标的交付迟延时，风险责任应由过错方当事人承担。

（4）自愿协商原则　旅游合同当事人所承担的违反旅游合同的责任，双方当事人可以通过自愿协商，确定承担经济责任的具体方法，但以不违反我国法律法规为限度。

2. 违约责任的免除　在一般情况下，当事人违约应承担相应的法律责任，特殊情况，可以酌情免除违约方的违约责任。

（1）不可抗力的发生　所谓不可抗力，是指不能预见、不能避免并不能克服的客观情况，如旱灾、水灾、台风、地震、滑坡及战争、罢工等。如果不可抗力的发生致使合同无法履行，则应免除责任、解除合同；如果只是暂时阻碍了合同的履行，应延期履行；如果只是使部分条款无法履行，则应继续履行可履行的条款。

（2）免责条件的发生　有关的法律法规规定有免责条件，有些合同签订时设定了免责条件，当发生这些免责条件时，义务人虽然不履行或不适当履行义务，仍可不承担违约责任。

（3）情势变迁的发生　合同订立后，如果发生双方当事人无法预料的意外事故，使合同确实无法履行，合同当事人可以解除合同，免于承担责任。例如，合同订立后，标的物交付前，风险责任尚未转移，标的物突然意外灭失，该合同确实无法履行，合同可以解除，违约责任可以免除。

3. *承担违约责任的方式*　休闲农业经营者承担的违约责任有下面几种方式。

（1）支付违约金　只要违约，不论是否给对方造成经济损失，都应当承担违约责任，支付违约金。违约金分为两种，一种是法定违约金，即法律和法规规定的违约金。法定违约金可以是固定比率，也可以是浮动比率。另一种是约定违约金，即由当事人协商确定的违约金。

（2）支付赔偿金　赔偿金是旅游合同当事人一方因过错违约给对方造成的损失超过违约金数额时，由违约一方支付给损失方的补偿货币。在支付赔偿金时，违约方不仅要赔偿对方财产直接减少的现实损失，而且要赔偿可得利益损失。违约方支付违约金和赔偿金后，对方要求继续履行合同的，在对方指定或双方约定的期限内，继续履行合同中规定的义务。

（3）返还定金　合同履行后定金应收回或抵作价款。给付定金的一方不履行合同的，无权请求返还定金。接受定金的一方不履行合同，应双倍返还定金。如果不履行合同是双方的责任，接受定金的一方只返还其接受的定金。

（三）休闲农业经营者违规行为的处罚

1. *超范围经营的处罚*　休闲农业经营者必须在核定的经营范围内开展业务，并按国家有关规定收取费用。如果超出核定的经营范围开展旅游业务，擅自增加服务项目强行向旅游者收取费用，由旅游行政管理部门责成其限期改正；有违法所得的，没收其违法所得；逾期不改的，处以停业整顿，并处罚款；情节严重的，吊销经营许可证。

2. *价格欺诈行为的处罚* 休闲农业经营者必须遵守国家和旅游行政主管部门颁布的价格法规和规定。我国旅游价格实行“统一领导，分级管理”的原则，休闲农业经营活动应当优质优价，同质同价，低质低价，做到价格基本稳定。

休闲农业经营者违反旅游价格政策、法规的，旅游行政管理部门会同物价管理部门按有关规定予以经济制裁，并由工商行政管理部门勒令停业整顿或吊销营业执照。

3. *收受回扣和索要小费的处罚* 违反规定索要、收受回扣的，根据数额大小，可处以没收非法所得、罚款、行政警告或记过、留用察看、开除公职等处分，对经营单位可责令停业整顿，或者由工商行政管理部门依法吊销营业执照。

（四）休闲农业投诉及其处理

1. *休闲农业投诉的条件* 投诉人投诉时必须明确指出侵犯自己权益或与自己发生争议的对方当事人，提供投诉所依据的事实及有关证据，提出投诉请求，以便有关部门进行调查和处理。凡是发生下列各类损害行为的，可以向旅游投诉管理机关投诉：①不履行合同或协议；②没有提供质价相符的旅游产品或旅游服务；③故意或过失而造成投诉人人身伤害或财物损失；④欺诈投诉人，损害投诉人利益；⑤私自收受回扣或索要小费；⑥其他损害投诉人利益的行为。

旅游投诉必须具备以下条件：

一是直接利害关系明确。投诉人必须与投诉的纠纷有直接利害关系，被投诉人的行为直接使投诉人的健康、经济、信誉受到某种损害。

二是有损害行为发生。被投诉人的损害行为，必须具有违法、违纪、违反服务规则、违反合同的性质。被投诉人正常的职务行为受到法律的保护，不属于被投诉之列。

三是被投诉人主观上有过错。这种过错可以是故意的，如行为人能够预见自己的行为会产生一定的不良后果仍用积极的作为或消极的不作为放任这种后果的发生；也可以是过失的，如行为人对自己行为的不良后果应当预见到或能够预见到，由于疏忽大意没有预见到，或者虽然预见到了但轻信可以避免，以致产生了不良后果。

四是投诉所涉及的纠纷与旅游活动有因果关系。旅游投诉所涉及的纠纷，必须是因为旅游活动而发生的，并且是发生在旅游活动过程之中，或者是与旅游活动有着密切的联系。

2. *投诉状的要求*　投诉者要递交投诉状。投诉状应采用书面形式，投诉者递交投诉状确有困难的，可以由投诉管理机关笔录，再由投诉者本人签字或以其他方式与以确认。

由于投诉状是法律性文书，因此有较为严格的格式规范。投诉状必须写明以下四方面的事项：一是投诉者的姓名、性别、国籍、职业、年龄、单位（团队）名称及地址；二是被投诉者的单位名称或姓名、所在地；三是投诉请求及投诉依据的事实和理由；四是能够证明投诉案件事实情况的证据。投诉案件发生的时间、地点、人物、过程、危害结果、损害行为与损害结果之间的关系，都要一一写明，做到齐全、具体、准确和明确。

3. *休闲农业投诉的处理*　凡是符合条件的投诉，旅游投诉管理机关予以受理，不符合受理条件的通知投诉者不予受理，并说明理由。

旅游投诉管理机关受理投诉后，及时通知被投诉的休闲农业经营者。休闲农业经营者在接到投诉通知以后，必须在规定期限内作出书面答复，说明被投诉的事由、调查核实的过程、基本的事实和证据、责任及处理意见。如果投诉事实属实，应当主动诚恳地承担责任；如果认为完全不实或部分不实，可以针对投诉者的意见进行反驳。对于休闲农业经营者的书面答复，旅游投诉管理机关应进行调查核实。

在投诉事实调查清楚的前提下，尽量先行调解。调解由旅游投诉管理机关主持，投诉当事人通过摆事实、讲道理，相互谅解，达成解决纠纷的协议。如果达成调解协议，投诉管理机关应当制作调解协议书。

投诉管理机关经过调查核实，认为事实清楚证据充分的，可以作出以下的处理决定：属于投诉者自身过错的，撤销立案，并向投诉者说明理由；属于投诉者无理投诉，故意损害被投诉者的合法权益，责令其赔礼道歉并承担赔偿责任；属于投诉者和被投诉者共同过错的，各自承担相应的责任，其承担的方式由双方当事人自行协商确定，也可以由管理机关决定；属于被投诉者过错的，由被投诉者承担责任，赔礼道歉，赔偿损失，承担全部或部分调查处理投诉的费用；属于其他部门过错的，转送有关部门处理。

旅游投诉管理机关作出的处理决定，制作成“旅游投诉处理决定书”，并通知投诉者和被投诉的休闲农业经营者。投诉者和被投诉的旅游经营者如果对旅游投诉处理决定或行政处罚不服，可以在接到处理决定后的规定期限内向上一级管理机关申请复议，或者向法院起诉。如果对复议决定不服，可以在接到复议决定后的规定期限内向法院起诉。逾期不申请复议，也不向法院起诉，又不履行处理决定或处罚决定的，作出处理决定的投诉管理机关依法强制执行或申请法院强制执行。

特别要强调的是，休闲农业经营者要正确对待旅游者的投诉。一般而言，旅游者是在迫不得已或“忍无可忍”的情况下才来投诉的。休闲农业经营者要确信，绝大多数顾客不是恶意投诉，进行投诉的旅游者是朋友而不是敌人，正确地对待投诉，妥善地处理投诉，不仅是帮助顾客解决投诉中的实际问题，而且可以使得双方沟通思想、消除误解，使“不满意”的顾客转变为“满意”的顾客。当然，也不要一提到处理投诉，就一定是旅游经营者有过失，就采取打折或退款的方法，这样既损害休闲农业经营者的利益，也没有从根本上让顾客满意。

第三节　休闲农业社区参与及农民培训

一、休闲农业的社区参与

倡导基于社区参与的休闲农业发展模式，可以调动广大农民参与休闲农业的积极性，既是休闲农业可持续发展战略、建设社会主义新农村的需要，也是保证休闲农业健康发展的必由之路。

（一）基于社区参与的休闲农业特点

关于社区的定义，有很多不同的表述。乡村社区是一定地域范围内，以村落集镇为中心地，具有一定互动关系和共同文化维系力的人口群体，并进行一定的社会活动。

1. 乡村社区的主要形态

（1）自然村落　自古以来，我国绝大多数农民聚村而居，从而形成了华夏大地上500多万个自然村庄，在此基础上组成了70多万个“行政村”村落作为农民的聚居地，成为乡村社区的最基本单元。

（2）集镇　集镇是比普通村庄高一层次的社会实体，是人口聚居规模稍大，并有一定的工商服务设施和集市的乡村社区。主要包括乡（镇）政府所在地以及那些规模较小、农村特点比较明显的建制镇。

（3）集镇区　集镇区是指以集镇为中心，连同周围的若干小村庄及散居的农家共同组成的一个乡村社区。它是当代某些发达国家乡村社区的主要形态，在我国，这类乡村社区大都出现在经济发达地区。

2. 基于社区参与的旅游　与城市社区相比，乡村社区具有鲜明的地域特征，较好的自然生态环境，低人口密度，以农业生产为主要形式的经济结构，以传统生活方式和价值观为特征的社区文化等。乡村社区的这些特征为开发休闲农业提供了基础。

乡村在地理空间上具有相对独立性，传统乡村社区的生产、生活、生态环境与客源地（城市）差异巨大。因此，有很多传统的乡村社区正在向旅游社区转型。

基于社区参与的旅游，就是由社区主导的、为社区谋求利益的、以促进旅游者对当地生态和文化的了解为方向的旅游发展模式。基于社区参与的旅游特别强调社区所处的自然生态环境和地方文化是最重要的旅游吸引物，旅游活动根植于当地社区；特别强调社区居民的广泛参与，关注社区整体的福利，特别是社区中相对缺乏发展能力的弱势群体的利益，而不是以投资者的利润最大化为最终目标；特别强调以教育旅游者尊重生态环境和地方文化为重要目标，特别关注旅游对社区和环境的影响。

3. 基于社区参与的休闲农业特点　具体而言，基于社区参与的休闲农业，具有下述特点：

（1）基于社区参与的休闲农业　社区是重要的旅游吸引物，突出社区旅游资源的本土性和原生态性。作为生产、生活的落脚点，社区最能表现当地文化的原有风貌，其旅游文化吸引物相比于复制物和仿造物更有吸引力。当地居民从外表特征、言行举止到气质性格，代表了地方性的人文形象。社区居民也是旅游资源的重要组成部分，基于社区居民而创造的人文形象是休闲农业吸引旅游者的最重要的因素之一。

（2）基于社区参与的休闲农业　以文化体验作为旅游产品的核心竞争力。在乡村社区中游览，旅游者能真挚地体验到当地生活的美妙温馨，这是基于社区参与的旅游与传统旅游、生态旅游的区别之处，也是社区旅游的魅力所在。

（3）基于社区参与的休闲农业　属于小区域旅游活动，发挥有“地”、有“理”、有“人”、有“感情”的“小即是美”的特色，强调让旅游者的旅游活动与当地人文与自然环境产生良性互动。

（4）基于社区参与的休闲农业　以良好的乡村治理机制作为保障，其旅游开发的决策是一种自下而上的运行模式，而不同于以往由上而下的传达式运行。

（5）基于社区参与的休闲农业　发展乡村社区旅游，正是帮助当地居民摆脱对土地和农业生产活动的依赖，利用社区资源获取经济利益，增强发展能力的重要手段。

（二）发展基于社区参与的休闲农业的意义

1. *可持续发展的需要*　基于社区参与的休闲农业与一般旅游在本质上是一致的。一是目的上的一致性，二是手段上的一致性。真正意义上的休闲农业必须考虑社区的参与，而且是在旅游产品设计、旅游规划实施等方面的全面参与，使居民在保护旅游资源和社区发展中获利，同时强调当地居民必须成为环境保护的倡导者、管理者和监督者，强调只有通过支持社区的发展，才能实现对整个生态环境和文化的保护。

2. *社会主义新农村建设的需要*　发展基于社区参与的休闲农业首先有助于提高农村居民的文化素质与自我发展能力，其次有助于促进农村地区经济的发展与居民生活水平的提高，第三，还有助于提高农村地区“三生环境”（生活、生产和生态环境）的质量，第四，有助于促进农村管理民主化，进一步完善村务公开和民主议事制度，提高当地农民的民主意识和法治意识。

3. *对传统旅游发展模式的反思*　长期以来，在我国旅游发展的进程中，“精英主导”旅游发展是不争的事实，具体而言就是“政企学媒”主导地方旅游发展，而社区参与则严重不足。“精英主导”旅游发展对我国旅游业的发展曾经起到了极大的促进作用，但也引发了一些问题：一方面，无法满足市场对乡村社区体验性产品的需求，从而限制了为旅游者创造利益；另一方面，社区资源不能很好地被地方旅游的发展所利用，从而难以实现这些珍贵的资源向产品的转化，由此导致当地居民难以直接从旅游发展中获益，也难以形成一种自发性的强化地方文化与自然生态保护的机制。从长期的、可持续发展的角度着眼，在“精英主导”的同时，发展基于社区参与的休闲农业，是农村地区发展旅游最可行的途径。

（三）基于社区参与的休闲农业的基本原则

①外部援助机构、资本、政府与当地社区建立平等的“伙伴”关系。

②要以满足社区居民的需求为发展的要点。

③尊重乡土知识、群众的技术与技能和执行者的主人翁地位。

④重视发展的过程，而不仅仅只看重结果。

基于社区参与的休闲农业，强调发展的核心是人的发展，人是发展过程中的主体。社区参与的休闲农业应当是以乡村社区的自然和人文旅游资源为基础，以社区居民的自助建设为目标，由社区居民广泛参与的、持续不断的发展决策与行动过程。

（四）基于社区参与的休闲农业的领域

基于社区参与的休闲农业的领域，不再局限于一些程序化的环节，还要介入实质性的过程，贯穿旅游发展的始终。

1. 参与休闲农业发展的规划与决策过程　有关研究表明，当居民意识到自己能够对旅游的开发施加影响时，他们就倾向于对旅游开发持积极的支持态度。因此，应当成立当地各阶层参加的旅游社区行业组织，任何旅游决策性方案都要经过各方论证、研究，还要对旅游引发的问题进行协商；要确保社区居民拥有发言权和参与决策权，创造一个保证居民参与的治理机制，实现良好的沟通与协调。

2. 参与休闲农业发展的利益分配过程　社区居民参与休闲农业的经济活动，包括旅游产品的开发、销售、营销与服务。如在招商引资时，可对旅游资源进行评估、作价，折算成相应的股份入股，在园区开发和配套工程中实行劳动入股，将居民的劳动积累转化为资金积累，折算成相应的股份；在旅游设施建设中，因占用农田、水利设施和非旅游区道路等而损害居民利益的部分也应作价入股，待旅游园区投入运营见效益后，凭股份参加分红。

3. 参与旅游知识和技能的教育培训　基于社区参与的休闲农业要对农户进行教育培训，包括旅游知识、环境意识、旅游服务技能和经营知识的培训，增强其在旅游发展中的生存能力。这些培训可由旅游行政管理部门、行业协会或旅游企业牵头实施。

4. 参与乡村自然和文化环境保护　社区的自然和文化环境是社区居民赖以生存的基础，而环境的保护离不开居民的支持和参与，两者相辅相成。乡村社区自然资源、生活环境中的许多景观具有不可再生性。乡村社区必须监督和参与环境政策的实施，敦促旅游企业减少对环境的破坏等。同时还要通过舆论、媒体等多种途径，强化乡村居民的文化认同感和自豪感，通过社会、学校、家庭的影响，对青少年加强传统文化的教育，确保传统文化传承。

（五）基于社区参与的休闲农业的基本方式

发展基于社区参与的休闲农业，有多种方式可供选择。

1. “公司十农户”　这种方式吸纳社区农民参与到休闲农业的开发中，充分利用社区农户闲置的资产、富余的劳动力、丰富的农事活动，增加农户的收入，丰富旅游活动，向游客展示真实的乡村文化。同时，引进旅游公司的管理，规范农户的接待服务，避免不良竞争损害游客利益和休闲农业的健康发展。

2. “公司十社区”　这种方式，公司一般不与农户直接合作，而是通过当地村委会组织农户参与休闲农业，但专业的服务培训及相关规则的制定则由公司来组织。

3. 股份制　首先将休闲农业资源界定为国家产权、乡村集体产权、村民小组产权和农户个人产权 4 种产权主体。国家、集体和农户个体合作，把旅游资源、特殊技术、劳动等转化成股本，受益按股分红与按劳分红相结合，进行股份合作制经营。农民通过土地、技术、劳动等形式参与休闲农业的开发建设。国家、集体和个人在休闲农业开发中按照自己的股份获得相应的收益。这种方式，产权关系明确，广泛吸收各方面的资金、物力、技术等生产要素，每个人既是企业的劳动者，又是企业的所有者，形成与企业风险共担、利益均沾的机制。

（六）基于社区参与的休闲农业开发途径

关于开发基于社区参与的旅游，学术界提出过许多行之有效的方法和途径。其中，美国高山研究所提出的“积极有效的计划和行动参与”（简称 APPA）得到了广泛的认同。APPA 的推进，需要居民有很强的社区认同感和积极的参与性。

在 APPA 的推进过程中，核心是发现、愿景、设计、交付，简称“4D”。这种方法贯穿整个社区参与的旅游发展全过程，并且循环往复，不断地自我升级，每一次的循环开始都是一次升级提高的过程。

1. *发现*　社区参与旅游的基础，是寻找发现一个社区的旅游吸引物。通过一系列问题的考量，识别或“发现”旅游吸引物的质量和特征。这些旅游吸引物将是社区参与旅游发展的基础，也是需要大力保护的重点。

“发现”的另外一个重要作用是分析开展旅游的条件和趋势。通过“发现”收集到一些非常重要的资料，基于现在和过去的社区条件，以及通过“发现”而对这些问题的了解，加上对于机遇、限制因素和市场条件的分析，为社区旅游的开展提供了决策的基础。这些信息和分析也为今后监测和评估社区旅游是否实现既定的目标提供了基础数据。

“发现”和评估社区参与旅游的旅游吸引物和社区优势的过程，将产生各种各样的“结果”，或许是具体的实物，也可能只是知识或意识。当人们考虑怎样把这些有价值的东西变成旅游产品和活动时，对质量和特征的评估开始呈现出真正的经济价值，它将帮助社区认识到需要保护这些有价值的东西才能保证旅游的可持续发展。

“发现”是对社区旅游吸引物进行一次集体性识别和评估，旅游吸引物可能包括：自然资源（加大山、森林等）、文化景点、传统节日、地方食品和服饰等；航空服务、基础设施、通信服务等；

当地人的技能、知识、技术；当地机构的作用和影响力；旅游点的声望和流行程度；可以获得的资金支持。

旅游吸引物和社区优势的识别，更多的是强调游客的旅游质量。“发现”阶段的关键是建立起保护社区的理念。在“发现”阶段，应该积极主动地设计问题，问题的设计越积极，越能调动居民的积极性，为下一步“愿景”阶段的工作提供坚实的基础。

2. 愿景　在“愿景”阶段，参与者展望他们希望将来的社区怎样发展，如何从旅游发展中受益。依托在“发现”阶段识别的旅游吸引物和社区优势，参与者可以一起展望社区希望实现的“愿景”。对于社区的“什么是好的”的评估，为“应该是什么样”的愿景提供有力的基础。

在“愿景”阶段，社区居民应该注意以下几个要点：

第一，“愿景”是基于“发现”的，是有依据的，而不是天马行空般的胡思乱想。

第二，“愿景”是共同的，不是权威人物或者单个集体的。

第三，“愿景”是基于社区的，不是为了旅游者而改变或更正的。

3. 设计　在设计阶段，主要是通过社区参与者的一起工作，开发可实现的计划和活动，这些计划和活动使得“愿景”变为真实的现实。

设计阶段首先是评估成功因素。“发现”阶段的发现和产出被用作成功因素初步评估的基础，这些因素将合并到社区旅游产品和服务中。可以主要考察以下一些主要因素：市场问题、资源保护问题、金融问题、政策和立法问题、技能和资源问题，基于以上的发现和成功因素的进一步评估，引出一个具体、可执行的行动计划。

在“设计”阶段中，必须认真考量以下的关键因素：社区成员有没有积极参与？其他相关利益者是否也积极参与？一些基本问题是否确定：谁做？怎样做？到什么时候为止？是否根据社区旅游的目标和产品的特征，确定有针对性的发展计划?

4. 交付　经过“发现”、“愿景”、“设计”的流程后，需要把以上这些事务落实到行动中，使之产生效益，形成影响，这就是“交付”。“交付”包含下述几个方面的功能：

第一，个人的承诺。每个参与者承诺他们自己能够做什么来实现愿景。承诺应该是现实的，应该是个人将要做的一些事情，不是为了给其他人留下一个好印象，而自己又不去做。

第二，立刻的行动。也就是确定社区成员现在要做的事。立刻的行动计划激励社区成员进一步的自信，强调参与精神，使整个社区受益。

第三，不断的监测。就是对正在进行的活动及后续活动进行监测。通过社区实施行动计划，监测和后续支持（机构和财务的）来检查活动的进程，并调整时间表、目标、预算和职责等。项目工作人员应该与社区保持紧密联系，以监测实施行动计划的进程。

5. 再发现　APPA 的 4D 过程是一个循环的过程。这个过程需要定期回到原点，从取得的成就、新的优势和机遇等方面进行反思。“再发现”没有一个固定的时间表，它可以作为监测活动定期进行，以便以后再评估新的形势，应对不可预测的限制以及出现的新的机遇，形成新的策略。

二、休闲农业的农民培训

休闲农业要有高素质的农民队伍和高效率的旅游服务。据统计，2001 年中国文盲或半文盲占农村劳动力总数的 7.4%，小学文化程度的占 31.1%，初中文化程度的占 49.3%，在农村劳动力中，受过专业技能培训的仅占 13.6%。具备科学素养的农村居民仅占 0.4%，平均每万名农业从业人员中，只有 6.6 名农业科技人员。由于不懂得先进的农业科学知识，多数农民仍然采用以资源的大量消耗为代价的、粗放型、浅层次的传统生产技术，进行休闲农业产品开发，旅游接待的质量也很差。

中国已加入 WTO，按《农业协议》中的“绿箱政策”规定，政府要加大投入，为农民提供培训服务，包括一般培训和专业培训服务，以提高农民综合素质。

（一）农民培训的对象

1. 小学学历的农民　主要是农村扫盲后剩余的文盲、小学毕业后未升学的农民，需要进行文化补习和实用技术培训。

2. 农村知识青年　主要是高、初中毕业生，是本地经济建设的人才资源。需要进行职业教育培训、计算机培训、现代科技知识培训和实用技术培训，并组织他们参加农广校的中专学历教育。

3. 农村基层干部　主要是村两委会成员，是实现农业和农村现代化的领路人。需要进行文化知识、法律法规和管理技术的学习和提高，同时进行现代科技知识的培训和实用技术培训，并组织他们参加农业广播电视学校的中专学历教育。

4. 经营业主　经营业主主要是有一定生产经营规模、质量和效益的企业主和先导农户，是发展休闲农业的中坚力量和领头羊，主要进行经营管理、现代科技知识、计算机和实用技术培训，并积极组织他们参加“绿色证书”学习。

5. “农家乐”接待户　主要进行实用技术培训，为其提供技术援助和新品种的引进。同时进行与旅游接待有关的家政、礼仪、园林、烹饪、环保等知识培训。

（二）农民培训的内容及方式

农民培训应采用多种形式，既注重提高农民的综合素质，也要对农民进行实用技能培训。

1. 实用技术培训　其对象是全体农民，结合农村生产季节，积极地开展种植、养殖、营销、旅游接待等方面的短、平、快项目的实用技术培训，即学即会，立竿见影。如果树栽培修剪技术、大棚蔬菜、食用菌等栽培管理技术。

2. 旅游培训　对象“农家乐”接待户和经营业主。进行与旅游接待有关的家政、礼仪、园林、烹饪、环保等知识培训。

3. 现代化农业及管理培训　对象是农村基层干部，主要是针对“入世”和西部大开发中的农业产业化经营、法律法规和管理技术的学习和提高。

4. 现代科技知识的培训　主要是对农业新品种、现代农业技术、农产品加工、贮运保鲜、畜禽配合饲料生产等方面科技知识的培训。

5. 计算机技术培训　开展计算机信息技术管理和操作培训，使他们能够利用计算机进行管理，能从网络中获取所需的最新农业科技信息、能建立农产品贸易的信息数据库、了解国内外农产品的供需情况及价格变动趋势。

6. 文化补习　主要是针对小学及以下的农民，通过文化补习，扫除文盲和半文盲，同时配合实用技术的学习。

7. 中专学历教育　主要对象是初中以上文化程度的农民，特别是农村基层干部和经营业主。通过系统的学历教育使他们学会农业生产科学知识、经营知识、管理技术和操作技能，使他们成为扎根农村、留得住、用得上的“永久牌”农村经济建设人才和领头雁。

在培训中，应认真分析培训对象的特点，开展从理论学习到基地实践的多种形式培训。或聘请专家讲座，或邀请种植大户、能手现场说“法”，或送出去参观，或召集村民看录像，尽量利用直观形式教学。同时根据农时季节，分季节办班，采用长短相结合，庭院科普讲座和送文化技术知识上门服务结合等办法，让学员农闲多学，农忙少学，使农民既学文化技术，又不误农时生产。另外，从强化科技示范试验入手，走“引进—示范—推广”的路子，注重培养科技示范户和示范项目，起到立竿见影的作用。

（三）农民培训中应注意的问题

农民培训是一个艰苦细致的工作，根据我们在试验区及试验辐射区的农民培训经验，农民培训中应注意如下问题：

1. 加大政府对农民培训的投入和领导　农民培训需要国家的政策支持和资金投入。它需要政府出面宣传，需要政府建立培训制度，需要政府进行规划、督察、评估，需要政府统筹安排活动经费、组建领导管理机构、配备师资等。

2. 充分考虑农民培训的特点　农民培训要以"短训为主、长短结合"。培训要讲究技术新、针对性强，农民（农时）需要什么就培训什么。充分利用各种直观教学手段，让学员看得见、听得清、学得会。培训还要忙闲结合，因时因地制宜安排时间。

3. 农民培训与其他教育结合　农民培训可与农业部实施的农民教育"四大工程"，即"绿色证书"工程、"跨世纪青年农民培训工程"、"电波入户"工程和农、科、教"百千万"工程相结合。农民培训还可与农业广播电视学校相结合。

4. 重视农村继续教育与职业教育　由于普通初中教育与农业生产和城乡经济发展实际需要相脱节，通过继续教育，才能弥补这一缺陷。同时职业教育的内容也随着农村产业结构的调整，逐步向二、三产业发展。

5. 坚持基础性和实效性相结合　农民培训的内容既要注重提高农民的综合素质，也要对农民进行实用技能培训，使每个农民都掌握一两门先进实用的农业技术。

6. 积极配合农村社区教育　对农村居民，男女老少皆宜的家政、礼仪、园林、烹饪、书法、绘画、医疗、保健、环保、金融、保险等社区教育日益受到欢迎，这是农村社区教育的新起点和增长点。农民培训应与社区教育紧密配合，促进社区教育的展开和深化。

第四节　休闲农业的效果评价

对休闲农业进行综合评价能使规划更加合理化，并有利于不同休闲农业的横向比较。

一、休闲农业的评价指标体系

对休闲农业必须进行综合的评价，不应只看经济效益，还要考虑环境、社会效益。

（一）指标体系的设置原则

设置休闲农业评价指标，必须从农业和旅游业的本性出发，以生态经济理论和系统原理为依据，考虑到生态、经济的复合性及协同性，同时也必须有与其他评价指标一样的设置原则，即科学性、全面性、简便性、易行性。设置的指标体系既符合科学，又便于在我国农村逐步推广实施。除一般性原则外，就休闲农业效益评价指标体系设置来讲，还有下列具体原则：

①必须全面、准确地反映休闲农业的复杂内容，反映生态农业系统运转的全过程，反映系统物质、能量、价值运转状态和平衡性能以及输入输出的生态经济效果。

②必须反映系统组分、结构及功能水平与特性，反映它们相互间的辩证关系。

③必须反映休闲农业及其各项技术措施的特点。

④根据生态经济原理和生态农业系统特性选择指标，要使生态、经济、社会等指标相结合，使价值指标与实物指标相结合，坚持评价工作的基本原则。

⑤除了反映生态效率、经济效益的指标外，还要有反映生态平衡状况的全套指标，其中包括农业环境质量评价指标和休闲农业对环境影响程度的指标。

⑥不仅应从静态角度，而且应从动态过程和中长期全部效果的角度来分析、评价农业系统。

⑦为了使不同类型的休闲农业之间具有可比性，不仅经济方面的指标应有统一的衡量尺度，而且生态方面也应有统一的量度，同时还应把它们综合为指标。因此，指标体系的分类设置要便于进行权衡分析，便于按照生态农业原理给不同指标以相应的权重，进行

综合评价。

⑧指标体系的设置应考虑到实际应用中的可选择性，照顾到需要的多层次性，因此，评价指标也应多层次设置。

（二）指标体系的确定

休闲农业的综合评价指标体系包括农业资源的评价（表 10-1）、生态评价（表 10-2）、观光资源评价（表 10-3）、效益评价（表 10-4）4 个方面。

表 10-1 休闲农业的农业资源评价因子一览表

二级评价因子	三级评价因子
基本评价	有机质，全氮、全磷，有效土层厚度，耕地层厚度，耕层结构，坡度，障碍因素，土壤质地，水蚀程度，灾害程度，农田设施区域
补充评价	灌溉保证率，排涝能力，含盐量，海拔

表 10-2 休闲农业的生态评价因子一览表

二级评价因子	三级评价因子
生产结构指标	种群的周转结构，农村能源消耗结构，食物链级结构，肥料投放结构，固氮作物组分结构
功能指标	光能利用率，能量产投比，有机废物利用率，饲料转换率，森林覆盖率，灾害损失率
技术指标	沼气普及率，技术措施保证率

表 10-3 休闲农业的观光资源评价因子一览表

二级评价因子	三级评价因子	四级评价因子
旅游资源	质量	地形、地质，水体，气候，动、植物，文化古迹，民俗风情
	规模	景点集中程度，景区容量

（续）

二级评价因子	三级评价因子	四级评价因子
旅游区域条件	自然资源	
	用地条件	
	城镇分布	
	基础设施	给排水，供电，供暖，供气，电讯，电视
	旅游设施	文化教育，医疗卫生，商饮服务，娱乐体育
旅游区位特点	可及性	连接客源地的交通条件，与客源地间的距离
	与其他旅游地的关系	与附近旅游地类型异同，与附近旅游地间的远近

表 10-4　休闲农业的效益评价因子一览表

二级评价因子	三级评价因子	四级评价因子
经济效益分析	效益指标（物质形态）	劳动生产率，土地利用率
	效益指标（投入产出）	商品率，投资利润率，投资回收期，经济效益（产出—投入）
	结构指标	土地利用结构，产值结构，种、养、加工业结构
社会效益分析		计划完成率，总产值、产量增长率，商品总产值、产量，劳动力人均产值、产量，人均收入及增长率，人均上缴利税额，人均绿化面积，劳动力人均供养非农业人口数，人均农产品消费量
生态效益分析	环境污染状况	大气污染，水污染，土壤污染，农药污染，农产品污染，病虫害，噪音
	景观	农、林、牧、渔业景观建设水平，园林绿化水平

（三）综合评价的权重确定

1. 休闲农业发展的层次

（1）基本层次　以农业生产为主，开展局部地区或部分时间的观光活动。因以生产为主、观光功能为辅，对休闲农业开展条件要求较低，满足衣、食、住、行的基本要求即可。人们一旦从活动中获得满足，回头率与参与面均较高，市场较大。适于开展城郊一日游或二日游。

（2）提高层次　以农业生产为主，局部或季节开放，在满足基本层次和确保生态环境不被破坏的前提下，定位在对观光娱乐、购物愿望的满足上，成为休闲农业主要的收入来源。

（3）发展层次　生产与旅游并重。积极发展生产，以特色农业为主体，既可生产、示范，又可成为游览的对象。要在最短的时间内，让人们获得最大的信息量和最高的满意度。针对感知环境、旅游环境、感知距离、旅游偏好等因素的研究，开拓覆盖面宽、参与面大和适应力强的多元化休闲农业。

2. 综合评价权重的确定　休闲农业的综合评价体系由农业评价、生态评价、旅游评价、效益评估组成。这 4 个评价体系的权重，因休闲农业的类型不同差别较大。

按照休闲农业发展的 3 个层次，可以确定不同权重参考指数（表 10－5）。

表 10－5　休闲农业资源综合评价权重参考指数

发展层次	农业权重（%）	生态权重（%）	旅游权重（%）	效益权重（%）
基本型	50	20	10	20
提高型	40	20	20	20
发展型	30	20	30	20

二、休闲农业评价的一般方法

1. 单项指标评价方法　此法简单明晰，易于掌握，同时也是综合指标的基础。但仅靠单项评价只能作横向或纵向的简单比较之用，难以浓缩信息。如农业能量产投比、资金产投比、饲料转换率等。

2. *经验打分法*　此法使用较为方便，尤其在大面积评估时更加不可缺少，但必须在获取大量区域性的各种生产信息与参数后才可运用。如某地人均产值≥1 000 元为“很好”，800～1 000 元为“较好”，以此类推。显然，这就要求调查大量信息方可确定。

3. *多指标综合评价方法*　此法目前已有较多的应用。对系统的多种指标先确定各自的权重，再根据各指标对每一性质有一个评价向量，由各向量组合构成一个评价矩阵，通过评价矩阵可以对系统做出评价。此法关键点就在于指标的选择和权数分配。

4. *建造模型进行模拟分析*　这也是综合评价法，适于系统评价与分析，通过模型借助计算机对系统进行动态模拟。模型的建造大体可分三步；第一步是收集数据，进行必要的实验；第二步通过解耦进行递归分解，分辨系统层次及变量间的关系；第三步是系统整合，通过变量间的关系（运算）把各变量联系起来，这里包括同一变量在不同时间状态上的联系。模型建立并确认后便可通过改变系统的输入和参数，预测未来状态。这种“人机对话”的结果等于在计算机上做试验，短时间内可得出多种应变模式。

5. *生态农业信息系统的建立*　这是应用系统工程和信息论方法，借助计算机设备，并结合传统农业管理知识而建立的一种生态农业自动化管理系统。它把效益评价与管理决策结合起来，是由多种模型组合成的评价体系。

信息系统是管理生态农业的工具，它是以收集管理数据，提供信息与分析手段对系统状态得出分析结果。也可以进行模型综合分析，对系统的开发功能及输出功能做出多种方案的比较，供决策者参考。建立生态农业的信息系统至少包括以下组成部分：

（1）数据库　数据库是信息系统的基础部分，应包括农业自然资源的数据和大农业的统计数据。前者如农业气候、水资源、土壤资源、生物资源等调查研究数据；后者如土地利用组成，人口与劳力，农、林、牧、副、渔等统计数据。

（2）方法库　将有关算法如相关分析、回归分析、主分量分析、聚类分析等集中起来，供选择使用。

（3）模型库　将五业结构模型、投入一产出模型、资源动态预测模型、技术水平模型等集中贮存管理，供选择使用。休闲农业是多成分、多层次的复合系统，如果按其全部特征和整体状态进行研究，存在不少困难。因此，一般要通过分解和简化进行分析，再根据各组分、各层次之间的联系，进行逐级联结，做出整个系统的模型，完成从低级到高级的系统整体分析、评价。

6. *层次分析法（简称 AHP）*　是现在用得较为普遍的评价方法。用层次分析法求指标权重向量，其基本步骤是：

（1）明确问题　即分清各效益的重要次序，确定元素的值。

（2）建立层次结构

（3）构造判断矩阵　判断矩阵表示针对上一层次某元素，本层次有关元素之间的相对重要性，这个相对重要性用数值表示就构成了判断矩阵。

（4）层次单排序　层次单排序就是根据判断短阵，计算本层次与上一层次某元素有联系的元素之间重要性程度的相对值，其归结为求判断矩阵的特征向量问题。

（5）层次总排序　用同一层次中所有层次单排序的结果，计算针对上一层次而言本层次所有元素重要性的数值，这就要求层次总排序需要从上到下逐层次进行，总排序结果亦需进行一致性检验。

参 考 文 献

卞有生．2000．生态农业中废弃物的处理与利用［M］．北京：化学工业出版社．

蔡碧凡．2007．乡村旅游开发与管理［M］．北京：中国林业出版社．

陈福义，范保宁．2003．中国旅游资源学［M］．北京：中国旅游出版社．

陈振国．2008．鄞州百家园休闲农业之路［M］．杭州：浙江人民出版社．

甘枝茂，马耀峰．2000．旅游资源与开发［M］．天津：南开大学出版社．

高曾伟．1996．中国民俗地理［M］．苏州：苏州大学出版社．

耿闻．2008．中国乡村旅游指南：山东［M］．北京：中国旅游出版社．

耿闻等．2007．中国乡村旅游指南：北京［M］．北京：中国旅游出版社．

郭焕成．2007．休闲农业园区规划设计［M］．北京：中国建筑工业出版社．

国家环境保护局．1991．中国的生态农业［M］．北京：中国环境科学出版社．

国家旅游局．2007．发展乡村旅游典型案例［M］．北京：中国旅游出版社．

金其铭等．1990．乡村地理学［M］．南京：江苏教育出版社．

李广新．1991．生态农业应用技术［M］．北京：中国科学技术出版社．

李守宏．2003．景观生态旅游规划［M］．北京：中国林业出版社．

刘玲．2000．旅游环境承载力研究［M］．北京：中国环境科学出版社．

卢云亭．1995．观光农业［M］．北京：北京出版社．

卢云亭．王建军．2001．生态旅游学［M］．北京：旅游教育出版社．

陆素洁．2007．如何开发乡村旅游［M］．北京：中国旅游出版社．

骆世明．2001．农业生态学［M］．北京：中国农业出版社．

全国生态农业县建设领导小组．1996．中国生态农业［M］．北京：中国农业科学技术出版社．

任荣．2006．北京市观光休闲农业园区服务指南［M］．北京：中国农业科学技术出版社．

唐代剑，池静．2005．中国乡村旅游开发与管理［M］．杭州：浙江大学出版社．

田里，李常林．2004．生态旅游［M］．天津：南开大学出版社．

万建中．1992．农业自然资源经济学［M］．北京：中国农业出版社．

王德刚，葛培贤．2007．田园季风：乡村旅游开发与管理［M］．天津：天津教育出版社．

王旭辉．2007．乡村旅游的公共卫生及安全［M］．贵阳：贵州科技出版社．

肖笃宁．1991．景观生态学—理论、方法及应用［M］．北京：中国林业出版社．

辛国荣．2006．观光农业的理论与实践［M］．北京：中国大地出版社．

徐建华，段舜山．1991．农业生态经济系统分析［M］．兰州：兰州大学出版社．

鄢志武，柴海燕，李志飞．2003．旅游资源学［M］．武昌：武汉大学出版社．

严贤春．2004．生态农业旅游［M］．北京：中国农业出版社．

杨桂华．1999．旅游资源学［M］．昆明：云南大学出版社．

杨桂华．2000．生态旅游［M］．北京：高等教育出版社．

杨桂华，等．2000．休闲农业的绿色实践［M］．北京：科学出版社．

杨京平．2001．农业生态工程与技术［M］．北京：化学工业出版社．

杨炯蠡．2007．乡村旅游开发及规划实践［M］．贵阳：贵州科技出版社．

杨敏等．2007．乡村旅游［M］．昆明：云南出版集团公司，云南科技出版社．

叶谦吉．1988．生态农业—农业的未来［M］．重庆：重庆出版社．

俞益武．2007．休闲观光农业园区的规划与开发［M］．杭州：杭州出版社．

张壬午，卢兵友，孙振钧．2000．农业生态工程技术［M］．郑州：河南科学技术出版社．

张小林，等．1995．人文地理学导论［M］．北京：测绘出版社．

浙江省农业厅．2006．浙江休闲观光农业一百例［M］．北京：中国农业科学技术出版社．

图书在版编目（CIP）数据

休闲农业／严贤春编著．—北京：中国农业出版社，2011.4
ISBN 978-7-109-15481-0

Ⅰ.①休… Ⅱ.①严… Ⅲ.①农业—旅游资源—资源开发—中国 Ⅳ.①F592.3

中国版本图书馆 CIP 数据核字（2011）第 027256 号

中国农业出版社出版
（北京市朝阳区农展馆北路 2 号）
（邮政编码 100125）
责任编辑 贺志清

北京通州皇家印刷厂印刷　新华书店北京发行所发行
2011 年 4 月第 1 版　2011 年 4 月北京第 1 次印刷

开本：880mm×1230mm 1/32　印张：8.625
字数：209 千字　印数：1～6 000 册
定价：18.00 元